Cálculo para Ciências Humanas

Dados Internacionais de Catalogação na Publicação (CIP)
(Câmara Brasileira do Livro, SP, Brasil)

Bonora Júnior, Dorival
  Cálculo para ciências humanas / Dorival Bonora Júnior. — São Paulo : Ícone, 2007.

ISBN 978-85-274-0915-5

1. Cálculo 2. Ciências humanas I. Título.

06-9074   CDD-515

Índices para catálogo sistemático:

1. Cálculo : Matemática   515

Dorival Bonora Júnior

Dorival Bonora Júnior é licenciado em Matemática pela Universidade de São Paulo (1983), com Pós-graduação em Pedagogia (1990), e Mestre em Administração de Empresas (1998) com a dissertação "Uma contribuição à gestão dos Derivativos", que são ativos financeiros comercializados em Bolsas de Valores.

Publicou outros textos pela Ícone Editora: Matemática Financeira; Matemática com aplicações às áreas de Administração, Economia, e Contabilidade; Matemática para o 2º grau (em três volumes).

Já trabalhou no Curso e Colégio Objetivo, Curso Etapa, Faculdades São Luiz, Faculdades Campos Salles, e Faculdades Oswaldo Cruz.

Cálculo para Ciências Humanas

© Copyright 2007.
Ícone Editora Ltda.

Diagramação
Andréa Magalhães da Silva

Revisão
Rosa Maria Cury Cardoso

Proibida a reprodução total ou parcial desta obra,
de qualquer forma ou meio eletrônico, mecânico,
inclusive através de processos xerográficos,
sem permissão expressa do editor
(Lei n° 9.610/98).

Todos os direitos reservados pela
ÍCONE EDITORA LTDA.
Rua Anhanguera, 56 – Barra Funda
CEP 01135-000 – São Paulo – SP
Tels./Fax.: (11) 3392-7771
www.iconeeditora.com.br
iconevendas@iconeeditora.com.br

Prefácio

Esse texto foi criado a partir dos conteúdos desenvolvidos em cursos de Economia. Possui o enfoque matemático seguido de aplicações. Isso possibilita uma rápida visualização para onde se utiliza aquele modelo estudado, evidenciando a praticidade como uma de suas potencialidades. Pode ser utilizado também para cursos de ciências exatas por apresentar aplicações variadas e desenvolvimento do conceito.

Cada capítulo aborda temas com exercícios resolvidos e propostos. A numeração **P3.27** indica 27º exercício proposto do capítulo 3, com a sua resposta ao final daquele capítulo. O exercício **R6.2** indica 2º exercício resolvido do capítulo 6, ilustrando o aspecto teórico do assunto ora estudado.

O autor

Índice

Cap. 1 – Limites, 11
  1.1 Noção de limite lateral, 11
  1.2 Noção de limite, 13
  1.3 Função descontínua, 15
  1.4 Função contínua, 15
  1.5 Limites resolvidos por fatoração, 16
  1.6 Álgebra do infinito, 18
  1.7 Limites pela definição, 21
  1.8 Exercícios propostos, 22
  1.9 Respostas dos exercícios propostos, 24

Cap. 2 – Derivadas de funções com uma variável, 29
  2.1 Conceito de derivada, 29
  2.2 As principais notações de derivada, 29
  2.3 Derivada pela definição, 30
  2.4 Regras de derivação, 31
  2.5 Interpretação geométrica da derivada, 35
  2.6 Roteiro para gráficos de funções não elementares, 37
  2.7 Teorema de L'Hospital, 42
  2.8 Funções marginais, 44
  2.9 Máximos ou mínimos de funções, 46
  2.10 Elasticidades simples e cruzadas de uma função, 48

2.11 Diferencial de uma função, 53
2.12 Taxa marginal de substituição (TMS), 55
2.13 Exercícios propostos, 57
2.14 Respostas dos exercícios propostos, 66

Cap 3 – Integrais, 73
3.1 Integral indefinida, 73
3.2 Método direto, 73
3.3 Método da substituição, 75
3.4 Método por partes, 76
3.5 Método por frações parciais, 78
3.6 Integral definida, 80
3.7 Primitivação de funções (ou aplicações econômicas com integrais), 82
3.8 Excedente do consumidor, 83
3.9 Excedente do produtor, 85
3.10 Função densidade de probabilidade, 87
3.11 Formação de capital através do fluxo de investimento, 90
3.12 Valor médio (ou preço médio) de funções contínuas, 91
3.13 Método de Simpson para integração, 92
3.14 Integração através da planilha do Matchad, 94
3.15 Exercícios propostos, 96
3.16 Respostas dos exercícios propostos, 107

Cap 4 – Funções com várias variáveis, 113
4.1 Domínio de validade, 113
4.2 Cálculo de limite, 116
4.3 Curvas de nível, 118
4.4 Esboços de superfícies, 120
4.5 Certas aplicações econômicas com curvas de nível, 123
4.6 Grau de homogeneidade de funções, 124
4.7 Função densidade de probabilidade utilizando integrais duplas e triplas, 125
4.8 Derivadas parciais, 127
4.9 Derivadas de funções implícitas, 129
4.10 Derivadas sucessivas, 130
4.11 Diferencial para funções com duas variáveis, 132
4.12 Certas aplicações econômicas, 134

4.13 Elasticidades simples e cruzadas, 137
4.14 Taxa marginal de substituição (TMS), 141
4.15 Curva de expansão de uma empresa, 143
4.16 A função Hessiano para a classificação de pontos críticos, 144
4.17 Método da substituição para a otimização envolvendo funções com duas variáveis, 147
4.18 Método das derivadas parciais para otimização de funções, 149
4.19 Método de Lagrange para otimização de funções, 151
4.20 Método geométrico para otimização de função, 156
4.21 Função Hessiano para três variáveis, 157
4.22 Exercícios propostos, 160
4.23 Respostas dos exercícios propostos, 172

Cap 5 – Equações diferenciais, 179
5.1 Conceito de equações diferenciais, 179
5.2 Método das integrações sucessivas, 179
5.3 Método das variáveis separáveis, 181
5.4 Equações diferenciais da forma $x' + ax = f(t)$, 183
5.5 Equações diferenciais homogêneas da forma $x'' + bx' + cx = 0$, 185
5.6 Aplicações para as equações diferenciais, 187
5.7 Exercícios propostos, 189
5.8 Respostas dos exercícios propostos, 192

Cap 6 – Programação linear e não linear, 199
6.1 Noções de problemas que envolvem programação linear, 199
6.2 Noções de problemas que envolvem programação não linear, 202
6.3 Exercícios propostos, 205
6.4 Respostas dos exercícios propostos, 221

Cap. 7 – Operações com matrizes e problemas de transporte, 227
7.1 Modelo do problema de transporte, 227
7.2 Utilização de matrizes em problemas de otimização, 234
7.3 Exercícios propostos, 253
7.4 Respostas dos exercícios propostos, 259

Cap. 8 – Atividades em grupo, 267
8.1 Primeira atividade em grupo, 267
8.2 Outras atividades, 272

Capítulo 1

Limites

1.1 Noção de limite lateral

$\lim_{x \to a^+} f(x)$ Lê-se limite lateral *à direita* de a. Expressa o valor da imagem da função para valores próximos e que se aproximam *depois* de a.

Exemplo $\lim_{x \to 1^+} f(x) \cong f(1,00001)$

$\lim_{x \to a^-} f(x)$ Lê-se limite lateral *à esquerda* de a. Expressa o valor da imagem da função para valores próximos e que se aproximam *antes* de a.

Exemplo $\lim_{x \to 1^-} f(x) \cong f(0,99999)$

R1.1 Considerando a função

$$f: \mathbb{R} \to \mathbb{R} \;/\; f(x) = \begin{cases} x^2 - 1, & se\ x < 2 \\ -x + 2, & se\ x \geq 2\ e\ x \neq 3 \\ 4, & se\ x = 3 \end{cases}, \text{ abaixo esboçada num}$$

gráfico, calcular:

a). $\lim_{x \to 2^-} f(x)$; b). $\lim_{x \to 2^+} f(x)$; c). $\lim_{x \to 2} f(x)$; d). $\lim_{x \to 3^-} f(x)$; e). $\lim_{x \to 3^+} f(x)$; f). $\lim_{x \to 3} f(x)$;

g). $\lim_{x \to 0^-} f(x)$; h). $\lim_{x \to 0^+} f(x)$; i). $\lim_{x \to 0} f(x)$; j). $\lim_{x \to -1} f(x)$; k). $\lim_{x \to 4} f(x)$; l). $\lim_{x \to 1,5} f(x)$;

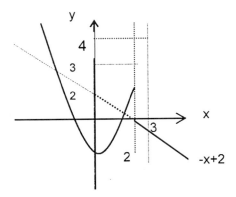

Resolução

a) $\lim_{x \to 2^-} f(x) = \lim_{x \to 2}(x^2 - 1) = 2^2 - 1 = 4 - 1 = 3$.

b) $\lim_{x \to 2^+} f(x) = \lim_{x \to 2}(-x + 2) = -2 + 2 = 0$.

c) $\lim_{x \to 2} f(x) = \not\exists$ pois $\lim_{x \to 2^-} f(x) = 3 \neq \lim_{x \to 2^+} f(x) = 0$, ou seja, temos que os limites laterais são diferentes.

d) $\lim_{x \to 3^-} f(x) = \lim_{x \to 3}(-x + 2) = -3 + 2 = -1$.

e) $\lim_{x \to 3^+} f(x) = \lim_{x \to 3}(-x + 2) = -3 + 2 = -1$

f) $\lim_{x \to 3} f(x) = \lim_{x \to 3}(-x + 2) = -3 + 2 = -1$, pois os limites laterais são iguais.

g) $\lim_{x \to 0^-} f(x) = \lim_{x \to 0}(x^2 - 1) = 0^2 - 1 = 0 - 1 = -1$.

h) $\lim_{x \to 0^+} f(x) = \lim_{x \to 0}(x^2 - 1) = 0^2 - 1 = 0 - 1 = -1$.

i) $\lim_{x \to 0} f(x) = \lim_{x \to 0} (x^2 - 1) = 0^2 - 1 = 0 - 1 = -1$, porque os limites laterais são iguais.

j) $\lim_{x \to -1} f(x) = (-1)^2 - 1 = 1 - 1 = 0$.

k) $\lim_{x \to 4} f(x) = \lim_{x \to 4} (-x + 2) = -4 + 2 = -2$.

l) $\lim_{x \to 1,5} f(x) = \lim_{x \to 1,5} (x^2 - 1) = 1,5^2 - 1 = 2,25 - 1 = 1,25$.

1.2 Noção de limite

Limite estuda o comportamento da imagem da função nas vizinhanças ou região estudada. Se os valores dos limites laterais forem iguais, então existe o valor do limite naquele ponto.

$$\left. \begin{array}{l} \lim_{x \to a^-} f(x) = L \\ \lim_{x \to a^+} f(x) = L \end{array} \right\} \Rightarrow \lim_{x \to a} f(x) = L$$

Se esses limites laterais forem diferentes então $\nexists \lim_{x \to a} f(x)$

R1.2 Considerando a função $f: \mathbb{R} \to \mathbb{R} / f(x) = \begin{cases} -x^3, & se\ x \leq 1\ e\ x \neq 0 \\ x + 2, & se\ x > 1 \\ 3, & se\ x = 0 \end{cases}$,

abaixo esboçada num gráfico, calcular:

a). $\lim_{x \to 1^-} f(x)$; b). $\lim_{x \to 1^+} f(x)$; c). $\lim_{x \to 1} f(x)$; d). $\lim_{x \to 0^-} f(x)$; e). $\lim_{x \to 0^+} f(x)$; f). $\lim_{x \to 0} f(x)$;

g). $\lim_{x \to -1^-} f(x)$; h). $\lim_{x \to -1^+} f(x)$; i). $\lim_{x \to -1} f(x)$; j). $\lim_{x \to -2} f(x)$; k). $\lim_{x \to 2} f(x)$; l). $\lim_{x \to 0,5} f(x)$;

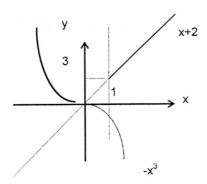

Resolução

a) $\lim_{x\to 1^-} f(x) = \lim_{x\to 1}(-x^3) = -1^3 = -1$.

b) $\lim_{x\to 1^+} f(x) = \lim_{x\to 1}(x+2) = 1+2 = 3$.

c) $\lim_{x\to 1} f(x) = \nexists$ pois $\lim_{x\to 1^-} f(x) = -1 \neq \lim_{x\to 1^+} f(x) = 3$, ou seja, temos que os limites laterais são diferentes.

d) $\lim_{x\to 0^-} f(x) = \lim_{x\to 0}(-x^3) = -0^3 = -0 = 0$.

e) $\lim_{x\to 0^+} f(x) = \lim_{x\to 0}(-x^3) = -0^3 = -0 = 0$.

f) $\lim_{x\to 0} f(x) = \lim_{x\to 0}(-x^3) = -0^3 = -0 = 0$, pois os limites laterais são iguais.

g) $\lim_{x\to -1^-} f(x) = \lim_{x\to -1}(-x^3) = -(-1)^3 = -(-1) = 1$.

h) $\lim_{x\to -1^+} f(x) = \lim_{x\to -1}(-x^3) = -(-1)^3 = -(-1) = 1$.

i) $\lim_{x\to -1} f(x) = \lim_{x\to -1}(-x^3) = -(-1)^3 = -(-1) = 1$, porque os limites laterais são iguais.

j) $\lim_{x\to 1^+} f(x) = \lim_{x\to 1}(x+2) = 1+2 = 3$.

k) $\lim_{x \to 2} f(x) = \lim_{x \to 2} (x+2) = 2 + 2 = 4$.

l) $\lim_{x \to 0,5} f(x) = \lim_{x \to 0,5} (-x^3) = -(0,5)^3 = -(0,125) = -0,125$.

1.3. Função descontínua

Uma função é descontínua quando $\lim_{x \to a} f(x) \neq f(a)$, ou se os limites laterais forem diferentes, caracterizando $\nexists \lim_{x \to a} f(x)$.

1.4. Função contínua

Uma função é contínua quando $\boxed{\lim_{x \to a} f(x) = f(a)}$

Alguns exemplos de funções contínuas: polinomiais (1º grau, 2º grau, ...), exponenciais, logarítmicas,

Nos exercícios de **R1.3** a **R 1.6**, calcular os limites, se existirem.

R1.3. $\lim_{x \to 1} (6x^3 - 4x^2 + 7x + 8)$; **R1.4.** $\lim_{x \to 2} (1 + 3^x)$;

R1.5. $\lim_{x \to -1} (\frac{x-2}{x+3})$; **R1.6.** $\lim_{x \to 3} (10 - \frac{24}{x-6})$;

Resolução

R1.3 $\lim_{x \to 1} (6x^3 - 4x^2 + 7x + 8) = 6.1^3 - 4.1^2 + 7.1 + 8 = 6 - 4 + 7 + 8 = 21 - 4 = 17$.

R1.4 $\lim_{x \to 2} (1 + 3^x) = 1 + 3^2 = 1 + 9 = 10$.

R1.5 $\lim_{x \to -1} (\frac{x-2}{x+3}) = \frac{-1-2}{-1+3} = \frac{-3}{2} = -1,5$.

R1.6 $\lim_{x \to 3} (10 - \frac{24}{x-6}) = 10 - \frac{24}{3-6} = 10 - \frac{24}{-3} = 10 - (-8) = 10 + 8 = 18$.

1.5 Limites resolvidos por fatoração

Se $\lim\limits_{x \to a} \dfrac{f(x)}{g(x)} = \dfrac{0}{0}?$ ou $\dfrac{\pm\infty}{\pm\infty}?$, então podemos tentar fatorar a expressão.

Fatorar é transformar uma soma algébrica num produto equivalente. Os principais casos de fatoração são:

1º) $ax + bx = x(a + b)$
2º) $a^2 - b^2 = (a + b)(a - b)$
3º) $a^2 - 2ab + b^2 = (a - b)^2 = (a - b)(a - b)$
4º) $a^2 + 2ab + b^2 = (a + b)^2 = (a + b)(a + b)$
5º) $ax^2 + bx + c = a(x - x_1)(x - x_2)$, onde x_1 e x_2 são as raízes
6º) $a^3 + 3a^2b + 3ab^2 + b^3 = (a + b)^3 = (a + b)(a + b)(a + b)$
7º) $a^3 - 3a^2b + 3ab^2 - b^3 = (a - b)^3 = (a - b)(a - b)(a - b)$
8º) $a^3 - b^3 = (a - b)(a^2 + ab + b^2)$
9º) $a^3 + b^3 = (a + b)(a^2 - ab + b^2)$

Nos exercícios de **R1.7** a **R1.14**, resolver os limites

R1.7 $\lim\limits_{x \to -3} \left(\dfrac{x^2 - 9}{x - 3}\right)$;   **R1.8** $\lim\limits_{x \to 3} \left(\dfrac{x^2 - 9}{x - 3}\right)$;   **R1.9** $\lim\limits_{x \to 4} \left(\dfrac{x - 4}{x^2 - 16}\right)$;

R1.10 $\lim\limits_{x \to 3} \left(\dfrac{x - 3}{x^2 - 7x + 12}\right)$;   **R1.11** $\lim\limits_{x \to 1} \left(\dfrac{-x^2 + 5x - 4}{x - 1}\right)$;

R1.12 $\lim\limits_{x \to 2} \left(\dfrac{3x^2 - 9x + 6}{-x^2 + 6x - 8}\right)$;   **R1.13** $\lim\limits_{x \to 1} \left(\dfrac{\sqrt{x} - 1}{x - 1}\right)$;

R1.14 $\lim\limits_{x \to k} \left(\dfrac{x^3 - k^3}{x - k}\right)$;

Resolução

R1.7 $\lim\limits_{x \to -3} \left(\dfrac{x^2 - 9}{x - 3}\right) = \dfrac{(-3)^2 - 9}{-3 - 3} = \dfrac{9 - 9}{-6} = \dfrac{0}{-6} = 0$, não precisando fatorar.

R1.8 $\lim\limits_{x\to 3}(\dfrac{x^2-9}{x-3}) = \dfrac{3^2-9}{3-3} = \dfrac{0}{0}?$, $\begin{cases} a^2-b^2 = (a+b)(a-b) \\ x^2-9 = x^2-3^2 = (x+3)(x-3) \end{cases}$,

Assim $\lim\limits_{x\to 3}(\dfrac{x^2-9}{x-3}) = \lim\limits_{x\to 3}\dfrac{(x+3)(x-3)}{x-3} = \lim\limits_{x\to 3}\dfrac{x+3}{1} = \dfrac{3+3}{1} = 6$.

R1.9 $\lim\limits_{x\to 4}(\dfrac{x-4}{x^2-16}) = \dfrac{4-4}{4^2-16} = \dfrac{0}{0}?$, $\begin{cases} a^2-b^2 = (a+b)(a-b) \\ x^2-16 = x^2-4^2 = (x+4)(x-4) \end{cases}$,

Assim $\lim\limits_{x\to 4}(\dfrac{x-4}{x^2-16}) = \lim\limits_{x\to 4}\dfrac{x-4}{(x+4)(x-4)} = \lim\limits_{x\to 4}\dfrac{1}{x+4} = \dfrac{1}{4+4} = \dfrac{1}{8}$.

R1.10 $\lim\limits_{x\to 3}(\dfrac{x-3}{x^2-7x+12}) = \dfrac{3-3}{3^2-7.3+12} = \dfrac{0}{0}?$, $\begin{cases} ax^2+bx+c = a(x-x_1)(x-x_2) \\ x^2-7x+12 = 1(x-3)(x-4) \end{cases}$,

Assim $\lim\limits_{x\to 3}(\dfrac{x-3}{x^2-7x+12}) = \lim\limits_{x\to x}\dfrac{x-3}{(x-3)(x-4)} = \lim\limits_{x\to 3}\dfrac{1}{x-4} = \dfrac{1}{3-4} = \dfrac{1}{-1} = -1$.

R1.11 $\lim\limits_{x\to 1}(\dfrac{-x^2+5x-4}{x-1}) = \dfrac{-1^2+5.1-4}{1-1} = \dfrac{0}{0}?$, $\begin{cases} ax^2+bx+c = a(x-x_1)(x-x_2) \\ x^2-7x+12 = 1(x-3)(x-4) \end{cases}$

Assim $\lim\limits_{x\to 1}(\dfrac{-x^2+5x-4}{x-1}) = \lim\limits_{x\to 1}\dfrac{-1(x-1)(x-4)}{x-1} = \lim\limits_{x\to 1}\dfrac{-(x-4)}{1} = \dfrac{-(1-4)}{1} = -(-3) = 3$

R1.12 $\lim\limits_{x\to 2}(\dfrac{3x^2-9x+6}{-x^2+6x-8}) = \dfrac{3.2^2-9.2+6}{-2^2+6.2-8} = \dfrac{12-18+6}{-4+12-8} = \dfrac{0}{0}?$

$\begin{cases} ax^2+bx+c = a(x-x_1)(x-x_2) \\ 3x^2-9x+6 = 3(x-2)(x-1) \end{cases}$, $\begin{cases} ax^2+bx+c = a(x-x_1)(x-x_2) \\ -x^2+6x-8 = -1(x-2)(x-4) \end{cases}$, Assim

$\lim\limits_{x\to 2}(\dfrac{3x^2-9x+6}{-x^2+6x-8}) = \lim\limits_{x\to 2}\dfrac{3(x-2)(x-1)}{-1(x-2)((x-4)} = \lim\limits_{x\to 2}\dfrac{3(x-1)}{-1(x-4)} = \dfrac{3(2-1)}{-1(2-4)} =$

$\dfrac{3.1}{(-1)(-2)} = \dfrac{3}{2}$.

17

R1.13 $\lim_{x\to 1}(\frac{\sqrt{x}-1}{x-1}) = \frac{\sqrt{1}-1}{1-1} = \frac{0}{0}?$, $\begin{cases} a^2 - b^2 = (a+b)(a-b) \\ x^2 - 1 = (\sqrt{x})^2 - 1^2 = (\sqrt{x}+1)(\sqrt{x}-1) \end{cases}$ Assim

$$\lim_{x\to 1}(\frac{\sqrt{x}-1}{x-1}) = \lim_{x\to 1}\frac{\sqrt{x}-1}{(\sqrt{x}+1)(\sqrt{x}-1)} = \lim_{x\to 1}\frac{1}{\sqrt{x}+1} = \frac{1}{\sqrt{1}+1} = \frac{1}{1+1} = \frac{1}{2}.$$

R1.14 $\lim_{x\to k}(\frac{x^3-k^3}{x-k}) = \frac{k^3-k^3}{k-k} = \frac{0}{0}?$, $\begin{cases} a^3 - b^3 = (a-b)(a^2+ab+b^2) \\ x^3 - k^3 = (x-k)(x^2+xk+k^2) \end{cases}$ Assim

$$\lim_{x\to k}(\frac{x^3-k^3}{x-k}) = \lim_{x\to k}\frac{(x-k)(x^2+xk+k^2)}{x-k} = \lim_{x\to k}\frac{x^2+xk+k^2}{1} = \frac{k^2+k.k+k^2}{1} =$$

$k^2 + k^2 + k^2 = 3k^2.$

1.6 Álgebra do infinito

1.6.1 TEOREMA 1 Para um polinômio qualquer, verificar o termo de MAIOR grau, apenas $\boxed{\lim_{x\to\pm\infty}(a_n x^n + a_{n-1}x^{n-1} + ...a_2 x^2 + a_1 x + a_0) = a_n(\pm\infty)^n}$.

Demonstração

$$\lim_{x\to+\infty}(a_n x^n + a_{n-1}x^{n-1} + ...a_1 x + a_0) = \lim_{x\to+\infty}\left(a_n x^n(\frac{a_n x^n}{a_n x^n} + \frac{a_{n-1}x^{n-1}}{a_n x^n} + ... + \frac{a_1 x}{a_n x^n} + \frac{a_0}{a_n x^n})\right) =$$

$$= \lim_{x\to+\infty}\left(a_n x^n(1 + \frac{a_{n-1}}{a_n x} + ... + \frac{a_1}{a_n x^{n-1}} + \frac{a_0}{a_n x^n})\right) = \lim_{x\to+\infty}(a^n x_n(1+0+...+0+0)) = \lim_{x\to+\infty}(a_n x^n) = a_n(+\infty)^n$$

Exemplo: $\lim_{x\to+\infty}(x^2 - 5x + 4) = (+\infty)^2 = +\infty$

A seguir temos uma visualização geométrica.

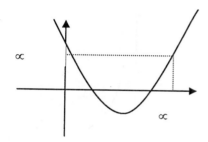

1.6.2 TEOREMA 2 Se n ∈ IN e k ∈ IR então o limite do quociente é 0.

$$\lim_{x \to \pm\infty}\left(\frac{k}{ax^n}\right) = 0$$

Demonstração

Sendo **f(x) = ax^n** uma função contínua, então aplicando

$\boxed{\lim_{x \to a} f(x) = f(a)}$ temos:

$$\lim_{x \to \pm\infty}\left(\frac{k}{ax^n}\right) = \frac{k}{a(\pm\infty)^n} = \frac{k}{\pm\infty} = 0$$

R1.15 Considerar $f(x) = \dfrac{1}{x}$ para os cálculos dos limites.

a). lim f (x);   b). lim f (x);   c) lim f (x);   d). lim f (x);
    x → 1   x → -1   x → 0⁻   x → 0⁺

e) lim f (x);   f) lim f (x);   g) lim f (x);
   x → 0   x → -∞   x → +∞

19

Resolução

a) $\lim\limits_{x\to 1} f(x) = \lim\limits_{x\to 1}\left(\dfrac{1}{x}\right) = \dfrac{1}{1} = 1$

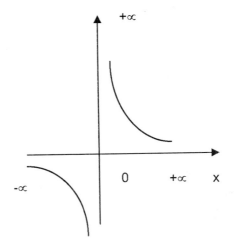

b) $\lim\limits_{x\to -1} f(x) = \lim\limits_{x\to -1}\left(\dfrac{1}{x}\right) = \dfrac{1}{-1} = -1$

c) $\lim\limits_{x\to 0^-} f(x) = \lim\limits_{x\to 0^-}\left(\dfrac{1}{x}\right) = \dfrac{1}{0^-} = -\infty$

d) $\lim\limits_{x\to 0^+} f(x) = \lim\limits_{x\to 0^+}\left(\dfrac{1}{x}\right) = +\infty$

e) $\lim\limits_{x\to 0} f(x) = \lim\limits_{x\to 0}\left(\dfrac{1}{x}\right) = \dfrac{1}{0} = \nexists$, pois os limites laterais são distintos

f) $\lim\limits_{x\to -\infty} f(x) = \lim\limits_{x\to -\infty}\left(\dfrac{1}{x}\right) = \dfrac{1}{-\infty} = 0$, aplicação direta do teorema 2

g) $\lim\limits_{x\to +\infty} f(x) = \lim\limits_{x\to +\infty}\left(\dfrac{1}{x}\right) = \dfrac{1}{+\infty} = 0$

Nos exercícios de **R1.16** a **R1.18**, calcular os limites.

R1.16. $\lim\limits_{x\to+\infty}(\dfrac{2x^2-x+6}{-4x^3+x^2+5x+4})$; **R1.17.** $\lim\limits_{x\to-\infty}(\dfrac{-5x^3+9x^2+6x-8}{2x^2-5x+4})$;

R1.18. $\lim\limits_{x\to-\infty}(\dfrac{3x^4-2x^3-7x^2+6}{-9x^4+2x^3-x^2-8x-9})$

Resolução

R1.16. $\lim\limits_{x\to+\infty}(\dfrac{2x^2-x+6}{-4x^3+x^2+5x+4}) = \dfrac{2.(+\infty)^2}{-4.(+\infty)^3} = \dfrac{1}{(-0,5).(+\infty)} = \dfrac{1}{-\infty} = 0$.

R1.17. $\lim\limits_{x\to-\infty}(\dfrac{-5x^3+9x^2+6x-8}{2x^2-5x+4}) = \dfrac{(-5).(-\infty)^3}{2.(-\infty)^2} = \dfrac{(-2,5).(-\infty)}{1} = +\infty$.

R1.18. $\lim\limits_{x\to-\infty}(\dfrac{3x^4-2x^3-7x^2+6}{-9x^4+2x^3-x^2-8x-9}) = \dfrac{3(-\infty)^4}{(-9).(-\infty)^4} = \dfrac{1.1}{(-3).1} = -\dfrac{1}{3}$.

1.7 Limites pela definição

Dada uma vizinhança em torno de um ponto da imagem, existe em correspondência, uma outra vizinhança em torno da abscissa, onde matematicamente o intervalo no eixo x (eixos das abscissas) é expresso em função do intervalo do eixo y (eixo das imagens).

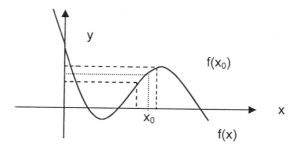

Matematicamente: é preciso encontrar δ, um valor que em geral depende de ε, tal que: $\boxed{|f(x)-f(x_0)|<\varepsilon \Leftrightarrow |x-x_0|<\delta, \text{ para qualquer valor de } \varepsilon > 0}$

Nos exercícios de **R1.19** a **R1.20**, PROVAR o cálculo dos seguintes limites.

R1.19 $\lim_{x \to 2}(-4x+13) = 5$; **R1.20.** $\lim_{x \to 1}(ax+b) = a+b$

Resolução

R1.19 $\lim_{x \to 2}(-4x+13) = 5$ temos: $\begin{cases} f(x) = -4x+13 \\ x_0 = 2 \end{cases}$

$|f(x) - f(x_0)| < \varepsilon \Leftrightarrow |(-4x+13) - (-4x_0+13)| < \varepsilon \Leftrightarrow |-4x+4x_0| < \varepsilon$

$|(-4)(x-x_0)| < \varepsilon \Leftrightarrow 4|x-x_0| < \varepsilon \Leftrightarrow |x-x_0| < \dfrac{\varepsilon}{4} \therefore \delta = \dfrac{\varepsilon}{4}$

R1.20. $\lim_{x \to 1}(ax+b) = a+b$; temos $\begin{cases} f(x) = ax+b \\ x_0 = 1 \end{cases}$

$|f(x) - f(x_0)| < \varepsilon \Leftrightarrow |(ax+b) - (ax_0+b)| < \varepsilon \Leftrightarrow |ax - ax_0| < \varepsilon$

$|a(x-x_0)| < \varepsilon \Leftrightarrow a|x-x_0| < \varepsilon \Leftrightarrow |x-x_0| < \dfrac{\varepsilon}{a} \therefore \delta = \dfrac{\varepsilon}{a}, com\ a \neq 0$

1.8 Exercícios propostos

P1.1 Considerando a função f : IR → IR / onde $f(x) = \begin{cases} 2x,\ se\ x < -1 \\ \dfrac{1}{x},\ se\ x \geq -1 \end{cases}$, esboçada num gráfico, calcular:

a). $\lim f(x)$; b). $\lim f(x)$; c). $\lim f(x)$; d). $\lim f(x)$; e). $\lim f(x)$; f). $\lim f(x)$;
$x \to -1^-$ $x \to -1^+$ $x \to -1$ $x \to 0^-$ $x \to 0^+$ $x \to 0$

g). $\lim f(x)$; h). $\lim f(x)$; i). $\lim f(x)$; j). $\lim f(x)$; k). $\lim f(x)$; l). $\lim f(x)$;
$x \to 3^-$ $x \to 3^+$ $x \to 3$ $x \to -1,5$ $x \to 2$ $x \to 1,5$

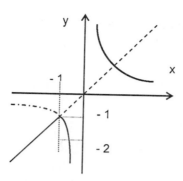

P1.2. Calcular os limites:

a) $\lim\limits_{x \to 0}\left(\dfrac{x^2 - 20x}{x}\right)$;   b) $\lim\limits_{x \to 3}\left(\dfrac{x^2 - 10x + 21}{x - 3}\right)$

P1.3 Calcular o valor dos seguintes limites:

a) $\lim\limits_{x \to 4}\left(\dfrac{\sqrt{x} - 2}{x - 4}\right)$, onde $x = \left(\sqrt{x}\right)^2$ b) $\lim\limits_{x \to +\infty}\left(\dfrac{x^2 + 6x + 8}{-x^3 + 2x^2 + 4x - 8}\right)$

P1.4 Considerando que $\lim\limits_{x \to 0}\left(\dfrac{\operatorname{sen} x}{x}\right) = 1$ e $\lim\limits_{x \to +\infty}\left(1 + \dfrac{1}{x}\right)^x = e$, calcular:

a) $\lim\limits_{x \to 0}\left(\dfrac{\operatorname{sen} x}{x^2}\right)$;   b) $\lim\limits_{x \to 0}\left(\dfrac{\operatorname{tg} x}{x}\right)$;   c) $\lim\limits_{x \to +\infty}\left(1 + \dfrac{1}{x}\right)^{3x}$;   d) $\lim\limits_{x \to +\infty}\left(1 + \dfrac{1}{2x}\right)^x$

P1.5 Considerando a função $f(x) = \dfrac{x^2 - 8x}{x}$, calcular os seguintes limites:

a) $\lim\limits_{x \to -8} f(x)$;   b) $\lim\limits_{x \to 8} f(x)$;   c) $\lim\limits_{x \to 0} f(x)$;   d) $\lim\limits_{x \to -\infty} f(x)$;   e) $\lim\limits_{x \to +\infty}\left(\dfrac{f(x)}{x}\right)$

P1.6 Provar, pela definição, que $\lim_{x \to 1}(2x+3)=5$

P1.7 Calcular os limites:

a) $\lim_{x \to k}\left(\dfrac{x^3-k^3}{x-k}\right)$ b) $\lim_{x \to 2}\left(\dfrac{-2x^2+6x-4}{(x-2)(x^2-10x+21)}\right)$

1.9 Respostas dos exercícios propostos

P1.1

a) $\lim_{x \to -1^-} f(x) = \lim_{x \to -1}(2x) = 2(-1) = -2$

b) $\lim_{x \to -1^+} f(x) = \lim_{x \to -1}\left(\dfrac{1}{x}\right) = \dfrac{1}{-1} = -1$

c) $\lim_{x \to -1^-} f(x) = \nexists$, pois os limites laterais são diferentes.

d) $\lim_{x \to 0^-} f(x) = \lim_{x \to 0^-}\left(\dfrac{1}{x}\right) = \dfrac{1}{0^-} = -\infty$ (observar o seu gráfico antes de 0)

e) $\lim_{x \to 0^+} f(x) = \lim_{x \to 0^+}\left(\dfrac{1}{x}\right) = \dfrac{1}{0^+} = +\infty$ (observar o seu gráfico depois de 0)

f) $\lim_{x \to 0} f(x) = \lim_{x \to -1}\left(\dfrac{1}{x}\right) = \nexists$ pois os limites laterais são distintos

g) $\lim_{x \to 3^-} f(x) = \lim_{x \to 3}\left(\dfrac{1}{x}\right) = \dfrac{1}{3} = 0{,}333\ldots$

h) $\lim_{x \to 3^+} f(x) = \lim_{x \to 3}\left(\dfrac{1}{x}\right) = \dfrac{1}{3} = 0{,}333\ldots$

i) $\lim_{x \to 3} f(x) = \lim_{x \to 3}\left(\dfrac{1}{3}\right) = \dfrac{1}{3} = 0{,}333\ldots$

j) $\lim_{x \to -1,5} f(x) = \lim_{x \to -1,5} (2x) = 2(-1,5) = -3$

k) $\lim_{x \to 2} f(x) = \lim_{x \to 2} \left(\frac{1}{x}\right) = \frac{1}{2} = 0,5$

l) $\lim_{x \to 1,5} f(x) = \lim_{x \to 1,5} \left(\frac{1}{x}\right) = \frac{1}{1,5} = \frac{2}{3} = 0,666...$

P1.2.

a) $\lim_{x \to 0} \left(\frac{x^2 - 20x}{x}\right) = \frac{0^2 - 20.0}{0} = \frac{0}{0}$?

assim $\lim_{x \to 0} \left(\frac{x^2 - 20x}{x}\right) = \lim_{x \to 0} \left(\frac{x(x-20)}{x}\right) = \lim_{x \to 0} \left(\frac{x-20}{1}\right) = \frac{0-20}{1} = -20$

b) $\lim_{x \to 3} \left(\frac{x^2 - 10x + 21}{x-3}\right) = \frac{3^2 - 10.3 + 21}{3-3} = \frac{0}{0}$?

assim $\lim_{x \to 3} \left(\frac{x^2 - 10x + 21}{x-3}\right) = \lim_{x \to 3} \left(\frac{1(x-3)(x-7)}{x-3}\right) = \lim_{x \to 3} \left(\frac{x-7}{1}\right) = \frac{3-7}{1} = -4$

P1.3

a) $\lim_{x \to 4} \left(\frac{\sqrt{x}-2}{x-4}\right) = \frac{\sqrt{4}-2}{4-4} = \frac{0}{0}$?

e sendo $\begin{cases} a^2 - b^2 = (a+b)(a-b) \\ x - 4 = (\sqrt{x})^2 - 2^2 = (\sqrt{x}+2)(\sqrt{x}-2) \end{cases}$

assim $\lim_{x \to 4} \left(\frac{\sqrt{x}-2}{x-4}\right) = \lim_{x \to 4} \left(\frac{\sqrt{x}-2}{(\sqrt{x}+2)(\sqrt{x}-2)}\right) = \lim_{x \to 4} \left(\frac{1}{\sqrt{x}+2}\right) = \frac{1}{\sqrt{4}+2} = \frac{1}{4}$.

b) $\lim\limits_{x \to +\infty} \left(\dfrac{x^2 + 6x + 8}{-x^3 + 2x^2 + 4x - 8} \right) = \dfrac{(+\infty)^2}{-(+\infty)^3} = \dfrac{1}{-(+\infty)} = \dfrac{1}{-\infty} = 0$

P1.4

a) $\lim\limits_{x \to 0} \left(\dfrac{\operatorname{sen} x}{x^2} \right) = \dfrac{\operatorname{sen} 0}{0^2} = \dfrac{0}{0}$? onde $\dfrac{\operatorname{sen} x}{x^2} = \dfrac{\operatorname{sen} x}{x} \cdot \dfrac{1}{x}$

assim $\lim\limits_{x \to 0} \left(\dfrac{\operatorname{sen} x}{x^2} \right) = \lim\limits_{x \to 0} \left(\dfrac{\operatorname{sen} x}{x} \cdot \dfrac{1}{x} \right) = 1 \cdot \dfrac{1}{0} = \not\exists$

---

b) $\lim\limits_{x \to 0} \left(\dfrac{\operatorname{tg} x}{x} \right) = \dfrac{\operatorname{tg} 0}{0} = \dfrac{0}{0}$? onde $\dfrac{\operatorname{tg} x}{x} = \dfrac{\frac{\operatorname{sen} x}{\cos x}}{x} = \dfrac{\frac{\operatorname{sen} x}{\cos x}}{\frac{x}{1}} = \dfrac{\operatorname{sen} x}{\cos x} \cdot \dfrac{1}{x} = \dfrac{\operatorname{sen} x}{x} \cdot \dfrac{1}{\cos x}$

assim $\lim\limits_{x \to 0} \left(\dfrac{\operatorname{tg} x}{x} \right) = \lim\limits_{x \to 0} \left(\dfrac{\operatorname{sen} x}{x} \cdot \dfrac{1}{\cos x} \right) = 1 \cdot \dfrac{1}{\cos 0} = 1 \cdot \dfrac{1}{1} = 1$

---

c) $\lim\limits_{x \to +\infty} \left(1 + \dfrac{1}{x} \right)^{3x} = \lim\limits_{x \to +\infty} \left[\left(1 + \dfrac{1}{x} \right)^x \right]^3 = [e]^3 = e^3$

---

d) $\lim\limits_{x \to +\infty} \left(1 + \dfrac{1}{2x} \right)^x$ *fazendo* $\begin{cases} y = 2x \\ \dfrac{y}{2} = x \end{cases}$

assim $\lim\limits_{x \to +\infty} \left(1 + \dfrac{1}{2x} \right)^x = \lim\limits_{y \to +\infty} \left(1 + \dfrac{1}{y} \right)^{\frac{y}{2}} = \lim\limits_{y \to +\infty} \left[\left(1 + \dfrac{1}{y} \right)^y \right]^{\frac{1}{2}} = [e]^{\frac{1}{2}} = \sqrt{e}$

P1.5

a) $\lim\limits_{x \to -8} f(x) = \lim\limits_{x \to -8} \left(\dfrac{x^2 - 8x}{x} \right) = \dfrac{(-8)^2 - 8 \cdot (-8)}{-8} = \dfrac{64 + 64}{-8} = \dfrac{128}{-8} = -16$

26

b) $\lim\limits_{x \to 8} f(x) = \lim\limits_{x \to 8} \left(\dfrac{x^2 - 8x}{8} \right) = \dfrac{8^2 - 8.8}{8} = \dfrac{64 - 64}{8} = \dfrac{0}{8} = 0$

---

c) $\lim\limits_{x \to 0} f(x) = \lim\limits_{x \to 0} \left(\dfrac{x^2 - 8x}{x} \right) = \dfrac{0^2 - 8.0}{0} = \dfrac{0}{0}$? sendo $\begin{cases} ax + bx = x(a+b) \\ x^2 - 8x = x(x-8) \end{cases}$

$\lim\limits_{x \to 0} \left(\dfrac{x^2 - 8x}{x} \right) = \lim\limits_{x \to 0} \left(\dfrac{\cancel{x}(x-8)}{\cancel{x}} \right) = \lim\limits_{x \to 0} \left(\dfrac{x-8}{1} \right) = \dfrac{0-8}{1} = -8$

---

d) $\lim\limits_{x \to -\infty} f(x) = \lim\limits_{x \to -\infty} \left(\dfrac{x^2 - 8x}{x} \right) = \dfrac{(-\infty)^2}{-\infty} = \dfrac{-\infty}{1} = -\infty$

---

e) $\lim\limits_{x \to +\infty} \left(\dfrac{f(x)}{x} \right) = \lim\limits_{x \to +\infty} \left(\dfrac{\dfrac{x^2-8x}{x}}{x} \right) = \lim\limits_{x \to +\infty} \left(\dfrac{\dfrac{x^2-8x}{x}}{\dfrac{x}{1}} \right) = \lim\limits_{x \to +\infty} \left(\dfrac{x^2-8x}{x} \cdot \dfrac{1}{x} \right)$

$\lim\limits_{x \to +\infty} \left(\dfrac{x^2 - 8x}{x^2} \right) = \dfrac{(+\infty)^2}{(+\infty)^2} = \dfrac{1}{1} = 1$

P1.6 Sendo $\lim\limits_{x \to 1}(2x+3) = 5$, então: $\begin{cases} f(x) = 2x+3 \\ x_0 = 1 \end{cases}$

$|f(x) - f(x_0)| < \varepsilon$

$|(2x+3) - (2x_0+3)| < \varepsilon$

$|2(x - x_0)| < \varepsilon \Leftrightarrow 2|x - x_0| < \varepsilon \Leftrightarrow |x - x_0| < \dfrac{\varepsilon}{2}$

é só tomar $\delta = \dfrac{\varepsilon}{2}$

P1.7

a) $\lim\limits_{x \to k}\left(\dfrac{x^3 - k^3}{x - k}\right) = \dfrac{k^3 - k^3}{k - k} = \dfrac{0}{0}$? onde $\begin{cases} a^3 - b^3 = (a-b)(a^2 + ab + b^2) \\ x^3 - k^3 = (x-k)(x^2 + xk + k^2) \end{cases}$

assim $\lim\limits_{x \to k}\left(\dfrac{x^3 - k^3}{x - k}\right) = \lim\limits_{x \to k}\left(\dfrac{(x-k)(x^2 + xk + k^2)}{x - k}\right) = \lim\limits_{x \to k}\left(\dfrac{x^2 + kx + k^2}{1}\right) =$

$= \dfrac{k^2 + k.k + k2}{1} = 3k^2$

b) $\lim\limits_{x \to 2}\left(\dfrac{-2x^2 + 6x - 4}{(x-2)(x^2 - 10x + 21)}\right) = \dfrac{-2.2^2 + 6.2 - 4}{(2-2)(2^2 - 10.2 + 21)} = \dfrac{-8 + 12 - 4}{0.5} = \dfrac{0}{0}$?

sendo $\begin{cases} ax^2 + bx + c = a(x - x_1)(x - x_2) \\ -2x^2 + 6x - 4 = -2(x-1)(x-2) \end{cases}$

assim $\lim\limits_{x \to 2}\left(\dfrac{-2x^2 + 6x - 4}{(x-2)(x^2 - 10x + 21)}\right) = \lim\limits_{x \to 2}\left(\dfrac{-2(x-1)(x-2)}{(x-2)(x^2 - 10x + 21)}\right) =$

$= \lim\limits_{x \to 2}\left(\dfrac{-2(x-1)}{x^2 - 10x + 21}\right) = \dfrac{-2(2-1)}{2^2 - 10.2 + 21} = \dfrac{(-2).1}{4 - 20 + 21} = \dfrac{-2}{5} = -0{,}4$

Capítulo 2

Derivadas de funções com uma variável

2.1 Conceito de derivada

A derivada de uma função de uma variável (y=f(x)) expressa a razão da variação de y pela pequena variação de x.

Matematicamente $y' = \lim\limits_{h \to 0}\left(\dfrac{f(x+h) - f(x)}{h}\right) = \lim\limits_{x \to x_0}\left(\dfrac{f(x) - f(x_0)}{x - x_0}\right)$
onde

$\boxed{y' \cong \dfrac{\Delta y}{\Delta x}}$, com $\Delta y \to 0$ e $\Delta x \to 0$

2.2 As principais notações de derivada

$y' = \dfrac{dy}{dx} = \dot{y} \cong \dfrac{\Delta y}{\Delta x}$, onde $\begin{cases} y' & \text{é a notação de Leibniz} \\ \dfrac{dy}{dx} & \text{é a notação de Newton} \\ \dot{y} & \text{é a notação de Cauchy} \end{cases}$

2.3. Derivada pela definição

O **procedimento** para se derivar pela *definição* possui duas etapas.

Inicialmente troca-se $\begin{cases} x = x + \Delta x \\ y = y + \Delta y \end{cases}$, com $\begin{cases} \Delta x \to 0 \\ \Delta y \to 0 \end{cases}$, e depois calcula $\boxed{y' \cong \dfrac{\Delta y}{\Delta x}}$

Nos exercícios de **R2.1** a **R2.4** derivar, pela definição, as expressões:

R2.1. $y = x^2$; **R2.2.** $y = 3x$; **R2.3.** $y = 9$; **R2.4.** $y = x^2 + 3x - 6$

Resolução

R2.1 $y = x^2$
$y + \Delta y = (x + \Delta x)^2$
$x^2 + \Delta y = x^2 + 2x\Delta x + (\Delta x)^2 \Leftrightarrow \Delta y = \Delta x(2x + \Delta x)$
$\dfrac{\Delta y}{\Delta x} = 2x + \Delta x \Leftrightarrow y' = 2x + 0 \therefore y' = 2x$

R2.2. $y = 3x$
$y + \Delta y = 3(x + \Delta x)$
$3x + \Delta y = 3x + 3\Delta x \Leftrightarrow \Delta y = 3\Delta x$
$\dfrac{\Delta y}{\Delta x} = 3 \Leftrightarrow y' = 3$

R2.3. $y = 9$
$y + \Delta y = 9$
$9 + \Delta y = 9 \Leftrightarrow \Delta y = 9$
$y' = \dfrac{\Delta y}{\Delta x} = \dfrac{0}{\Delta x} = 0$, *pois* $\Delta x \to 0 \therefore y' = 0$

R2.4. $y = x^2 + 3x - 6$

$y + \Delta y = (x + \Delta x)^2 + 3(x + \Delta x) - 6$

$x^2 + 3x - 6 + \Delta y = x^2 + 2x\Delta x + (\Delta x)^2 + 3x + 3\Delta x - 6 \Leftrightarrow \Delta y = \Delta x(2x + \Delta x + 3)$

$\dfrac{\Delta y}{\Delta x} = 2x + \Delta x + 3 \Leftrightarrow y' = 2x + 0 + 3 \therefore y' = 2x + 3$

2.4 Regras de derivação

As principais *regras de derivação*, e também as **tabelas** dos resultados mais utilizados são teoremas decorrentes da definição.

regras de derivação

função	derivada
k.u	k.u'
u + v	u' + v'
u − v	u' − v'
u . v	u'v + uv'
$\dfrac{u}{v}$	$\dfrac{u'v - uv'}{v^2}$
u (v)	u' (v). v'

tabela de resultados

função	derivada
k	0
kx	k
x^k	$k.x^{k-1}$
a^x	$a^x.\ln a$
sen x	cos x
$\log_a x$	$\dfrac{1}{x} \cdot \dfrac{1}{\ln a}$
cos x	− sen x

Onde u = f(x); v = g(x);
k = n° real; ln a = $\log_e$ (a);
e ≅ 2,718....

Vamos demonstrar um desses resultados:

y = kx

$y + \Delta y = k(x + \Delta x)$

$kx + \Delta y = kx + k\Delta x \Leftrightarrow \Delta y = k\Delta x$

$\dfrac{\Delta y}{\Delta x} = k \Leftrightarrow y' = k$

Nos exercícios de **R2.5** a **R2.28** derivar, pelas regras práticas, as expressões.

R2.5. $y = 4$;   **R2.6.** $y = 5x$;   **R2.7.** $y = x^5$;
R2.8. $p = 4q^3$;   **R2.9.** $q = -p^3 + 4p^2 + 7$;   **R2.10.** $p = q^{-1} + 2q + 5$;
R2.11. $p = \sqrt{q}$; **R2.12.** $q = 2^p$;   **R2.13.** $y = e^x$;
R2.14. $p = 0,5^q$;   **R2.15.** $p = \log_2(q)$;   **R2.16.** $q = \ln p$;

R2.17. $y = \log_{\frac{1}{3}}(x)$; **R2.18.** $p = 2^q \cdot q^2$; **R2.19.** $q = p \cdot \ln p$;

R2.20. $y = x \cdot \operatorname{sen} x$; **R2.21.** $y = \operatorname{tg} x$; **R2.22.** $y = \dfrac{3x+1}{1-x}$;

R2.23. $p = \dfrac{2^q}{3q+1}$; **R2.24.** $q = \ln(p^2 + 4)$;

R2.25. $p = (q^3 + 4q^2 - 9q + 1)^5$; **R2.26.** $y = \sqrt{x^2 + 6x + 4}$;

R2.27. $p = 4^{q+2}$; **R2.28.** $y = \operatorname{sen}(x^2 + 4x + 2)$.

Resolução

R2.5. $y = 4$ então $\begin{cases} y = k \Rightarrow y' = 0 \\ y = 4 \Rightarrow y' = 0 \end{cases}$

R2.6. $y = 5x$ então $\begin{cases} y = kx \Rightarrow y' = k \\ y = 5x \Rightarrow y' = 5 \end{cases}$

R2.7. $y = x^5$ então $\begin{cases} y = x^k \Rightarrow y' = kx^{k-1} \\ y = x^5 \Rightarrow y' = 5x^{5-1} \therefore y' = 5x^4 \end{cases}$

R2.8. $p = 4q^3$ então $\begin{cases} p = 4q^3 \\ p' = 4.3.q^{3-1} \therefore p' = 12q^2 \end{cases}$, onde $[u(v)]' = u'(v) \cdot v'$

R2.9. $q = -p^3 + 4p^2 + 7$ então $\begin{cases} q = -p^3 + 4p^2 + 7 \\ q' = -3p^{3-1} + 4.2p^{2-1} + 0 \end{cases}$ $\therefore q' = -3p^2 + 8p$

R2.10. $p = q^{-1} + 2q + 5$ então $\begin{cases} q = -p^3 + 4p^2 + 7 \\ q' = -3p^{3-1} + 4.2p^{2-1} + 0 \end{cases}$ $\therefore q' = -3p^2 + 8p$

R2.11. $p = \sqrt{q}$; então $\begin{cases} q = -p^3 + 4p^2 + 7 \\ q' = -3p^{3-1} + 4.2p^{2-1} + 0 \end{cases}$ $\therefore q' = -3p^2 + 8p$

R2.12. $q = 2^p$ então $\begin{cases} q = -p^3 + 4p^2 + 7 \\ q' = -3p^{3-1} + 4.2p^{2-1} + 0 \end{cases}$ $\therefore q' = -3p^2 + 8p$

R2.13. $y = e^x$ então $\begin{cases} y = a^x \Rightarrow y' = a^x . \ln a \\ y = e^x \Rightarrow y' = e^x . \ln e \end{cases}$ $\therefore y' = e^x$.

R2.14. $p = 0,5^q$ então $\begin{cases} y = a^x \Rightarrow y' = a^x . \ln a \\ p = 0,5^q \Rightarrow p' = 0,5^q . \ln 0,5 \end{cases}$

R2.15. $p = \log_2(q)$ então $\begin{cases} y = \log_a x \Rightarrow y' = \dfrac{1}{x} . \dfrac{1}{\ln a} \\ p = \log_2 q \Rightarrow p' = \dfrac{1}{q} . \dfrac{1}{\ln 2} \end{cases}$ $\therefore p' = \dfrac{1}{(\ln 2).q}$

R2.16. $q = \ln p$ então $\begin{cases} y = \log_a x \Rightarrow y' = \dfrac{1}{x} . \dfrac{1}{\ln a} \\ q = \ln p \Rightarrow q' = \dfrac{1}{p} . \dfrac{1}{\ln e} \end{cases}$ $\therefore q' = \dfrac{1}{p}$

R2.17. $y = \log_{\frac{1}{3}}(x)$ então $\begin{cases} y = \log_a x \Rightarrow y' = \dfrac{1}{x} . \dfrac{1}{\ln a} \\ y = \log_{\frac{1}{3}} x \Rightarrow y' = \dfrac{1}{x} . \dfrac{1}{\ln \frac{1}{3}} \end{cases}$

R2.18. $p = 2^q . q^2$ então $\begin{cases} u = 2^q \Rightarrow u' = 2^q . \ln 2 \\ v = q^2 \Rightarrow v' = 2q \end{cases}$ $\therefore \begin{cases} (u.v)' = u'.v + uv' \\ p' = 2^q . \ln 2 . q^2 + 2^q . 2q \end{cases}$

R2.19. $q = p \cdot \ln p$ então $\begin{cases} u = p \Rightarrow u' = 1 \\ v = \ln p \Rightarrow v' = \dfrac{1}{p} \end{cases}$ $\begin{cases} (u.v)' = u'.v + uv' \\ q' = 1.\ln p + p.\dfrac{1}{p} \end{cases}$

$\therefore q' = 1 + \ln p$

R2.20. $y = x \cdot \operatorname{sen} x$ então $\begin{cases} u = x \Rightarrow u' = 1 \\ v = \operatorname{sen} x \Rightarrow v' = \cos x \end{cases}$ $\therefore \begin{cases} (u.v)' = u'.v + uv' \\ y' = 1.\operatorname{sen} x + x.\cos x \end{cases}$

R2.21. $y = \operatorname{tg} x = \dfrac{\operatorname{sen} x}{\cos x}$; então $\begin{cases} u = \operatorname{sen} x \Rightarrow u' = \cos x \\ v = \cos x \Rightarrow v' = -\operatorname{sen} x \end{cases}$

$\begin{cases} \left(\dfrac{u}{v}\right)' = \dfrac{u'v - uv'}{v^2} \\ y' = \dfrac{\cos x.\cos x - \operatorname{sen} x.(-\operatorname{sen} x)}{(\cos x)^2} \end{cases}$; $y' = \dfrac{\cos^2 x + \operatorname{sen}^2 x}{\cos^2 x} = \dfrac{1}{\cos^2 x} = \left(\dfrac{1}{\cos x}\right)^2 = \sec^2 x$

R2.22. $y = \dfrac{3x + 1}{1 - x}$; então $\begin{cases} u = 3x + 1 \Rightarrow u' = 3 + 0 = 3 \\ v = 1 - x \Rightarrow v' = 0 - 1 = -1 \end{cases}$ $\therefore \begin{cases} \left(\dfrac{u}{v}\right)' = \dfrac{u'v - uv'}{v^2} \\ y' = \dfrac{3(1 - x) - (3x + 1)(-1)}{(1 - x)^2} \end{cases}$

R2.23. $p = \dfrac{2^q}{3q + 1}$; então $\begin{cases} u = \operatorname{sen} x \Rightarrow u' = \cos x \\ v = \cos x \Rightarrow v' = -\operatorname{sen} x \end{cases}$ $\therefore \begin{cases} \left(\dfrac{u}{v}\right)' = \dfrac{u'v - uv'}{v^2} \\ y' = \dfrac{3(1 - x) - (3x + 1)(-1)}{(1 - x)^2} \end{cases}$

R2.24. $q = \ln(p^2 + 4)$; então $\begin{cases} q = \ln(p^2 + 4) \\ q' = \dfrac{1}{p^2 + 4}.(2p + 0) \end{cases}$ $\therefore q' = \dfrac{2p}{p^2 + 4}$

Foi utilizado: $[u(v)]' = u'(v) \cdot v'$.

R2.25. p = (q³ + 4q² - 9q +1)⁵ então

$$\begin{cases} p = (q^3 + 4q^2 - 9q + 1)^5 \\ p' = 5(q^3 + 4.q^2 - 9q + 1)^4 . (3q^2 + 4.2q - 9 + 0) \end{cases}$$

R2.26. $y = \sqrt{x^2 + 6x + 4}$; então $\begin{cases} y = (x^2 + 6x + 4)^{\frac{1}{2}} \\ y' = \dfrac{1}{2}(x^2 + 6x + 4)^{\frac{1}{2}-1}(2x + 6 + 0) \end{cases}$

R2.27. p = 4^(q+2) ; então $\begin{cases} p = 4^{q+2} \\ p' = 4^{q+2}.(\ln 4).(1+0) \end{cases}$ ∴ p' = (ln 4). 4^(q+2)

R2.28. y = sen (x² + 4x + 2) então y' = cos (x² + 4x + 2). (2x + 4 + 0).

2.5 Interpretação geométrica da derivada

f(x) é uma função derivável

x_0 é um ponto qualquer de seu domínio

s é uma reta secante à f(x) em 2 pontos

t é uma reta tangente à f(x) em x_0

Para a reta secante s temos que a sua equação é: y = **m**x + n, onde m é o coeficiente angular $m = \dfrac{\Delta y}{\Delta x} = \dfrac{f(x_0 + h) - f(x_0)}{(x_0 + h) - x_0}$, e lembrando que $y'(x_0) \cong \dfrac{\Delta y}{\Delta x}$, temos que para h → 0 então $\boxed{m = y'(x_0)}$. A derivada do ponto fornece a inclinação da reta tangente naquele mesmo ponto.

Conseqüências: $\begin{cases} \text{se } f'(x_0) > 0 \text{ então } f(x) \text{ é estritamente crescente em } x_0 \\ \text{Se } f'(x_0) < 0 \text{ então } f(x) \text{ é estritamente decrescente em } x_0 \\ \text{Se } f'(x_0) = 0 \text{ então } x_0 \text{ é um ponto crítico.} \end{cases}$

Um ponto crítico pode ser: $\begin{cases} \text{ponto de máximo} \\ \text{ponto de mínimo} \\ \text{ponto de sela} \end{cases}$

Exemplo de um ponto de sela: $x_0 = 0$ para a função $y = x^3$
x_0 não é ponto de máximo e também não é ponto de mínimo.

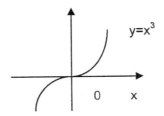

R2.29. Encontrar a equação da reta tangente à curva $C_t = q^2 + 4q + 6$, em $q = 1$.

$C_t = q^2 + 4q + 6$
$y_0 = Ct(1) = 1^2 + 4.1 + 6 \therefore y_0 = 11$
$x_0 = 1$ (é o ponto dado)

$\begin{cases} C_t = q^2 + 4q + 6 \\ C'_t = 2q + 4 + 0 \end{cases}$ então $m = C'_t(1) = 2.1 + 4 = 6$

A equação da reta tangente t é: $y - y_0 = m(x - x_0)$

$\begin{cases} y - y_0 = m(x - x_0) \\ y - 11 = 6(q - 1) \end{cases} \therefore$ a reta t é do tipo $y = 6q + 5$

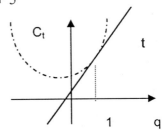

2.6 Roteiro para gráficos de funções não elementares

I. Estabelecer o domínio de validade da função y = f(x);

II. Achar os cortes ou interceptos $\begin{cases} x = 0 \Rightarrow y = ... \\ y = 0 \Rightarrow x = ... \end{cases}$;

III. Estudo de sinal da 1ª derivada (crescimento e decrescimento de f(x));
IV. Estudo de sinal da 2ª derivada (concavidade);
V. Existência de assíntotas verticais.

Nos exercícios de **R2.30** a **R2.35**, fazer o estudo completo (gráfico) de cada função:

R2.30. p = q³ - 9q ; **R2.31.** q = - p³ + 27p ; **R2.32.** $q = \dfrac{3-p}{p+2}$;

R2.33 $p = \dfrac{q+8}{q+2}$; **R2.34.** y = x + $\dfrac{1}{x}$; **R2.35.** $L_t = q^4 - 13q^2 + 36$

Resolução

R2.30. p = q³ - 9q
I. Domínio: D(p) = IR
II. Cortes: $\begin{cases} q = 0 \Rightarrow p = 0^3 - 9.0 = 0 \\ p = 0 \Rightarrow q^3 - 9q = 0 \end{cases}$

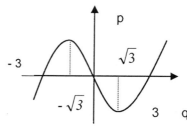

q³ − 9q = 0 ⇔ q(q² - 9) = 0 ⇔ $\begin{cases} q = 0 \\ q^2 - 9 = 0 \end{cases}$ ⇔ $\begin{cases} q = 0 \\ q = \pm 3 \end{cases}$

III. $\begin{cases} p = q^3 - 9q \\ p' = 3q^2 - 9 \end{cases}$ raízes de p = 3q² - 9

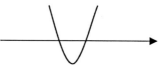

$3q^2 - 9 = 0 \Leftrightarrow 3q^2 = 9 \Leftrightarrow q^2 = 3 \Leftrightarrow q = \pm\sqrt{3}$

37

Sinais		$-\sqrt{3}$	$+\sqrt{3}$	
p'= 3q² - 9	+		-	+
p = q³ – 9q	↑		↓	↑

IV. $\begin{cases} p' = 3q^2 - 9 \\ p'' = 3.2q - 0 \end{cases} \therefore p'' = 6q$

Sinais	0	
p"=6q	-	+
p=q³ - 9q	∩	∪

V. $\left. \begin{array}{l} \lim\limits_{q \to -\infty} (q^3 - 9q) = (-\infty)^3 = -\infty \\ \lim\limits_{q \to +\infty} (q^3 - 9q) = (+\infty)^3 = +\infty \end{array} \right\}$ logo não existe assíntota horizontal.

R2.31. q = - p³ + 27p

I. Domínio: D(p) = IR

II. Cortes: $\begin{cases} p = 0 \Rightarrow p = -0^3 + 27.0 = 0 \\ q = 0 \Rightarrow -p^3 + 27p = 0 \end{cases}$

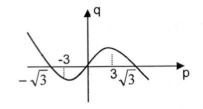

p³ + 27p = 0 ⇔ p(-p² + 27) = 0 ⇔ $\begin{cases} p = 0 \\ -p^2 + 27 = 0 \end{cases}$ ⇔ $\begin{cases} p = 0 \\ p = \pm 3\sqrt{3} \end{cases}$

III. $\begin{cases} q = -p^3 + 27p \\ q' = -3p^2 + 27 \end{cases}$ raízes de q = -3p² + 27

-3p² + 27 = 0 ⇔ $-3p^2 = -27$ ⇔ $p^2 = 9$ ⇔ p = ±3

Sinais		- 3	+ 3	
q'= -3p² + 27	-		+	-
q = -p³ + 27p	↓		↑	↓

IV. $\begin{cases} q' = -3p^2 + 27 \\ q'' = -3.2p + 0 \end{cases} \therefore q'' = -6p$

Sinais	0	
q"=-6q	+	-
q=-p³ + 27p	∪	∩

38

V. $\begin{aligned}\lim_{p\to -\infty}(-p^3+27p)=-(-\infty)^3=+\infty \\ \lim_{p\to +\infty}(-p^3+27p)=-(+\infty)^3=-\infty\end{aligned}\Big\}$ logo não existe assíntota horizontal.

R2.32. $q = \dfrac{3-p}{p+2}$;

I. $p + 2 \neq 0 \therefore p = -2$ é assíntota vertical

II. Cortes $\begin{cases} p=0 \Rightarrow q = 3/2 \\ q=0 \Rightarrow 0 = \dfrac{3-p}{p+2}\end{cases}$

$\dfrac{3-p}{p+2}=0 \Leftrightarrow 3-p=0 \Leftrightarrow 3=p$ é a raiz

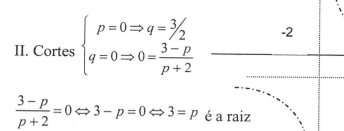

III. $\begin{cases} u = 3-p \Rightarrow u' = 0-1 = -1 \\ v = p+2 \Rightarrow v' = 1+0 = 1 \end{cases}$

$q' = \dfrac{u'v - uv'}{v^2} = \dfrac{(-1).(p+2)-(3-p).1}{(p+2)^2} = \dfrac{-p-2-3+p}{(p+2)^2} = \dfrac{-5}{(p+2)^2} < 0$

Se **q'< 0** então **q** é *sempre* estritamente decrescente.

IV. $\begin{cases} q' = (-5).(p+2)^{-2} \\ q'' = (-5)(-2)(p+2)^{-2-1}.(1+0) \end{cases} \therefore q'' = 10(p+2)^{-3}$

Assim $q'' = \dfrac{10}{(p+2)^3}$

Sinais		-2	
10	+		+
$(p+2)^3$	−		+
q''	−		+
q	∩		∪

V. Assíntotas: $\begin{aligned}\lim_{p\to -\infty}\left(\dfrac{3-p}{p+2}\right)=\dfrac{-(-\infty)}{+(-\infty)}=\dfrac{-1}{+1}=-1 \\ \lim_{p\to +\infty}\left(\dfrac{3-p}{p+2}\right)=\dfrac{-(+\infty)}{+(+\infty)}=\dfrac{-1}{+1}=-1\end{aligned}\Big\} \therefore q = -1$ é a assíntota horizontal.

R2.33 $p = \dfrac{q-6}{q+2}$

I. $q + 2 \neq 0 \therefore q = -2$ é assíntota vertical

II. Cortes $\begin{cases} q = 0 \Rightarrow q = \dfrac{-6}{2} = -3 \\ p = 0 \Rightarrow 0 = \dfrac{q-6}{q+2} \end{cases}$

$\dfrac{q-6}{q+2} = 0 \Leftrightarrow q - 6 = 0 \Leftrightarrow q = 6$ é a raiz

III. $\begin{cases} u = q - 6 \Rightarrow u' = 1 - 0 = 1 \\ v = q + 2 \Rightarrow v' = 1 + 0 = 1 \end{cases}$

$p' = \dfrac{u'v - uv'}{v^2} = \dfrac{(+1).(q+2) - (q-6).1}{(q+2)^2} = \dfrac{q - 2 - q + 6}{(q+2)^2} = \dfrac{+4}{(q+2)^2} > 0$

Se **q' > 0** então **q** é *sempre* estritamente crescente.

IV. $\begin{cases} p' = (+4).(q+2)^{-2} \\ p'' = 4(-2)(q+2)^{-2-1}.(1+0) \end{cases} \therefore p'' = -8(q+2)^{-3}$

Assim $p'' = \dfrac{-8}{(q+2)^3}$

Sinais		-2	
- 8	-		-
$(q+2)^3$	-		+
p''	+		-
p	∪		∩

V. Assíntotas: $\left. \begin{array}{l} \lim\limits_{q \to -\infty}\left(\dfrac{q-6}{q+2}\right) = \dfrac{+(-\infty)}{+(-\infty)} = \dfrac{+1}{+1} = 1 \\ \lim\limits_{q \to +\infty}\left(\dfrac{q-6}{q+2}\right) = \dfrac{+(+\infty)}{+(+\infty)} = \dfrac{+1}{+1} = 1 \end{array} \right\} \therefore p = 1$ é a assíntota horizontal.

R2.34. $y = x + \dfrac{1}{x}$

I. Domínio: denominador $\neq 0$

$x \neq 0 \therefore x = 0$ é assíntota vertical

II. Cortes: $\begin{cases} x=0 \Rightarrow y = 0 + \dfrac{1}{0} \; ? \therefore \not\exists \, y \\ y = 0 \Rightarrow x + \dfrac{1}{x} = 0 \end{cases}$

$x + \dfrac{1}{x} = 0 \Leftrightarrow x = -\dfrac{1}{x} \Leftrightarrow x^2 = -1 \Leftrightarrow \not\exists \, x \in IR$

Logo não existem interceptos junto aos eixos.

III. $\begin{cases} y = x + x^{-1} \\ y' = 1 + (-1)x^{-1-1} \end{cases}$

Assim $y' = 1 - x^{-2} \Leftrightarrow y' = 1 - \dfrac{1}{x^2} \Leftrightarrow y' = \dfrac{x^2 - 1}{x^2}$

Sinais	-1	0	1	
$x^2 - 1$	+	−	−	+
x^2	+	+	+	+
y'	+	−	−	+
y	↑	↓	↓	↑

IV. $\begin{cases} y' = 1 - x^{-2} \\ y'' = 0 - (-2)x^{-2-1} \end{cases}$, logo $y'' = \dfrac{2}{x^3}$

V. Sendo $y = x + \dfrac{1}{x} \Leftrightarrow y = \dfrac{x^2 + 1}{x}$

$\left. \begin{array}{l} \lim\limits_{x \to -\infty}\left(\dfrac{x^2+1}{x}\right) = \dfrac{(-\infty)^2}{-\infty} = \dfrac{-\infty}{1} = -\infty \\ \lim\limits_{x \to +\infty}\left(\dfrac{x^2+1}{x}\right) = \dfrac{(+\infty)^2}{+\infty} = \dfrac{+\infty}{1} = +\infty \end{array} \right\} \therefore \not\exists$ assíntotas horizontais.

R2.35. $L_t = q^4 - 13q^2 + 36$

I. Domínio: IR;

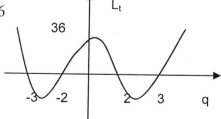

II. Cortes: $\begin{cases} q = 0 \Rightarrow L_t = 0^4 - 13.0^2 + 36 = 36 \\ L_t = 0 \Rightarrow q^4 - 13q^2 + 36 = 0 \end{cases}$

Se $x = q^2 \Rightarrow (q^2)^2 - 13q^2 + 36 = 0 \Leftrightarrow x^2 - 13x + 36 = 0$

$$x = \frac{-(-13) \pm \sqrt{(-13)^2 - 4.1.36}}{4.1} = \frac{13 \pm \sqrt{25}}{4} = \frac{13 \pm 5}{4}$$

$x = q^2 = 9$ ou $x = q^2 = 4$ ∴ raízes = { -3; -2; 2; 3 }

III. $\begin{cases} L_t = q^4 - 13q^2 + 36 \\ L_t' = 4q^3 - 13.2q + 0 \end{cases}$

$L_t' = 4q^3 - 26q = 2q(2q^2 - 13)$

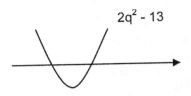

Raízes de $2q^2 - 13 = 0 \Rightarrow q \cong \pm 2{,}55$

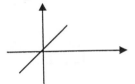

Sinais	-2,5	0	2,5
$2q^2-13$	+	-	-	+
$2q$	-	-	+	+
L_t'	-	+	-	+
L_t	↓	↑	↓	↑

IV. $\begin{cases} L_t' = 4q3 - 26q \\ L_t'' = 4.3q^2 - 26 \end{cases}$

$L_t'' = 12q^2 - 26$
$12q^2 - 26 = 0$

Sinais	-1,47	1,47
$L''=12q^2-26$	+	-	+
L_t	∪	∩	∪

$q^2 = \frac{26}{12}$

$q \cong \pm 1{,}47$ são as raízes de L''_t.

V. $\left. \begin{array}{l} \lim\limits_{q \to -\infty}(q^4 - 13q^2 + 36) = (-\infty)^4 = +\infty \\ \lim\limits_{q \to +\infty}(q^4 - 13q^2 + 36) = (+\infty)^4 = +\infty \end{array} \right\}$ ∴ assíntota horizontal

2.7 Teorema de L' Hospital

$\lim\limits_{x \to c}(\frac{f(x)}{g(x)}) = \frac{\pm \infty}{\pm \infty} ou \frac{0}{0} \Rightarrow \lim\limits_{x \to c}(\frac{f(x)}{g(x)}) = \lim\limits_{x \to c}(\frac{f'(x)}{g'(x)}) = ...$ ("tantas vezes que for necessário", mantidas as condições de diferenciabilidade).

Demonstração:

$$\lim_{x \to c}\left(\frac{f(x)}{g(x)}\right) = \lim_{x \to x}\left(\frac{f(x) \cdot \frac{1}{x-c}}{g(x) \cdot \frac{1}{x-c}}\right) = \lim_{x \to c}\left(\frac{\frac{f(x)}{x-c}}{\frac{g(x)}{x-c}}\right) = \lim_{x \to c}\left(\frac{f'(x)}{g'(x)}\right),$$ onde

f(x) e g(x) são funções deriváveis em torno de x = c.

Nos exercícios de **R2.36** a **R2.40**, utilizar o teorema de L'Hospital:

R2.36. $\lim_{x \to 0}(\frac{x^2 + 4x}{3^x - 1})$; **R2.37.** $\lim_{x \to 1}(\frac{\ln x}{x^2 - 1})$;

R2.38. $\lim_{x \to +\infty}(\frac{x^2 + 5x + 9}{-x^3 + 4x^2 - 7x + 4})$; **R2.39.** $\lim_{x \to 0}(\frac{\operatorname{sen} x}{x})$;

R2.40. $\lim_{x \to 4}(\frac{x^2 - 16}{4 - x})$.

Resolução

R2.36. $\lim_{x \to 0}(\frac{x^2 + 4x}{3^x - 1}) = \frac{0^2 + 4.0}{3^0 - 1} = \frac{0}{0}$?

Assim $\lim_{x \to 0}(\frac{x^2 + 4x}{3^x - 1}) = \lim_{x \to 0}\left(\frac{2x + 4}{3^x . \ln 3 - 0}\right) = \frac{2.0 + 4}{3^0 . \ln 3} = \frac{0 + 4}{1 . \ln 3} = \frac{4}{\ln 3} \cong \frac{4}{1,0986} \cong 3,641$.

R2.37. $\lim_{x \to 1}\left(\frac{\ln x}{x^2 - 1}\right) = \frac{\ln 1}{1^2 - 1} = \frac{0}{0}$?

$\lim_{x \to 1}\left(\frac{\ln x}{x^2 - 1}\right) = \lim_{x \to 1}\left(\frac{\frac{1}{x}}{2x - 0}\right) = \frac{\frac{1}{1}}{2.1 - 0} = \frac{1}{2}$

R2.38. $\lim_{x \to +\infty} \left(\dfrac{x^2 + 5x + 9}{-x^3 + 4x^2 - 7x + 4} \right) = \dfrac{(+\infty)^2}{-(+\infty)^3} = \dfrac{+\infty}{-\infty}$?

$$\lim_{x \to +\infty} \left(\dfrac{x^2 + 5x + 9}{-x^3 + 4x^2 - 7x + 4} \right) = \lim_{x \to +\infty} \left(\dfrac{2x + 5 + 0}{-3x^2 + 4.2x - 7 + 0} \right) =$$

$$= \lim_{x \to +\infty} \left(\dfrac{2 + 0 + 0}{-3.2x + 8 + 0} \right) = \dfrac{2}{-6(+\infty)} = \dfrac{1}{-\infty} = 0$$

Observação: foi aplicado o Teorema de L'Hospital duas vezes e de maneira simultânea.

R2.39. $\lim_{x \to 0} \left(\dfrac{\operatorname{sen} x}{x} \right) = \dfrac{\operatorname{sen} 0}{0} = \dfrac{0}{0}$?

$$\lim_{x \to 0} \left(\dfrac{\operatorname{sen} x}{x} \right) = \lim_{x \to 0} \left(\dfrac{\cos x}{1} \right) = \dfrac{\cos 0}{1} = \dfrac{1}{1} = 1$$

R2.40. $\lim_{x \to 4} \left(\dfrac{x^2 - 16}{4 - x} \right) = \dfrac{4^2 - 16}{4 - 4} = \dfrac{0}{0}$?

$$\lim_{x \to 4} \left(\dfrac{x^2 - 16}{4 - x} \right) = \lim_{x \to 4} \left(\dfrac{2x - 0}{0 - 1} \right) = \dfrac{2.4}{-1} = -8$$

2.8 Funções marginais

Função marginal é a derivada de uma função, tirada de uma aplicação econômica.

Exemplo: **p'= 2q + 4** é uma função oferta marginal, expressando a derivada da função oferta.

R2.41. Para a função $C_t = q^2 + 4q + 12$, pede-se:
a) a função custo marginal;
b) o valor de $C_{mg}(2)$;
c) o significado econômico do $C_{mg}(2)$.

Resolução

a) $\begin{cases} C_t = q^2 + 4q + 12 \\ C'_t = 2q + 4 + 0 \end{cases}$ logo $C_{mg} = 2q + 4$

44

b) $\begin{cases} C_{mg} = 2q + 4 \\ C_{mg}(2) = 2.2 + 4 = 4 + 4 = 8 \end{cases}$ logo $C_{mg}(2) = 8$

como $y' \cong \dfrac{\Delta y}{\Delta x} \Rightarrow C_{mg} \cong \dfrac{\Delta Ct}{\Delta q}$ assim $8 \cong \dfrac{\Delta Ct}{\Delta q} \Leftrightarrow \Delta Ct \cong 8\Delta q$

"A variação ocorrida no Custo é aproximadamente 8 vezes maior que variação ocorrida na quantidade".

R2.42. Seja a função consumo dada por **C = 0,7y + 300**, onde y é a renda. Pede-se:

a) a tendência marginal a consumir;
b) a função poupança, onde P = y – C;
c) a tendência marginal a poupar;
d) o valor de P_{mg} (2) e o seu significado econômico;
e) o valor de k, onde k = P' + C'.

Resolução

a) $\begin{cases} C = 0,7y + 300 \\ C' = 0,7 + 0 \end{cases}$ logo $C_{mg} = 0,7$

b) P = y – C $\Rightarrow$ P = y – (0,7y + 300) $\therefore$ **P = 0,3y - 300**

c) $\begin{cases} C = 0,7y + 300 \\ C' = 0,7 + 0 \end{cases}$

d) P = 0,3y – 300 $\Rightarrow$ P' = 0,3 – 0 $\therefore$ $P_{mg} = 0,3$ e $\boxed{P_{mg}(2) = 0,3}$

significado econômico: $y' \cong \dfrac{\Delta y}{\Delta x} \Rightarrow 0,3 \cong \dfrac{\Delta P}{\Delta y} \therefore \Delta P \cong 0,3.\Delta y$ "a variação ocorrida na poupança é aproximadamente 0,3 vezes maior que a variação da renda".

e) se P = y – C então P' = 1 – C' $\Leftrightarrow$ P' + C' = 1, ou seja, $\boxed{P_{mg} + C_{mg} = 1}$ $\Leftrightarrow$ k = 1.

2.9 Máximos ou mínimos de funções

Seja f(x) uma função derivável em seu domínio

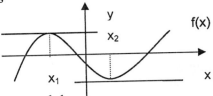

Em x_1 e x_2 temos retas tangentes à curva paralela ao eixo x, ou seja, $f'(x_1) = 0$ e $f'(x_2) = 0$

As curvaturas em x_1 e x_2 são opostas (dadas pelo sinal de f''(x)).

Matematicamente: Ponto de **máximo** local $\begin{cases} f'(x_1) = 0 \\ f''(x_1) < 0 \end{cases}$

Ponto de **mínimo** local $\begin{cases} f'(x_2) = 0 \\ f''(x_2) > 0 \end{cases}$

R2.43. Deseja-se construir um galinheiro de forma retangular, conforme a figura utilizando-se 160 metros de arame. Dispondo de um muro, já existente como fundo, quais as dimensões do galinheiro para que se tenha área **máxima**?

Resolução

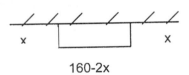

seja x = largura e y = comprimento do terreno
x + y + x = 160 $\Leftrightarrow$ y = 160 − 2x
a área é dada por A = xy $\Leftrightarrow$ A = x(160 − 2x) $\Leftrightarrow$ A = −2x² + 160x

$\begin{cases} A = -2x^2 + 160x \\ A' = -2.2x + 160 \\ A'' = -4 + 0 \end{cases}$ então os "candidatos" vêem da equação A' = 0

−4x + 160 = 0 $\Leftrightarrow$ 160 = 4x $\Leftrightarrow$ x = 40 metros

para x = 40 $\Rightarrow$ A'' = −4 < 0 logo **x = 40** é ponto que maximiza essa área.

R2.44. Sendo o custo total dado por $C_t = 30 + 5q$ e a demanda $q = 20 - p$, determinar a produção que **maximiza** a receita líquida (isto é o Lucro total).

Resolução

$q = 20 - p \Leftrightarrow p = 20 - q \therefore R_t = p.q \Leftrightarrow R_t = (20 - p)p \Leftrightarrow R_t = -q^2 + 20q$
$Lt = Rt - Ct \therefore Lt = (-q^2 + 20q) - (20 + 5q) \;\square\; L_t = -q^2 + 15q - 20$

$\left. \begin{array}{l} L_t = -q^2 + 15q - 20 \\ L'_t = -2q + 15 - 0 \end{array} \right\}$ Se $L'_t = 0$ então $-2q + 15 = 0 \Leftrightarrow q = 7,5$ é o "candidato"

como $L''_t = -2 \,\forall q \in \mathbb{R}$ então $\boxed{q = 7,5}$ unidades é o valor procurado.

R2.45. Um fabricante de latas de conserva utiliza latas cilíndricas cujos volumes devem ser iguais a 156 cm³. Quais devem ser as dimensões (raio da base e altura) mais econômicas das latas, isto é, onde se tem a área da superfície **mínima**?

Sugestões: $V = \pi.R^2.h$, $A_t = 2.\pi.R.h + 2.\pi.R^2$.

Resolução

$\left. \begin{array}{l} V = 156 \\ V = \pi R^2 h \end{array} \right\} \Leftrightarrow \pi R^2 h = 156 \Leftrightarrow h = \dfrac{156}{\pi R^2}$

$A_t = 2\pi R . \dfrac{156}{\pi R^2} + 2\pi R^2 \Leftrightarrow \begin{cases} A_t = 312.R^{-1} + 2\pi R^2 \\ A'_t = (-1)312R^{-2} + 2\pi.2R \end{cases}$

$A'_t = 0 \Rightarrow -312R^{-2} + 4\pi R^2 = 0 \therefore \dfrac{312}{R^2} = 4\pi R^2 \Leftrightarrow R^3 = \dfrac{312}{4\pi}$

$R = \sqrt[3]{\dfrac{312}{4.3,1415}} \therefore R \cong 2,9173\, cm$ e $h \cong \dfrac{156}{3,1415.(2,91173)^2} \cong 5,8346\, cm$

R2.46. Uma empresa possui uma demanda uniforme de 2500 itens por mês. O custo de obtenção (C_{ob}.) de cada lote de produção é de R$100,00, e o custo de armazenamento mensal (C_{arm}.) de cada item é de R$0,50. Se a produção é instantânea e a escassez não é permitida, quantos itens devem ser produzidos por vez, para que se tenha o **mínimo** de custo total?

Sugestões: $C_{ob}. = 100 \cdot \dfrac{2500}{x}$, $C_{arm}. = 0{,}50 \cdot \dfrac{x}{2}$, $C_t = C_{ob}. + C_{arm}.$

Resolução

$Ct = 2500.100.x^{-1} + 0{,}25.x$
$C'_t = 25000(-1)x^{-2} + 0{,}25$

"candidatos" $-25000x^{-2} + 0{,}25 = 0 \Leftrightarrow 0{,}25 = 25000x^{-2} \Leftrightarrow 0{,}25 = \dfrac{25000}{x^2}$

$0{,}25x^2 = 25000 \Leftrightarrow x^2 = 1000000 \Leftrightarrow x = \pm 1000$

$\begin{cases} C'_t = -25000x^{-1} + 0{,}25 \\ C''_t = +25000x^{-2} + 0 \end{cases}$ e testando esses "valores"

$\begin{cases} C''_t(1000) = 25000(1000)^{-2} > 0 \\ C''_t(-1000) = 25000(-1000)^{-2} > 0 \end{cases}$ poderiam servir para ponto de

"mínimo" local
Como $x > 0$ então $\boxed{x = 1000}$ itens.

2.10 Elasticidades simples e cruzadas de uma função

A **elasticidade** de função envolvendo preço e quantidade de um ou mais produtos, mede a variação percentual do preço em função da quantidade ou vice-versa.

Matematicamente: para uma função do tipo **p = f(q)** (preço em função da quantidade)

$$e = \frac{\frac{\Delta p}{p}}{\frac{\Delta q}{q}} \Leftrightarrow e = \frac{\Delta p}{p} \cdot \frac{q}{\Delta q} \Leftrightarrow e = \frac{\Delta p}{\Delta q} \cdot \frac{q}{p}, \text{ então: } \boxed{\begin{cases} \Delta q \to 0 \\ e \cong p' \cdot \frac{q}{p} \end{cases}}$$

Matematicamente: para uma função do tipo **q = f(p)** (quantidade em função do preço)

$$e = \frac{\frac{\Delta q}{q}}{\frac{\Delta p}{p}} \Leftrightarrow e = \frac{\Delta q}{q} \cdot \frac{p}{\Delta p} \Leftrightarrow e = \frac{\Delta q}{\Delta p} \cdot \frac{p}{q}, \text{ então: } \boxed{\begin{cases} \Delta p \to 0 \\ e \cong q' \cdot \frac{p}{q} \end{cases}}$$

Observações econômicas:

Se o preço estiver relacionado com a quantidade do mesmo produto temos uma função de **elasticidade simples**.

Se o preço estiver relacionado com a quantidade de outro produto, ou vice-versa, temos uma função de **elasticidade cruzada**.

A partir do sinal encontrado no cálculo da elasticidade cruzada podemos definir os produtos analisados:

$$\begin{cases} e_c < 0 \Rightarrow \text{produtos são complementares} \\ e_c > 0 \Rightarrow \text{produtos são substitutivos} \end{cases}$$

R2.47. Seja $q = -0{,}01p^2 - 0{,}2p + 24$ a função demanda de certo produto. Determinar:

a) a função elasticidade preço de demanda;

b) a elasticidade para p = R$2,00;

c) se o preço variar de R$2,00 para R$ 2,20, qual a variação *aproximada* na demanda;

d) qual é variação *exata* na demanda?;

e) é boa a aproximação utilizada no item c.

Resolução
a) q = -0,01p² - 0,2p + 24
q' = -0,01.2p - 0,2 + 0

$$q = f(p) \Rightarrow e \cong q'.\frac{p}{q} \therefore e \cong (-0,02p - 0,2).\frac{p}{-0,01p^2 - 0,2 + 24}$$

b) $e \cong \dfrac{-0,02p^2 - 0,2p}{-0,01p^2 - 0,2p + 24} \Rightarrow e(2) \cong \dfrac{-0,02.2^2 - 0,2.2}{-0,01.2^2 - 0,2.2 + 24} \cong \dfrac{-0,48}{23,56} \cong -0,02037$

c) como e< 0 então temos uma mudança de comportamento.
se o preço **aumenta** 1% então a quantidade **diminui** 0,02% aproximadamente.

Como a variação percentual $\Delta x = \dfrac{2,20 - 2}{2} = 0,10 = 10\%$

Se o preço aumenta (1x10)% = 10% então a quantidade diminui (0,02037x10)% = 0,2037% aproximadamente.

d) $\Delta q = q_f - q_i = (-0,01(2,20)^2 - 0,2.2,20 + 24) - (-0,01.(2)^2 - 0,2.2 + 24)$

$\Delta q = 23,5115 - 23,56 = -0,0485$ unidades.

e) $erro = \Delta\%x = \left|\dfrac{x_{aproximado} - x_{exato}}{x_{exato}}\right| = \left|\dfrac{-0,02037 - (-0,0485)}{-0,0485}\right| \cong 0,511340206$

Como o erro $\cong 51,13\% > 5\%$ então essa aproximação não é boa.

Essa variação ocorrida (de R$ 2,00 para R$ 2,20) não é relativamente pequena, isto é, não tende à zero ($\Delta p \not\to 0$).

R2.48. Sendo **p = 0,01q² + 6** a função oferta para determinado produto. Pede-se:

a) a função elasticidade oferta.
b) a elasticidade para q = 3 unidades.
c) se a quantidade variar de 3 para 3,1 unidades, qual será a variação *aproximada* no preço?
d) qual a variação *exata* no preço quando q aumenta de 3 para 3,1 unidades?
e) é boa a aproximação utilizada no item c.

Resolução

a) $p = 0,01q^2 + 6$
$p' = 0,01.2q - 0,2 + 0$

$p = f(q) \Rightarrow e \cong p'.\dfrac{q}{p} \therefore e \cong (0,02q).\dfrac{q}{0,01q^2 + 6}$

b) $e \cong \dfrac{0,02q^2}{0,01q^2 + 6} \Rightarrow e(3) \cong \dfrac{0,02.3^2}{0,01.3^2 + 6} \cong \dfrac{0,18}{6,09} \cong 0,02955665$

c) como e> 0 então temos uma manutenção de comportamento.
Se o preço **aumenta** 1% então a quantidade **aumenta** 0,03% aproximadamente.

[Como a variação percentual $\Delta x = \dfrac{3,10 - 3}{3} = 0,0333... \cong 3,33\%$

Se o preço aumenta (1x3,33)% = 3,33% então a quantidade aumenta (0,02955665x3,33)% = 9,8522166 % aproximadamente.

d) $\Delta p = p_f - p_i = (0,01(3,10)^2 + 6) - (0,01.(3)^2 + 6)$

$\Delta p = 6,0961 - 6,09 = 0,0061$ unidades.

e) $erro = \Delta\%x = \left|\dfrac{x_{aproximado} - x_{exato}}{x_{exato}}\right| = \left|\dfrac{0,02955665 - 0,0061}{0,0061}\right| \cong 3,8453524559$

Como o erro $\cong$ 384,53% > 5% então essa aproximação não é boa.
Essa variação ocorrida (de 3 para 3,1 unidades) não é relativamente pequena, isto é, não tende à zero ($\Delta q \not\to 0$).

R2.49. A demanda do café está relacionada com o preço do açúcar por $q = \sqrt{64 - p}$. Ao nível de p = R$ 12,00, se o preço subir 3%, pede-se:
a) a variação *exata* ocorrida na demanda q;
b) a variação *aproximada* na demanda, através da elasticidade e(12);
c) é boa a aproximação efetuada?

Resolução

A Demanda de um produto relacionada com o preço de outro produto evidencia o cálculo de **elasticidade cruzada**.

a) $p_f = 12 + 3\%12 \therefore p_f = 12,36$

$\Delta q = q_f - q_i = \sqrt{64 - 12,36} - \sqrt{64 - 12} \therefore \Delta q = \sqrt{51,64} - \sqrt{52} \Leftrightarrow \Delta q \cong -0,025004486$

b) $q = (64 - p)^{\frac{1}{2}} \Rightarrow q' = \frac{1}{2}(64 - p)^{\frac{1}{2}-1}(0-1) \therefore q' = -\frac{1}{2}(64 - p)^{-\frac{1}{2}}$

$q = f(p) \Rightarrow e \cong q' \cdot \frac{p}{q} \therefore e \cong (-\frac{1}{2}(64 - p)^{-\frac{1}{2}}) \cdot \frac{p}{(64 - p)^{\frac{1}{2}}} \Leftrightarrow e(p) \cong -\frac{p}{2(64 - p)}$

$e(12) \cong -\frac{12}{2(64 - 12)} \cong \frac{-12}{104} \cong -0,115384615$

Se o preço sobe 1% então a quantidade diminui aproximadamente 0,11%.

Se o preço sobe (3.1)% = 3% então a quantidade diminui aproximadamente (3.0,11)% = 0,33%.

c)
$erro = \Delta\%x = \left|\frac{x_{aproximado} - x_{exato}}{x_{exato}}\right| = \left|\frac{-0,346153846 - (-0,025004486)}{-0,025004486}\right| \cong 12,84366974$

$\therefore erro \cong 1284,36\%$, ou seja, não é boa. Como a elasticidade cruzada encontrada é estritamente negativa ($e_c < 0$), então esses produtos são complementares, e no perfil desse mercado do problema, esses produtos são adquiridos (ambos) (pelos consumidores).

2.11 Diferencial de uma função

Diferencial de uma função expressa a variação aproximada da imagem de uma função através de sua derivada no ponto inicial, e ainda, da pequena variação ocorrida em seu domínio.

Matematicamente $y' \cong \dfrac{\Delta y}{\Delta x} \Leftrightarrow \boxed{\Delta y \cong y' . \Delta x}$

Onde $\begin{cases} \Delta y = \text{diferencial} \\ y' = \text{derivada no ponto} \\ \Delta x = \text{variação no seu domínio} \end{cases}$

R2.50. A demanda de certo produto é dada por   . Se a quantidade comercializada subir de q = 4 toneladas para q = 4,10 toneladas, pede-se:
a) a variação *exata* ocorrida na demanda;
b) a variação *aproximada* ocorrida na demanda, utilizando diferenciais;
c) é boa a aproximação utilizada no item b?

Sugestões: o erro cometido é dado por $erro = \Delta\%x = \left| \dfrac{x_{aproximado} - x_{exato}}{x_{exato}} \right|$.

Se o erro < 5%, então, em geral, é boa essa aproximação.

Resolução

a) $\boxed{\Delta p = p_f - p_i = \dfrac{1}{4,10} - \dfrac{1}{4}} \therefore \Delta p \cong 0,243902439 - 0,25 \Leftrightarrow \Delta p \cong -0,00609756$

b) $\begin{cases} p = \dfrac{1}{q} = q^{-1} \\ p' = (-1)q^{-1-1} \therefore p' = -\dfrac{1}{q^2} \end{cases}$, assim $\begin{cases} \Delta y \cong y' \Delta x \\ \Delta p \cong p' \Delta q \end{cases}$, onde $\Delta p \cong -\dfrac{1}{q^2} \Delta q$

$\Delta p \cong -\dfrac{1}{4^2}(4,10 - 4) \cong -\dfrac{0,10}{16}$ assim $\boxed{\Delta p \cong -0,00625}$

c) $erro = \Delta\%x = \left|\dfrac{x_{aproximado} - x_{exato}}{x_{exato}}\right| = \left|\dfrac{-0,00625 - (-0,00609756)}{-0,00609756}\right| \cong 0,025$

como o erro $\cong 2,5\% < 5\%$ então é boa essa aproximação.

R2.51. Certo produto possui a expressão da oferta dada por $q = 0,01p^2 + 0,04p + 24$. Se o preço subir de R\$ 3,00 para R\$ 3,20, pede-se:
a) a variação *exata* ocorrida na oferta;
b) a variação *aproximada* ocorrida na oferta, utilizando diferenciais;
c) é boa a aproximação efetuada?

Resolução

a) $\Delta p = p_f - p_i = (0,01.(3,20)^2 + 0,04.3,20 + 24) - (0,01.3^2 + 0,04.3 + 24)$
$\therefore \Delta p \cong 24,2304 - 24,21 \Leftrightarrow \Delta p \cong 0,0204$

b) $\begin{cases} q = 0,01p^2 + 0,04p + 24 \\ q' = 0,01.2p + 0,04 + 0 \therefore q' = 0,02p + 0,04 \end{cases}$, assim $\begin{cases} \Delta y \cong y' \Delta x \\ \Delta q \cong q' \Delta p \end{cases}$,

onde $\Delta q \cong (0,02p + 0,04)\Delta p$

$\Delta q \cong (0,02.3 + 0,04)(3,2 - 3)$ assim $\boxed{\Delta q \cong 0,020}$

c) $erro = \Delta\%x = \left|\dfrac{x_{aproximado} - x_{exato}}{x_{exato}}\right| = \left|\dfrac{0,0204 - 0,020}{0,020}\right| \cong 0,02$

Como o erro $\cong 2\% < 5\%$, então é boa essa aproximação.

R2.52. Uma confeitaria produz doces, onde a quantidade ofertada varia com o seu preço por $q = 2p^2 + 3p$. Se a quantia de 100p é empregada por unidade produzida, e se houver uma diminuição de R\$ 200,00 quando o preço é de R\$ 2.400,00, pede-se:
a) a variação *exata* ocorrida na oferta?

b) a variação *aproximada* ocorrida na oferta, utilizando diferenciais;
c) é boa a aproximação utilizada?

Sugestões: utilizar o redutor:

$$\begin{cases} a) \, inicial : 100p = 2400 \Leftrightarrow p = 24 \, (inicial) \\ b) \, final : diminuindo \, 100p = 200, \, então \, p_{final} = 24 - 2 = 22 \end{cases}$$

Resolução

a) $\Delta q = q_f - q_i = (2.(22)^2 + 3.22) - (2.(24)^2 + 3.24)$ ∴ $\Delta q = 1034 - 1224 \Leftrightarrow \Delta q = 190$

b) $\begin{cases} q = 2p^2 + 3p \\ q' = 2.2p + 3 \therefore q' = 4p + 3 \end{cases}$, assim $\begin{cases} \Delta y \cong y' \Delta x \\ \Delta q \cong q' \Delta p \end{cases}$, onde $\Delta q \cong (4p + 3)\Delta p$

$\Delta q \cong (4.24 + 3)(24 - 22)$ assim $\boxed{\Delta q \cong 198}$

c) $erro = \Delta\%x = \left| \dfrac{x_{aproximado} - x_{exato}}{x_{exato}} \right| = \left| \dfrac{198 - 190}{190} \right| \cong 0,042105263$

Como o erro $\cong 4,21\% < 5\%$, então é boa essa aproximação.

2.12 Taxa marginal de substituição (T.M.S.)

A taxa marginal de substituição (**T.M.S.**) expressa, num certo patamar da produção fixada, o número de unidades do insumo x que podem ser trocadas pelo número de unidades de outro insumo y.

Matematicamente $T.M.S.(x) = -\dfrac{\Delta y}{\Delta x}$

Como $y' \cong \dfrac{\Delta y}{\Delta x}$, então $\boxed{T.M.S.(x,y) \cong -y'}$, onde $\Delta y \to 0$ e $\Delta x \to 0$, ou suficientemente pequenos.

R2.53. A função produção é dada por $P = C^2.T$, onde C é o capital e T é o trabalho. Fixado o nível P = 300 unidades, determinar:

a) achar T em função de C;
b) achar a TMS de C por T ao nível de C = 10;
c) quantas unidades de C podem ser trocadas por 0,02 unidades de T, sem alterar o nível de produção para C=10;
d) quantas unidades de T podem ser trocadas por 0,03 unidades de C, sem alterar o nível de produção para C=10.

Resolução

a) $\left.\begin{array}{l} P = C^2.T \\ P = 300 \end{array}\right\} \Rightarrow C^2.T = 300 \therefore T = \dfrac{300}{C^2}$ ou seja $T = 300.C^{-2}$

b) $\begin{cases} T = 300.C^{-2} \\ T' = 300(-2)C^{-2-1} \therefore T' = -600.C^{-3} \end{cases}$, assim $\begin{cases} T.M.S \cong -y' \\ T.M.S. \cong -T' \end{cases}$, onde

$T.M.S.(C) \cong -(-600.C^{-3})$

$T.M.S.(10) \cong +600.(10)^{-3}$ assim $\boxed{T.M.S.(10) \cong 0,6}$

c) $\begin{cases} T.M.S.(x) \cong -\dfrac{\Delta y}{\Delta x} \Rightarrow T.M.S.(C) \cong -\dfrac{\Delta T}{\Delta C} \\ 0,6 \cong -\dfrac{0,02}{\Delta T} \Leftrightarrow 0,6\Delta T \cong -0,02 \Leftrightarrow \Delta T \cong -0,0333... \end{cases}$

d) $\begin{cases} T.M.S.(x) \cong -\dfrac{\Delta y}{\Delta x} \Rightarrow T.M.S.(C) \cong -\dfrac{\Delta T}{\Delta C} \\ 0,6 \cong -\dfrac{\Delta C}{0,03} \Leftrightarrow \Delta C \cong -0,03.0,6 \Leftrightarrow \Delta C \cong -0,018 \end{cases}$

R2.54. Dois insumos de produção x e y se relacionam por

$$y = x^3 - 4x^2 + 250x + 102.$$ Pede-se:

a) a taxa marginal de substituição ao nível de (x;y) = (2;594);
b) quantas unidades de x podem ser trocadas por 0,04 unidades de y ao nível de (2;594)?
c) quantas unidades de y podem ser trocadas por 0,05 unidades de x ao nível de (2;594)?

Resolução

a) $\begin{cases} y = x^3 - 4x^2 + 250 + 102 \\ y' = 3x^2 - 4.2x + 250 + 0 \end{cases}$ assim $\begin{cases} T.M.S.(x) \cong -y' \\ T.M.S.(x) \cong -(3x^2 - 8x + 250) \end{cases}$

T.M.S.(2) $\cong$ -(3.2²-8.2+250) $\cong$ -12 +16 - 250 $\therefore$ $\boxed{\text{T.M.S.(2)} \therefore -246}$

b) $\begin{cases} T.M.S.(x) \cong -\dfrac{\Delta y}{\Delta x} \\ -246 \cong -\dfrac{0,04}{\Delta x} \Leftrightarrow -246\Delta x \cong -0,04 \Leftrightarrow \Delta x \cong 0,000162601 \end{cases}$

c) $\begin{cases} T.M.S.(x) \cong -\dfrac{\Delta y}{\Delta x} \\ -246 \cong -\dfrac{\Delta y}{0,05} \Leftrightarrow \Delta y \cong 0,05.246 \Leftrightarrow \Delta y \cong 12,3 \end{cases}$

2.13 Exercícios propostos

P2.1. Derivar, pela definição, as expressões: a) y = 3x² + 4x + 8 ; b) y = $\dfrac{1}{x}$;

P2.2 Derivar, pelas regras práticas, as expressões:
a) y = 4;   b) y = 5x ;   c) y = x⁵ ;
d) p = 4q³ ;   e) q = - p³ + 4p² + 7 ;   f) p = q⁻¹ + 2q + 5 ;
g) p = $\sqrt{q}$;   h). q = 2ᵖ ;   i). y = eˣ ;

57

j) $p = 0,5^q$; k) $p = \log_2(q)$; l) $q = \ln p$;

m) $y = \log_{\frac{1}{3}}(x)$ n) $p = 2^q \cdot q^2$;   o) $q = p \cdot \ln p$;

p) $y = x \cdot \sen x$;   q) $y = \tg x$;   r) $y = \dfrac{3x+1}{1-x}$;

s) $p = \dfrac{2^q}{3q+1}$;   t) $q = \ln(p^2 + 4)$;   u) $p = (q^3 + 4q^2 - 9q + 1)^5$;

v) $y = \sqrt{x^2 + 6x + 4}$;   w) $p = 4^{q+2}$;   x) $R_t = -2 + 2^{q+1}$;

y) $y = \sqrt[3]{x^2 - 7x + 1}$;   z) $q = e^{p+1}$.

P2.3 Determinar e esboçar a equação da reta tangente à curva $y = -x^2 + 25$, em $x = 3$.

De **P2.4** a **P2.9**, construir o gráfico de cada função:

P2.4 $R_t = -q^3 + 6q^2$;   **P2.5** $y = \dfrac{2x+4}{x-3}$;   **P2.6** $q = \dfrac{3-p}{p+2}$;

P2.7 $p = q^3 - 2q^2 - q + 2$;   **P2.8** $y = -x^3 - 6x^2 - 5x + 12$;
P2.9 $L_t = q^4 - 13q^2 + 36$

De P2.10 a P2.12, calcular os limites:

P2.10. $\lim\limits_{x \to +\infty} \left(\dfrac{-x^2 + 3x - 4}{x^3 + 4x + 8} \right)$;   **P2.11.** $\lim\limits_{x \to 0} \left(\dfrac{2^x}{x^3} \right)$;   **P2.12.** $\lim\limits_{x \to 0} \left(\dfrac{\sqrt{x}}{3^x - 1} \right)$;

P2.13 Sendo $C = 220 - \dfrac{800}{y+10}$ uma função consumo, onde y é a renda, determinar:
a) a propensão marginal a consumir, e o seu sentido econômico.
b) a tendência marginal a poupar;
c) o valor de k, onde $k = P' + C'$.

P2.14. O consumo em vestuário relaciona-se com a renda mensal pela expressão $C=3^y$. Determinar:

a) a propensão marginal a consumir em $y=2$, e o seu significado econômico.
b) a tendência marginal a poupar.
c) o valor de k, onde $k = P' + C'$.

P2.15 A função $P(x) = -x^3 + 18x^2 + 400x$ fornece a produção de peças montadas após x horas de atividade. A derivada dessa função fornece a eficiência desse operário. Determinar:

a) o n° de peças que *terá montado* após ter trabalhado exatamente 2 horas.
b) o n° de peças que *estará montando* após ter trabalhado exatamente 2 horas.
c) o instante em que a eficiência é **máxima**.

P2.16 Um fabricante de caixas deve produzir uma caixa fechada do tipo paralelepípedo reto retângulo com 1410 cm³ de volume, onde a base possui um comprimento que é 3 vezes a largura. Ache as dimensões da caixa a ser construída com o **mínimo** de material.

Sugestões: $V = a.b.c$, $A_t = 2ab + 2ac + 2bc$.

P2.17 Sendo p o preço unitário e q unidades de certo produto relacionadas por $q = \dfrac{p+6}{p+2}$, se o preço variar de R$ 2,00 para R$ 2,10, pede-se:

a) a variação *aproximada* na demanda q através do cálculo da elasticidade;
b) a variação *exata* ocorrida na demanda;
c) é boa a aproximação efetuada? (Estime o erro cometido).

P2.18 Uma confeitaria produz doces onde a quantidade ofertada varia com o seu preço por $q = 2p^2 + 3p$. Se a quantia de 100p é empregada por unidade produzida, e se houver uma diminuição de R$ 200,00 quando o preço é de R$ 2.400,00, pede-se:

a) a variação aproximada junto à oferta;
b) a variação exata na oferta;
c) é boa a aproximação em a ?

P2.19. O custo total para a fabricação de q utensílios domésticos é dado por $C_t = 90 + 5q + 0{,}03q^2$. Suponha que o n° de itens em um lote de produção tenha aumentado de 300 para 320, pede-se:
a) a variação aproximada junto ao custo;
b) a variação exata junto ao custo total;
c) é razoável a aproximação utilizada junto ao item a?

P2.20 A produção de um operário (P) em função do n° de horas trabalhadas (x) após às 8:00 horas da manhã é expressa por $P = -x^3 + 9x^2 + 15$. Pede-se:
a) a função produção marginal $P_{mg} = P'$;
b) o valor que *maximiza* essa produção, onde $P_{mg}(x_0)=0$;
c) o valor da produção **máxima**, onde $P_{máx.} = P(x_0)$.

P2.21 Classificar cada frase em verdadeiro ou falso:
a) y = f(x) . g(x) então y'= f'(x) . g'(x); ( )
b) a derivada segunda representa a taxa de variação da derivada primeira. ( )

P2.22 Representaremos por **x** as unidades de trabalho, e por **y** o capital investido num certo processo de fabricação. Quando são produzidas 135.540 unidades, a relação entre o trabalho e o capital admite como modelo $100x^{0,75}y^{0,25} = 135540$. Determinar:
a) y = f(x), isolando y e "elevando ambos os membros por 4";
b) a taxa de variação y';
c) a taxa de variação de y em relação à x quando x = 1500 e y = 1000.
Obs: Esse modelo utilizado chama-se Função de Produção Cobb-Douglas.

P2.23 A concentração C de um remédio (em miligramas por milímetro) na corrente sanguínea de um paciente, t horas após a injeção no músculo admite como modelo $C = \dfrac{3t}{27 + t^3}$. Determinar:
a) a função derivada C';
b) resolver a equação C' = 0;
c) o ponto encontrado $C'(t_0) = 0$ é de máximo ou de mínimo?

P2.24 Se a taxa de inflação for em média 5% a.a. durante os próximos 10 anos, então o custo aproximado C dos bens e serviços em qualquer ano desta década é $C = P(1,05)^t$, onde t é o tempo em anos, e P é o custo atual. Determinar:

a) o preço de uma troca de óleo é R$ 25,00 no momento. Estime esse preço daqui 5 anos;

b) a taxa de variação de C em relação a t quando t = 1, calculando C' (1).

P2.25 Sendo $P = 130 + 2x^{\frac{3}{2}}$ a função que fornece, em milhões de habitantes, a população de um País em função do tempo x anos, a partir de 2001. Determinar:

a) a função crescimento populacional, obtendo P';

b) o n° de habitantes que a população terá em 2005 (calculando P(4) pois t=2001 ↔ x=0);

c) o quanto essa população estará crescendo em 2005, calculando P'(4).

P2.26 Estima-se que de 01/01/2001 à 01/07/2001, o preço de certo produto seja dado por $P(t) = 40 + 3t^2 - \frac{1}{3}t^3$, com $0 \leq t \leq 6$, t é o tempo em meses. Determinar:

a) a função P'(t);

b) o valor que maximiza esse preço P(t), resolvendo a equação P'(t) = 0.

P2.27 O n° total de ações negociadas na Bolsa de New York entre 1940 e 1990 admite como modelo a expressão $y = 29,619 \, (1,0927)^t$, onde $40 \leq t \leq 90$, com t = 40 correspondendo a 1940. Determinar:

a) o n° de ações negociadas em 1990;

b) a taxa de variação das ações em 1990, calculando y'(90).

P2.28 Considerando a função $y = \sqrt[3]{x}$, pede-se:

a) a T.M.S. de x por y, quando x = 8;

b) ao nível de x = 8, quantas unidades de x podem ser trocadas por 0,3 unidades de y sem alterar a produção.

Sugestão: $\sqrt[3]{x} = x^{\frac{1}{3}}$.

P2.29. A produção semanal numa certa indústria é **P(x) = -2x² + 1600x**, onde x é o n° de empregados e P(x) representa o n° de unidades montadas. Normalmente essa indústria possui 50 empregados. Pede-se:
a) a variação exata na produção se 2 empregados a mais forem contratados ($\Delta P = P_f - P_i$);
b) a variação aproximada na produção se 2 empregados a mais forem contratados ($\Delta P \circ P'. \Delta x$);
c) é boa a aproximação utilizada no item b? *Justifique*.

P2.30 A função lucro total é dada por $Lt = -q^3 + 9q^2 - 24q + 200$.
Determinar:
a) a função lucro marginal, onde $L_{mg} = L't$;
b) o valor do $L_{mg}(3)$;
c) o significado econômico do $L_{mg}(3)$.

P2.31 Uma firma produz dois artigos de quantidades x e y que se relacionam por $100 = 4\sqrt{x}\sqrt{y}$. Determinar:
a) a taxa marginal de substituição no ponto (5; 125) é dada por:
( ) 1. TMS(5) ≅ 625
( ) 2. TMS(5) ≅ 125
( ) 3. TMS(5) ≅ 25 $\boxed{TMS(x) \cong -y'}$ $\boxed{(\frac{100}{4})^2 = (\sqrt{x}\sqrt{y})^2 \\ y = ...}$
( ) 4. TMS(5) ≅ 5
( ) 5. TMS(5) ≅ 2,5

b) a quantidade de unidades de x que podem ser trocadas por 0,03 unidades de y, no ponto (5; 125) é;
( ) 1. $\Delta x \cong 0,012$
( ) 2. $\Delta x \cong -0,012$

( ) 3. $\Delta x \cong 4166{,}67$
( ) 4. $\Delta x \cong -4{,}166{,}67$
( ) 5. $\Delta x \cong -0{,}0012$

P2.32. A demanda de certo produto é dada por $q = \dfrac{p+8}{p+2}$. Se o preço variar de R$ 4,00 para R$ 4,10, pede-se:

a) A variação *exata* ocorrida na demanda;
b) A variação *aproximada* ocorrida na demanda;
c) Calcule o erro cometido, e estime se é boa essa aproximação.

$$\left(\frac{u}{v}\right)' = \frac{u'v - uv'}{v^2}$$

P2.33 O número de wakie-talies Space commander montados por um trabalhador médio, t hora após o serviço iniciado às 8:00 horas da manhã é dado por $N(t) = -t^3 + 6t^2 + 15t$, onde $0 \le t \le 8$. Determinar:

a) a função $N'(t)$;
b) a função $N''(t)$;
c) a que horas o trabalhador estará no "pico" de sua eficiência.

P2.34 A oferta de certo produto é dada por $p = \dfrac{q-18}{q-2}$. Se a quantidade variar de q = 25 para q = 26 toneladas, pergunta-se:

a) a função *elasticidade* é dada por:

( ) 1). $e \cong \dfrac{2q}{(q-2)(q-18)}$

( ) 2). $e \cong \dfrac{18q}{(q-2)(q-18)}$

( ) 3). $e \cong \dfrac{16q}{(q-2)(q-18)}$

( ) 4). $e \cong \dfrac{-18q}{(q-2)(q-18)}$

( ) 5). $e \cong \dfrac{-16q}{(q-2)(q-18)}$

Se $p = f(q) \Rightarrow e \cong p' \cdot \dfrac{q}{p}$, onde $\left(\dfrac{u}{v}\right)' = \dfrac{u'v - uv'}{v^2}$

b) calculando a elasticidade e(25), temos que se a quantidade subir 1% então o preço subirá aproximadamente:

( ) 1). 2,48%
( ) 2) 2,21%
( ) 3). 19,88%
( ) 4). 1,45%
( ) 5). 4,46%

P2.35 Sendo $C = 12 + 100x + \dfrac{1}{x}$ a função que fornece o custo de armazenagem e estocagem de certo produto. Determinar:
a) a função custo marginal, obtendo C'; $\quad \boxed{\dfrac{1}{x} = x^{-1}} \quad \boxed{C' = C_{mg}}$
b) o valor que MINIMIZA esse custo;
c) o valor desse custo mínimo.

P2.36 (E.N.C. 2003) Considere uma indústria perfeitamente competitiva, formada por 100 firmas iguais que produzem um produto homogêneo, usando a mesma tecnologia. O custo marginal de cada firma é dado pela expressão $C_{mg} = 10 + 2q$, onde q é a quantidade produzida pela firma. Assumindo que **Q** é a quantidade ofertada pela indústria como um todo, e **p** o preço cobrado pelo produto, qual será a curva de oferta da indústria?

(A) Q = 200P + 1000
(B) Q = 50P − 500
(C) Q = 5P + 100
(D) Q = 2P + 1000
(E) Q = 0,5P − 5

Sugestões: Faça Q = 100q, P = 100p, onde no Lucro máximo $\Rightarrow L_{mg} = 0$, onde $L_t = R_t - C_t$, $R_t = p.q$.

P2.37 (E.N.C. 2003) A função de produção de uma empresa é dada por $q = 2x^3 - x^2$, onde $x \geq 1$ é o número de horas trabalhadas e **q** é o número de unidades do produto. O valor da produtividade marginal quando x = 4 horas trabalhadas é:

64

(A) menor que 10
(B) maior que 10 e menor que 50
(C) maior que 50 e menor que 100
(D) maior que 100 e menor que 150
(E) maior que 150

Sugestão: $q_{mg} = q'$.

P2.38 (E.N.C. 2002) Considere a função de lucro π (.) dada pela expressão **π(q) = R(q) − C(q)**, onde **q** é a quantidade que a firma escolhe produzir. R'(.) e R"(.) representam, respectivamente, a primeira e a segunda derivadas da função receita, e as expressões C'(.) e C"(.) a primeira e a segunda derivadas da função custo. A firma *maximiza* o lucro ao escolher produzir a quantidade **q** se:

(A) R'(q) > C'(q) e R"(q) = C"(q)
(B) R'(q) > C'(q) e R"(q) < C"(q)
(C) R'(q) = C'(q) e R"(q) = C"(q)
(D) R'(q) = C'(q) e R"(q) < C"(q)
(E) R'(q) < C'(q) e R"(q) = C"(q)

Sugestão: o ponto de máximo é dado por $\begin{cases} L't = 0 \\ L''t < 0 \end{cases}$.

P2.39 (E.N.C. 1999) O mercado é atendido por um monopolista, e a curva de demanda do produto é dada por **q = 20 − p**, onde **q** e **p** são as quantidades e os preços, respectivamente. Então, a combinação de preço e quantidade que *maximiza* a receita total do monopolista é:

(A) 10 e 10
(B) 5 e 5
(C) 5 e 10
(D) 10 e 5
(E) 15 e 10

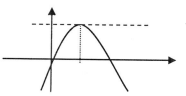

Sugestões: $R_t = p.q$, $R_{máx.} \Rightarrow R_{mg} = 0$

P2.40 O gráfico ao lado pode representar a função f(x):
(A) x(x − 1)
(B) x²(x² − 1)
(C) x³(x² − 1)
(D) x(x² − 1)
(E) x²(x − 1)

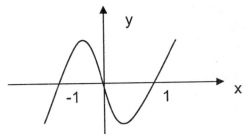

2.14 Respostas dos exercícios propostos

P2.1 a) $y' = 6x + 4$ b) $y' = -\dfrac{1}{x^2}$

P2.2 a) $y' = 0$ b) $y' = 5$
c) $y' = 5x^4$ d) $p' = 12q^2$

e) $q' = -3p^2 + 8p$ f) $p' = -\dfrac{1}{q^2} + 2$

g) $p' = \dfrac{1}{2\sqrt{q}}$ h) $q' = 2^p \cdot \ln 2$

i) $y' = e^x$ j) $p' = 0{,}5^q \cdot \ln 0{,}5$

k) $p' = \dfrac{1}{q \cdot \ln 2}$ l) $q' = \dfrac{1}{p}$

m) $y' = \dfrac{1}{x \ln \dfrac{1}{3}}$ n) $p' = 2^q \cdot 2q + 2 \cdot 2^q \cdot \ln 2$

o) $q' = 1 + \ln p$ p) $y' = \text{sen } x + x \cos x$

q) $y' = \dfrac{\text{sen}^2 x + \cos^2 x}{\cos^2 x} = \dfrac{1}{\cos^2 x} = \sec^2 x$

r) $y' = \dfrac{4}{(1-x)^2}$ s) $p' = \dfrac{2^q \ln 2 \,(3q+1) - 2^q \cdot 3}{(3q-1)^2}$

t) $q' = \dfrac{2q}{q^2+4}$

u) $p' = 5(q^3+4q^2-9q+1)^4 \cdot (3q^2+8q-9)$

v) $y' = \dfrac{x+3}{\sqrt{x^2+6x+4}}$

w) $p' = 4^{q+2} \cdot \ln 4$

x) $R't = 2^{q+1} \cdot \ln 2$

y) $y' = \dfrac{2x-7}{\sqrt[3]{(x^2-7x+1)^2}}$

z) $q' = e^{p+1}$

P2.3

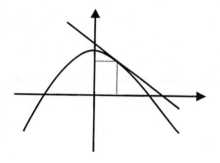

$y = -6x + 34$

P2.4

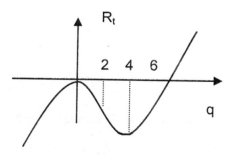

P2.5

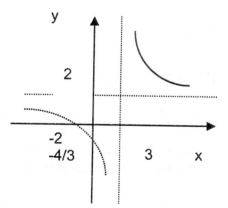

P2.6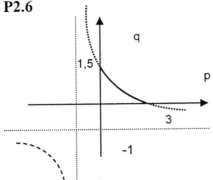

P2.7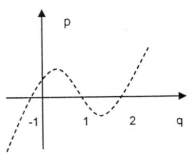

P2.8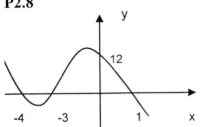

P2.9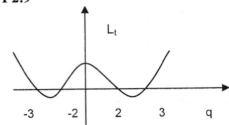

P2.10 0

P2.11 $\dfrac{(\ln 2)^3}{3} \cong 0,11$

P2.12 0

P2.13

a) $C_{mg} = \dfrac{800}{(y+10)^2}$ medindo a razão entre a variação do consumo pela variação da renda. Em cada instante estabelece a variação do consumo em função da variação da renda.

b) Sendo $P = y - C$ então $P_{mg} = 1 - \dfrac{800}{(y+10)^2}$

c) $k = P' + C' = 1$.

P2.14

a) $C_{mg}(2) = 9 \cdot \ln 3$ medindo a razão entre a variação do consumo de vestuário em função da variação da renda. Em cada instante estabelece a variação entre a variação do consumo do vestuário em função da variação da renda.

b) $P_{mg} = 1 - 3^y \cdot \ln 3$ \qquad c) $k = 1$.

P2.15

a) $P(2) = 864$ \qquad b) $P'(2) = 460$

c) $P'(x) = 0 \Rightarrow x \cong 19,01$ horas.

P2.16

$a \cong 19,50$ cm; \qquad $b \cong 6,50$ cm; \qquad $c \cong 11,14$ cm.

P2.17

a) $\Delta q = \dfrac{8,01}{4,01} - 2 \cong -0,002493765$; \qquad b) $e(2) \cong -0,25 \Rightarrow \Delta q \cong -0,0025$

c) erro $\cong 0,25\%$ logo é boa essa aproximação.

P2.18

a) $\Delta q = -190$; \qquad b) $\Delta q \cong -198$;

c) erro $\cong 4,21\%$ logo é boa essa aproximação.

P2.19

a) $\Delta q = -368$; \qquad b) $\Delta q \cong -356$;

c) erro $\cong 3,37\%$ logo é boa essa aproximação.

P2.20

a) $P_{mg} = -3x^2 + 18x + 15$; \qquad b) $x = 5$;

c) $P_{máx.} = P(5) = 115$ unidades.

P2.21

a) Falso; \qquad b) Verdadeiro.

P2.22

a) $y \cong \dfrac{3{,}37.10^{12}}{x^3}$;

b) $y' \cong -\dfrac{1{,}10.10^{13}}{x^4}$;

c) y'(1500) ≅ 1,999982261

P2.23

a) $C' = \dfrac{81 - 6t^3}{(27 + t^3)^2}$;

b) $t = \sqrt[3]{13{,}5} \cong 2{,}38$ horas;

c) ponto de máximo.

P2.24

a) p = 25 ⇒ preço ≅ R$ 31,91;

b) C'(1) ≅ 1,280741809.

P2.25

a) $P'(x) = 3\sqrt{x}$;

b) P(4) ≅ 135,656854249;

c) P'(4) = 6.

P2.26

a) P'(t) = 6t − t²;

b) t = 6 meses.

P2.27

a) $y = 29{,}619.(1{,}0927)^{90} \cong 86428{,}16022$;

b) $y'(t) = 29{,}619.(1{,}1{,}0927)^t . \ln 1{,}0927 \Rightarrow y'(90) \cong 7662{,}003128$

P2.28

a) $TMS(8) \cong -\dfrac{8^{-\frac{2}{3}}}{3} \cong -0{,}08333...$;

b) Δx ≅ 3,60 unidades.

P2.29

a) $\Delta P = 2792$ unidades; b) $\Delta P \cong 2800$ unidades;
c) erro $\cong 0,29\%$ ∴ é boa.

P2.30

a) $L_{mg} = -3q^2 + 18q - 24$; b) $L_{mg}(3) \cong 3$;
c) $\Delta L_t \cong 3 \Delta q$ "a variação do lucro é cerca de três vezes maior que a variação ocorrida na quantidade".

P2.31

a) alternativa 3; b) alternativa 1

P2.32

a) $\Delta q = \dfrac{12,1}{6,1} - \dfrac{12}{6} \cong -0,016393442$; b) $\Delta q \cong -0,01666...$;

c) erro $\cong 1,67\%$ ∴ é boa essa aproximação.

P2.33

a) $N'(t) = -3t^2 + 12y + 15$; b) $N''(t) = -6t + 12$;
c) $t = 5 \Leftrightarrow h = 13{:}00$ horas.

P2.34

a) alternativa 3; b) alternativa 1.

P2.35

a) $C_{mg} = 100 - \dfrac{1}{x^2}$; b) $x = \dfrac{1}{10}$;

c) $C_{mín.} = 32$.

P2.36

alternativa B, onde R = 100pq

$$\begin{cases} R_{mg} = C_{mg} \\ 100p = 10 + 2q \end{cases} \therefore 2q = 100p - 10$$

50(2q) = 50(100p - 10) ⇔ 100q = 5000p - 500
assim Q = 50P - 500

P2.37

alternativa C, onde $q = 2x^3 - x^2$; $q' = 6x^2 - 2x$ logo $q'(4) = 88$.

P2.38

alternativa D, onde $\begin{cases} Lmg = 0 \Leftrightarrow R_{mg} = C_{mg} \\ R''_t - C''_t < 0 \end{cases}$

P2.39

alternativa A,
onde $q = 20 - p \Leftrightarrow p = 20 - q \therefore R_t = pq = 20q - q^2 \therefore R'_t = 0 \therefore q = 10$.

P2.40

alternativa D.

Capítulo 3

Integrais

3.1 Integral indefinida

A **integral indefinida** ou antiderivada é uma expressão algébrica obtida a partir de outra função, onde a derivada do resultado é a expressão original.

Matematicamente é conhecido o processo como MÉTODO DIRETO

3.2 Método direto

$$\int f(x)\,dx = F(x),\text{ onde } F'(x) = f(x)$$

R3.1 Calcular as seguintes integrais pelo *método direto*:

a) $\int 3\,dx = \mathbf{3x + k}$. Justificativa: $(3x+k)' = 3 + 0 = 3$

b) $\int 2x\,dx = \mathbf{x^2 + k}$. Justificativa: $(x^2 + k)' = 2x^{2-1} + 0 = 2x$.

c) $\int (4 + x)\,dx = 4x + \dfrac{x^2}{2} + K$.

Justificativa: $(4x + \dfrac{x^2}{2} + k)' = 4 + \dfrac{1}{2}.2x + 0 = 4 + x$.

d) $\int x^2 \, dx = \dfrac{x^3}{3} + k$

   Justificativa: $(\dfrac{x^3}{3} + k)' = 4 + 3 \cdot \dfrac{x^{3-1}}{3} + 0 = x^2 + k.$

e) $\int -\cos x \, dx = -\operatorname{sen} x + k$

   Justificativa: $(-\operatorname{sen} x + k)' = -\cos x + 0 = -\cos x.$

f) $\int \dfrac{x^2 + 3x + 8}{x^2} \, dx = \int \dfrac{x^2}{x^2} + \dfrac{3x}{x^2} + \dfrac{8}{x^2} \, dx = \int 1 + 3 \cdot \dfrac{1}{x} + 8 \cdot x^{-2} \, dx =$

   $= x + 3\ln x + 8 \cdot \dfrac{x^{-1}}{-1} + k = x + 3\ln x - \dfrac{8}{x} + k$

   Justificativa:

   $(x + 3\ln x - 8 \cdot x^{-1} + k)' = 1 + 3 \cdot \dfrac{1}{x} - 8 \cdot (-1)x^{-1-1} + 0 = 1 + \dfrac{3}{x} + \dfrac{8}{x^2}.$

g) $\int \sqrt{x} \, dx = \int x^{\frac{1}{2}} \, dx = \dfrac{x^{1+\frac{1}{2}}}{1+\dfrac{1}{2}} + k = \dfrac{x^{\frac{3}{2}}}{\dfrac{3}{2}} + k = \dfrac{2}{3}\sqrt[3]{x^2} + k$

   Justificativa: $(\dfrac{x^{\frac{3}{2}}}{\dfrac{3}{2}} + k)' = \dfrac{3}{2} \cdot \dfrac{x^{\frac{3}{2}-1}}{\dfrac{3}{2}} + 0 = x^{\frac{1}{2}} = \sqrt{x}.$

h) $\int 2^x \, dx = \dfrac{2^x}{\ln 2} + k.$

   Justificativa: $(\dfrac{2^x}{\ln 2} + k)' = \dfrac{2^x \ln 2}{\ln 2} + 0 = 2^x.$

3.3 Método da substituição

Esse processo é utilizado quando não é possível resolver uma expressão pelo método direto. Tentamos uma "substituição" algébrica na tentativa de se chegar a uma outra expressão que possua um " caminho" através do método direto.

Matematicamente $\boxed{\int f(x).f'(x)\, dx = \int g(y)\, dy}$

R3.2 Calcular as seguintes integrais pelo *método da substituição*:

a) $\int (2.\, e^{2x})\, dx$

Resolução

$\begin{cases} u = 2x \\ du = 2dx \end{cases}$ Têm-se a mudança de variável e deriva-se em ambos os lados

assim $\int (2.e^{2x})dx = \int (e^{2x}.2dx) = \int e^u\, du = e^u + k = e^{2x} + k$

b) $\int (\text{sen } x\,.\, \cos x)\, dx$

Resolução

$\begin{cases} u = \text{sen } x \\ du = \cos x\, dx \end{cases}$ Têm-se a mudança de variável e deriva-se em ambos os lados

assim

$\int (\text{sen } x\,.\,\cos x)\,dx = \int (\text{sen } x\,.\,\cos x\, dx) = \int u\, du = \dfrac{u^2}{2} + k = (\text{sen } x)^2 + k =$
$= \text{sen}^2 x + k$

c) $\int \dfrac{2x-3}{x^2 - 3x + 4}\, dx$

Resolução

$$\begin{cases} u = x^2 - 3x + 4 \\ du = (2x - 3 + 0)\, dx \end{cases}$$

assim $\int [\dfrac{2x-3}{x^2-3x+4}]\, dx = \int \dfrac{1}{x^2-3x+4}\cdot (2x-3)\, dx = \int \dfrac{1}{u}\, du =$
$= \ln u + k = \ln(x^2 - 3x + 4) + k$

3.4 Método por partes

É um processo utilizado quando os métodos anteriores (direto e substituição) não foram eficazes na resolução do problema.

Matematicamente tem-se que $\int u'.v = u.v - \int u.v'$

R3.3. Calcular as seguintes integrais pelo *método por partes*:

a) $\int \ln x\, dx$

Resolução

$\int \ln x\, dx = \int \ln x \cdot 1\, dx = \int 1 \cdot \ln x\, dx$

$\begin{cases} v = \ln x \Rightarrow v' = \dfrac{1}{x} \\ u' = 1 \Rightarrow u = x \end{cases}$

assim $\int u'.v = u.v - \int u.v'$

$\int 1 \cdot \ln x\, dx = x.\ln x - \int x.\dfrac{1}{x}\, dx = x.\ln x - \int 1\, dx = x.\ln x - x + k$

b) $\int x^2 . \ln x\, dx$

Resolução

$$\int x^2 . \ln x \, dx = \int \ln x . x^2 \, dx = ...$$

$$\begin{cases} v = \ln x \Rightarrow v' = \dfrac{1}{x} \\ u' = x^2 \Rightarrow u = \dfrac{x^3}{3} \end{cases}$$

$$\int u'.v = u.v - \int u.v'$$

assim $\int x^2 . \ln x \, dx = \dfrac{x^3}{3} . \ln x - \int \dfrac{x^3}{3} . \dfrac{1}{x} \, dx = \dfrac{x^3}{3} . \ln x - \int \dfrac{x^2}{3} \, dx =$

$\dfrac{x^3}{3} \ln x - \int \dfrac{1}{3} x^2 \, dx = \dfrac{x^3}{3} \ln x - \dfrac{1}{3} . \dfrac{x^3}{3} + k$

c) $\int (x . \operatorname{sen} x) \, dx$

Resolução

$\int x . \operatorname{sen} x \, dx = ...$

$$\begin{cases} v = \operatorname{sen} x \Rightarrow v' = \cos x \\ u' = x \Rightarrow u = \dfrac{x^2}{2} \end{cases}$$

$$\int u'.v = u.v - \int u.v'$$

assim $\int 1 . \ln x \, dx = x . \ln x - \int x . \dfrac{1}{x} \, dx = x . \ln x - \int 1 \, dx = x . \ln x - x + k$

d) $\int (2x . e^x) \, dx$

Resolução

$\int \ln x \, dx = \int \ln x . 1 \, dx = \int 1 . \ln x \, dx$

$$\begin{cases} v = \ln x \Rightarrow v' = \dfrac{1}{x} \\ u' = 1 \Rightarrow u = x \end{cases}$$

$$\int u'.v = u.v - \int u.v'$$

assim $\int 1.\ln x \, dx = x.\ln x - \int x.\dfrac{1}{x}dx = x.\ln x - \int 1 \, dx = x.\ln x - x + k$

3.5 Método por frações parciais

Matematicamente $\dfrac{k}{ax^2 + bx + c} = \dfrac{A}{x - x_1} + \dfrac{B}{x - x_2}$

R3.4. Calcular as seguintes integrais pelo *método das frações parciais*:

a) $\int \dfrac{3}{x^2 - 3x + 2} \, dx = ?$

Resolução

Raízes de $x^2 - 3x + 2 = 0$

$\Delta = (-3)^2 - 4.1.2 = 9 - 8 = 1 \Rightarrow x = \dfrac{-(-3) \pm \sqrt{1}}{2.1} = \dfrac{3 \pm 1}{2}$

$x_1 = 1 \text{ e } x_2 = 2$

$\dfrac{3}{x^2 - 3x + 2} = \dfrac{A}{x - 1} + \dfrac{B}{x - 2}$, vamos determinar os valores de A e B.

$\dfrac{A}{x-1} + \dfrac{B}{x-2} = \dfrac{B(x-2) + A(x-1)}{(x-1)(x-2)} = \dfrac{3}{x^2 - 3x + 2}$

logo
B(x-2) + A(x-1) = 3 ⇔ Bx − 2B + Ax − A = 3 ⇔ (A+B)x + (−2B−A) = 0x + 3

assim $\begin{cases} A + B = 0 \\ -2B - A = 3 \end{cases}$ e resolvendo esse sistema temos: A = 3 e B = -3

então $\int \dfrac{3}{x^2 - 3x + 2} dx = \int \dfrac{3}{x-1} + \dfrac{-3}{x-2} dx = \int 3 \cdot \dfrac{1}{x-1} - 3 \cdot \dfrac{1}{x-2} dx$
$= 3\ln|x-1| - 3\ln|x-2| + k$

b) $\int \dfrac{4x-4}{x^2-4} dx = ?$

Resolução

Raízes de $x^2 - 4 = 0$

$x^2 = 4 \Leftrightarrow x = \pm 4 \Leftrightarrow x_1 = 2$ e $x_2 = -2$

$\dfrac{4x-4}{x^2-4} = \dfrac{A}{x-2} + \dfrac{B}{x+2}$, vamos determinar os valores de A e B.

$\dfrac{A}{x-2} + \dfrac{B}{x+2} = \dfrac{A(x+2) + B(x-2)}{(x-2)(x+2)} = \dfrac{4x-4}{x^2 - 3x + 2}$

logo $A(x+2) + B(x-2) = 4x - 4 \Leftrightarrow Ax + 2A + Bx - 2B = 4x - 4 \Leftrightarrow$
$(A+B)x + (2A-2B) = 4x + -4$

assim $\begin{cases} A + B = 4 \\ 2A - 2B = -4 \end{cases}$ e resolvendo esse sistema temos: A = 1 e B = 3

então $\int \dfrac{4x-4}{x^2-4} dx = \int \dfrac{1}{x-2} + \dfrac{3}{x+2} dx = \int \dfrac{1}{x-2} + 3 \cdot \dfrac{1}{x+2} dx$
$= \ln|x-1| + 3\ln|x+2| + k$

3.6 Integral definida

Conceito de **integral definida**: é um número real (ou expressão algébrica) obtida da antiderivada com as extremidades inferior e superior (a e b).

Matematicamente $\int_{a}^{b} f(x)\,dx = F(b) - F(a)$, $F'(x) = f(x)$

R3.5. Calcular as seguintes integrais, além de esboçar geometricamente:

a) $\int_{2}^{3}(2x+1)\,dx = x^2 + x + k \Big|_{2}^{3} = (3^2 + 3 + k) - (2^2 + 2 + k) = 12 - 6 = 6$.

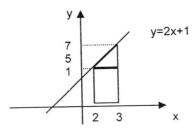

Observação: essa área hachurada também poderia ser calculada como $A = A\square + A\triangle$, onde

$A = b.a + \dfrac{b.h}{2} \Leftrightarrow A = (3-2).5 + \dfrac{(3-2).2}{2} = 5 + 1 = 6$.

b) $\int_{1}^{4} \dfrac{1}{x}\,dx = \ln|x| + k \Big|_{1}^{4} = (\ln 4 + k) - (\ln 1 + k) = \ln 4 \cong 1{,}3863$

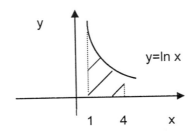

c) $\int_{-1}^{3}(x^2+6)\,dx = \left(\frac{x^3}{3}+6x+k\right)\bigg|_{-1}^{3} = \left(\frac{3^3}{3}+6\cdot3+k\right)-\left(\frac{(-1)^3}{3}+6(-1)+k\right) =$
$= 27-(-0{,}333\ldots-6) = 33{,}333\ldots$

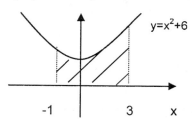

d) $\int_{0}^{3}(2^x)\,dx = \left(\frac{2^x}{\ln 2}+k\right)\bigg|_{0}^{3} = \left(\frac{2^3}{\ln 2}+k\right)-\left(\frac{2^0}{\ln 2}+k\right) = \frac{7}{\ln 2} \cong 10{,}0989$

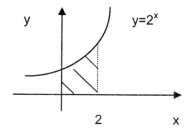

e) $\int_{0}^{2}\sqrt{x}\,dx = \int_{0}^{2}x^{\frac{1}{2}}\,dx = \frac{x^{\left(\frac{1}{2}+1\right)}}{\frac{1}{2}+1}+k\bigg|_{0}^{2} = \frac{2^{1{,}5}}{1{,}5} \cong 1{,}8856$

R3.6. Calcular a área hachurada em: a) $\begin{cases} y = 8-7x \\ y = x \end{cases}$

Seja o ponto **a** a intersecção entre as retas
Como $x = 8-7x \Leftrightarrow x = 1 \therefore a = 1$

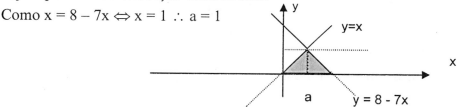

81

Assim $A = \int_0^1 x\,dx + \int_1^{8/7} (8-7x)\,dx = \left(\dfrac{x^2}{2} + k\right)\Big|_0^1 + \left(8x - \dfrac{7}{2}x^2 + k\right)\Big|_1^{8/7} =$

$= \dfrac{1}{2} + \dfrac{64}{7} - \dfrac{7.64}{49} - 1 + \dfrac{7}{2} = \dfrac{4}{7} \cong 0{,}5714$.

3.7 Primitivação de funções (ou aplicações econômicas com integrais)

A **primitivação** de uma função é um procedimento para determinar uma função econômica a partir de sua derivada.

R3.7. Dadas as funções $C_{mg} = 2q + 50$ (custo marginal), e $C_f = 120$ (custo fixo), determinar:

a) a função custo total;
b) o custo médio para 6 unidades.

Resolução

a) $C_t = \int C_{mg}\,dq \Rightarrow C_t = \int (2q+50)\,dq \therefore C_t = q^2 + 50q + k$

$C_f = Ct(0) \Rightarrow 120 = 0^2 + 0.0 + k \therefore k = 120$

assim $C_t = q^2 + 50q + 120$

b) $C_{me} = \dfrac{C_t}{q} \Rightarrow C_{me} = \dfrac{q^2 + 50q + 120}{q}$

$C_{me}(6) = \dfrac{6^2 + 50.6 + 120}{6} = \dfrac{456}{6} = 72$

R3.8. Sendo $R_{mg} = 12q - q^2$, determinar:

a) a função receita total;
b) a receita média para 2 unidades.

Resolução

a) $R_t = \int R_{mg}\, dq \Rightarrow C_t = \int (12q - q^2)\, dq \therefore R_t = 6q^2 - \dfrac{q^3}{3} + k$

Como $R_t = p_v \cdot q \Rightarrow R_t(0) = pv.0 = 0 \therefore 0 = 6.0^2 - \dfrac{0^3}{3} + k \therefore k = 0$

assim $R_t = 6q^2 + -\dfrac{q^3}{3}$

b) $R_{me} = \dfrac{R_t}{q} = \dfrac{6q^2 - \dfrac{q^3}{3}}{q} \Rightarrow R_{me}(2) = \dfrac{6.2^2 - \dfrac{2^3}{3}}{2} = \dfrac{24 - \dfrac{8}{3}}{2} = \dfrac{64}{3} = 21{,}333...$

R3.9. A propensão marginal a poupar de uma pessoa é dada por **P' = 0,6**. Sendo y a renda mensal, determinar a função poupança, onde num mês em que a renda foi de R$ 720,00, ela foi obrigada a fazer uma retirada de R$ 200,00 de sua poupança.

Sugestão: P(720) = - 200.

Resolução

$P = \int P_{mg}\, dy \Rightarrow P = \int 0{,}6\, dy \therefore P = 0{,}6y + k$

$-200 = P(720) \Rightarrow -200 = 0{,}6.720 + k \therefore k = -200 - 432$

assim $P = 0{,}6y - 432$

3.8 Excedente do consumidor

O excedente do consumidor = E.C. = área hachurada.

$$E.C. = \int_0^{x_0} [f(x) - y_0]\, dx$$

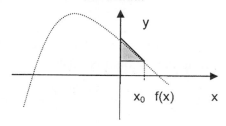

Onde f(x) é uma função demanda, e y_0 é um nível preestabelecido.

O **excedente do consumidor** reflete a diferença entre o preço pago e o preço que o consumidor ainda estaria disposto a pagar para não ficar sem aquela mercadoria ou serviço, considerando uma função $q = f(p)$.

O **excedente do consumidor** pode também expressar a diferença entre a quantidade adquirida e a quantidade que o consumidor ainda estaria disposto para usar, sem ficar com o bem ou serviço para uma função do tipo $p = f(q)$.

R3.10. Seja $q = 24 - 2p$, a função demanda para certo produto. Determinar:
a) o esboço geométrico fixado $p =$ R$ 5,00$;
b) o excedente do consumidor para $p =$ R$ 5,00$;
c) o significado econômico desse excedente.

Resolução
a)

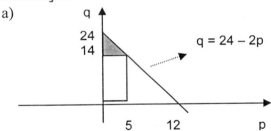

b) $E.C. = \int_0^{x_0} [y - y_0] dx \Rightarrow E.C. = \int_0^5 [(24 - 2p) - 14]$

$E.C. = \int_0^5 10 - 2p \, dp = (10p - p^2 + k)\Big|_0^5 = (10.5 - 5^2 + k) - (10.0 - 0^2 + k)$

$E.C. = 50 - 25 = 25$

Outro modo: com essa função demanda é do 1° grau, por ser um caso particular, podemos fazer:

$E.C. = A_\Delta = \dfrac{b.h}{2} = \dfrac{(5-0).(24-14)}{2} = \dfrac{5.10}{2} = \dfrac{50}{2} = 25$.

R3.11. Sendo $p = -q^2 - 2q + 80$ a função demanda para certo produto. Determinar:

a) o esboço geométrico em $q = 6$ unidades;
b) o excedente do consumidor para $q = 6$ unidades;
c) o significado econômico desse excedente.

Resolução
a)

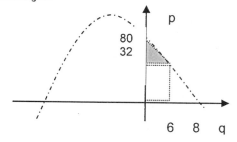

b) $E.C. = \int_0^{x_0}(y - y_0) \Rightarrow E.C. = \int_0^6 [(-q^2 - 2q + 80) - 32] dq = \int_0^6 -q^2 - 2q + 48\, dq$

$E.C. = -\dfrac{q^3}{3} - q^2 + 48q + k \Big|_0^6 = \left(-\dfrac{6^3}{3} - 6^2 + 48.6 + k\right) - \left(-\dfrac{0^3}{3} - 0^2 + 48.0 + k\right)$

$E.C. = -72 - 36 + 288 \therefore E.C. = 180$

c) Esse excedente expressa a diferença entre a quantidade adquirida e a quantidade que o consumidor ainda estaria disposto a adquirir, para não ficar sem o produto.

3.9 Excedente do produtor

O excedente do produtor E.P. = área hachurada

$$E.P. = \int_0^{x_0}(y_0 - y)\, dx,$$

onde $y = f(x)$ é uma função oferta.

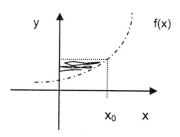

O **excedente do produtor** expressa a diferença entre o preço oferecido e o preço que o produtor ainda estaria disposto à oferecer aquele bem ou serviço para uma função do tipo q = f(p).

O **excedente do produtor** pode ainda expressar a diferença à quantidade oferecida e a quantidade que ele (produtor) ainda estaria disposto a oferecer aquele bem ou serviço ao mercado (para uma função do tipo p = f(q)).

R3.12 Para a função $q = 2p + 6$, determinar:
a) o esboço geométrico fixando p = R$ 3,00;
b) o excedente do produtor em p = R$ 3,00;
c) o significado econômico desse excedente.

Resolução
a)

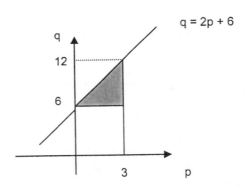

b) $E.P. = \int_0^{x_0} [y_0 - y] dx \Rightarrow E.P. = \int_0^3 [12 - (2p+6)] dp \therefore E.P. = \int_0^3 6 - 2p \, dp$

$E.P. = 6p - p^2 + k \Big|_0^3 = (6.3 - 3^2 + k) - (6.0 - 0^2 + k) = 18 - 9$

$E.P. = 9$

Outro modo: por ser a oferta uma função polinomial do 1º grau, podemos adotar um modelo simplificado do tipo

$E.P. = A_\Delta = \dfrac{b.h}{2} = \dfrac{(3-0).(12-6)}{2} = \dfrac{3.6}{2} = \dfrac{18}{2} = 9$

R3.13 Considerando a oferta de uma mercadoria dada por $p = q^2 + 8q + 12$, determinar:

a) o esboço geométrico em q = 3 unidades;
b) o excedente do produtor em q = 3 unidades;
c) o significado econômico desse excedente.

Resolução
a)

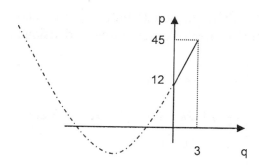

b) $E.P. = \int_{0}^{x_0} [y_0 - y] dx \Rightarrow E.P. = \int_{0}^{3} [45 - (q^2 + 8q + 12)] dq = \int_{0}^{3} 33 - q^2 - 8q \, dq$

$E.P. = \left(33q - \frac{q^3}{3} - 4q^2 + k \right) \Big|_{0}^{3} = \left(33.3 - \frac{3^3}{3} - 4.3^2 + k \right) - \left(33.0 - \frac{0^3}{3} - 4.0^2 + k \right)$

$E.P. = 99 - 9 - 36 = 54$

c) expressa as diferenças entre a quantidade praticada e a quantidade que ele, produtor, ainda estaria disposto a fazer, para oferecer essa mercadoria (ou serviço).

3.10 Função densidade de probabilidade

A **função densidade de probabilidade** f(x) estabelece uma relação com a função distribuição de probabilidade F(x), onde x é uma variável aleatória contínua, pela expressão $\boxed{F(x) = \int f(x) \, dx}$.

R3.14 Determinar o valor de k de modo que **f (x) = 2x** em [0 ; k] seja uma f.d.p. (função densidade de probabilidade).

Resolução

a) $F(x) = \int f(x)\,dx \Rightarrow F(x) = \int 2x\,dx \therefore F(x) = x^2 + C \Big]_0^k$

como $\sum P(x) = 1 \Rightarrow 1 = (k^2 + C) - (0^2 + C) \therefore k^2 = 1$
sendo $k > 0 \Rightarrow k = 1$

R3.15 A demanda diária de açúcar num supermercado, em centenas de quilos, é uma variável aleatória x com função densidade de probabilidade

dada por: $f(x) = \begin{cases} \dfrac{2}{3}x, & se\ 0 \leq x < 1 \\ \dfrac{-x}{3} + 1, & se\ 1 \leq x < 3 \\ 0, & se\ x < 0\ ou\ x > 3 \end{cases}$. Determinar:

a) a probabilidade, num dia escolhido ao acaso, de se vender mais que 150 kg;
b) o quanto o gerente espera vender em 30 dias.

Resolução

a) $P[x > 150] = \int_{1,5}^{3} (\dfrac{-x}{3} + 1)\,dx = \left(-\dfrac{1}{3}\dfrac{x^2}{2} + x + k\right)\Big]_{1,5}^{3}$

$= \left(-\dfrac{1}{3}\cdot\dfrac{3^2}{2} + 3 + k\right) - \left(-\dfrac{1}{3}\cdot\dfrac{1,5^2}{2} + 1,5 + k\right) = -1,5 + 3 + \dfrac{2,25}{6} - 1,5$

$P[x > 150] = \dfrac{2,25}{6} = 0,375 = 37,5\%$

b) $E(30x) = 30.\int_0^3 [x.f(x)]\,dx \Rightarrow E(30.x) = 30.\int_0^1 (x.\dfrac{2}{3}x)\,dx + 30.\int_1^3 x.(\dfrac{-x}{3} + 1)\,dx$

$E(30.x) = 30.\int_0^1 (\dfrac{2}{3}x^2)\,dx + 30.\int_1^3 (\dfrac{-x^2}{3} + x)\,dx = 30\left(\dfrac{2x^3}{9} + k\right)\Big]_0^1 + 30\left(-\dfrac{x^3}{9} + \dfrac{x^2}{2} + k\right)\Big]_1^3$

88

$$E(30.x) = 30.\left[\left(\frac{2.1^3}{9}+k\right)-\left(\frac{2.0^3}{9}+k\right)\right]+30\left[\left(-\frac{3^3}{9}+\frac{3^2}{2}+k\right)-\left(-\frac{1^3}{9}+\frac{1^2}{2}+k\right)\right]$$

$$E(30.x) = 30.\frac{4}{3} = 40 \ kg$$

R3.16 Em certa Faculdade de São Paulo, a função densidade de probabilidade para chamadas telefônicas é dada por $f(x) = 0{,}3 \cdot e^{-0{,}3x}$, para $\forall \ x \in \mathbb{R}$. Determinar a probabilidade de que uma chamada telefônica escolhida ao acaso durar:

a) entre 1 e 3 minutos;
b) menos que 2 minutos;
c) mais que 3 minutos.

Resolução

a) $P(1 \leq x \leq 3) = \int_{1}^{3} f(x)\,dx = \int_{1}^{3} 0{,}3 \cdot e^{-0{,}3x}\,dx = \left(-e^{-0{,}3x}+k\right)\Big|_{1}^{3} =$

$\left(-e^{-0{,}3.3}+k\right)-\left(-e^{-0{,}3.1}+k\right) = -e^{-0{,}9}+e^{-0{,}3} \cong -0{,}40656966+0{,}904837418 \cong$
$\cong 0{,}498267758 \cong 49{,}83\%$.

b) $P(0 \leq x \leq 2) = \int_{0}^{2} f(x)\,dx = \int_{0}^{2} 0{,}3 \cdot e^{-0{,}3x}\,dx = \left(-e^{-0{,}3x}+k\right)\Big|_{0}^{2} =$

$\left(-e^{-0{,}3.2}+k\right)-\left(-e^{-0{,}3.0}+k\right) = -e^{-0{,}6}+e^{0} \cong -0{,}548811636+1 \cong$
$\cong 0{,}451188364 \cong 45{,}12\%$.

c) $P(x \geq 3) = \int_{3}^{+\infty} f(x)\,dx = \int_{3}^{+\infty} 0{,}3 \cdot e^{-0{,}3x}\,dx = \left(-e^{-0{,}3x}+k\right)\Big|_{3}^{+\infty} =$

$\left(-e^{-0{,}3.(+\infty)}+k\right)-\left(-e^{-0{,}3.3}+k\right) = -e^{-\infty}+e^{-0{,}9} \cong -0+0{,}40656966 \cong$
$\cong 0{,}40656966 \cong 40{,}66\%$.

Observação:
Foi utilizado o método da substituição, onde $-0{,}3x = y \Leftrightarrow -0{,}3\,dx = dy$.
$\int 0{,}3 e^{-0{,}3x}\,dx = \int -e^{y}\,dy = -\int e^{y}\,dy = e^{y}+k$.

3.11 Formação de capital através do fluxo de investimento

A formação de capital (F.C.) é calculada a partir da função fluxo de investimento no período (I(t)) através da expressão $\boxed{F.C. = \int_a^b I(t)\,dt}$, no período de tempo [a; b].

R3.17 Se o investimento líquido é um fluxo constante dado por **I(t) = 2000**, qual será o investimento líquido total (que é a formação de capital) durante 2 anos, isto é $0 \leq t \leq 2$?

Resolução

$$F.C. = \int_a^{·b} I(t)\,dt = \int_0^2 2000\,dt = (2000t + k)\Big|_0^2 = (2000.2 + k) - (2000.0 + k) = 4000$$

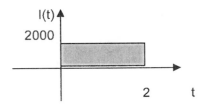

R3.18 Seja $I(t) = 2\sqrt{t}$ um fluxo não constante em dólares americanos. Qual será a formação de capital:
a) durante o 1º ano;
b) nos 2 primeiros anos;
c) durante o 3º ano.

Resolução

a) $F.C. = \int_a^b I(t)\,dt = \int_0^1 2\sqrt{t}\,dt = \int_0^1 2t^{\frac{1}{2}}\,dt = 2 \cdot \dfrac{t^{\frac{3}{2}}}{\dfrac{3}{2}} + k\Big|_0^1 = \left(\dfrac{4}{3} \cdot 1^{\frac{3}{2}} + k\right) - \left(\dfrac{4}{3} \cdot 0^{\frac{3}{2}} + k\right) =$

$= \dfrac{4}{3} \cdot 1 - 0 = \dfrac{4}{3} = 1{,}333\ldots$

b) $F.C. = \int_0^2 2\sqrt{t}\, dt = 2 \cdot \dfrac{t^{\frac{3}{2}}}{\frac{3}{2}} + k \left. \right|_0^2 = \left(\dfrac{4}{3} \cdot 2^{\frac{3}{2}} + k\right) - \left(\dfrac{4}{3} \cdot 0^{\frac{3}{2}} + k\right) =$

$= \dfrac{4}{3} \cdot \sqrt{2^3} \cong 3{,}771236166$

c) $F.C. = \int_2^3 2\sqrt{t}\, dt = 2 \cdot \dfrac{t^{\frac{3}{2}}}{\frac{3}{2}} + k \left. \right|_2^3 = \left(\dfrac{4}{3} \cdot 3^{\frac{3}{2}} + k\right) - \left(\dfrac{4}{3} \cdot 2^{\frac{3}{2}} + k\right) =$

$= \dfrac{4}{3}\left(\sqrt{27} - \sqrt{8}\right) \cong 2{,}367725298$

3.12 Valor médio (ou preço médio) de funções contínuas

O valor médio de uma função extraída de uma variável aleatória contínua é dada pela expressão: $\boxed{V.M. = \int_a^b \dfrac{f(x)}{b-a}\, dx}$

R3.19 Para os x meses de 1/06 a 1/11, o preço de um pacote de 1 kg de café era f(x), onde $0 \leq x \leq 6$ e **f(x) = 2,8 - 0,4x + 0,02x²**. Determinar o preço médio para os 3 meses de 01/07 a 01/10.

Resolução

```
----01/06---01/07---01/08---01/09---01/10---01/11----→ data
-------0---------1---------2---------3---------4---------5------→ x
```

$V.M. = \int_a^b \dfrac{f(x)}{b-a}\, dx = \int_1^4 \dfrac{0{,}02x^2 - 0{,}4x + 2{,}8}{4-1}\, dx = \int_1^4 \dfrac{0{,}02}{3}x^2 - \dfrac{0{,}4}{3}x + \dfrac{2{,}8}{3}\, dx =$

$= \left[\dfrac{0{,}02}{3} \cdot \dfrac{x^3}{3} - \dfrac{0{,}4}{2} \cdot \dfrac{x^2}{2} + \dfrac{2{,}8}{3}x + k\right]_1^4 = \left(\dfrac{0{,}02 \cdot 4^3}{9} - \dfrac{0{,}4 \cdot 4^2}{4} + \dfrac{2{,}8 \cdot 4}{3} + k_1\right) - \left(\dfrac{0{,}02 \cdot 1^3}{9} - \dfrac{0{,}04 \cdot 1^2}{4} + \dfrac{2{,}8 \cdot 1}{3} + k_1\right) \cong$

$\cong 2{,}27555\ldots - 0{,}77555\ldots \cong 1{,}50$

R3.20 Para uma rede de casas noturnas, o estoque de um determinado gênero alimentício após x **meses** é f(x) unidades, onde $f(x) = 3600 - 30x^2$. Ache o estoque médio para 5 dias, isto é de 3ª feira a sábado.

Resolução

```
----dom.---2ª feira---3ª feira---4ª feira---5ª feira---6ª feira---sáb.----→ dia
--------0----------1---------2-----------3----------4----------5---------6-------→ x
```

$$V.M. = \int_a^b \frac{f(x)}{b-a} dx = \int_{2/30}^{6/30} \frac{3600 - 30x^2}{6/30 - 2/30} dx = \int_{2/30}^{6/30} [7,5(3600 - 30x^2)] dx = \int_{2/30}^{6/30} [27000 - 225x^2] dx =$$

$$= \left[27000x - \frac{225}{3}x^3 + k\right]_{2/30}^{6/30} = \left(27000 \cdot \frac{6}{30} - \frac{225}{3}\left(\frac{6}{30}\right)^3 + k_1\right) - \left(27000 \cdot \frac{2}{30} - \frac{225}{3}\left(\frac{2}{30}\right)^3 + k_1\right) \cong$$

$$\cong 5399,4000 - 1799,97777... \cong 3599,4222...$$

3.13 Método de Simpson para integração

O **Método de Simpson** permite o cálculo de qualquer integral definida *utilizando a própria função*. Trata-se de um cálculo aproximado, onde o seu manuseio requer muita atenção e trabalho.

Matematicamente:

$$\int_a^b f(x) \, dx = \frac{b-a}{6n} [f(x_0) + 4f(x_1) + 2f(x_2) + 4f(x_3) + 2f(x_4)$$

$$+.... + 2f(x_{2n-3}) + 4f(x_{2n-2}) + + 1f(x_{2n-1})], \text{ onde } h = \frac{b-a}{2n-1} \text{ que}$$

representa o espaçamento entre os pontos.

Nos exercícios de **R3.21** a **R3.22**, calcular o valor de cada integral pelo método de Simpson.

R3.21 $\int_2^5 e^{-x^2} dx$, onde $2n = 7$ pontos;

Resolução

$$h = \frac{b-a}{2n-1} = \frac{5-2}{7-1} = \frac{3}{6} = 0,5$$

```
      2    2,5   3    3,5   4    4,5   5    x
    ──x₀──x₁──x₂──x₃──x₄──x₅──x₆   pontos
```

$$\int_2^5 e^{-x^2} dx = \frac{5-2}{6.\frac{7}{2}}[1.e^{-2^2} + 4.e^{-2,5^2} + 2.e^{-3^2} + 4.e^{-3,5^2} + 2.e^{-4^2} + 4.e^{-4,5^2} + 1.e^{-5^2}]$$

$$\int_2^5 e^{-x^2} dx = \frac{3}{21}[1.e^{-4} + 4.e^{-6,25} + 2.e^{-9} + 4.e^{-12,25} + 2.e^{-16} + 4.e^{-20,25} + 1.e^{-25}]$$

$$\int_2^5 e^{-x^2} dx \cong 0,049382716[0,0183156 + 4.0,001930 + 2.0,000123 + 4.0,000035 +$$
$$+ 2.0,000000113 + 4.0,000000002 + 1.0,00...00] \cong 0,00375$$

R3.22 $\int_0^{3,5} \frac{4-x}{2+x} dx$, onde 2n = 8 pontos;

Resolução

$$h = \frac{b-a}{2n-1} = \frac{3,5-0}{8-1} = \frac{3,5}{7} = 0,5$$

$\Rightarrow$
```
      0    0,5   1    1,5   2    2,5   3    3,5   x
    ──x₀──x₁──x₂──x₃──x₄──x₅──x₆──x₇   pontos
```

$$\int_0^{3,5} \frac{4-x}{2+x} dx = \frac{3,5-0}{6.\frac{8}{2}}[1.\frac{4-0}{2+0} + 4.\frac{4-0,5}{2+0,5} + 2.\frac{4-1}{2+1} + 4.\frac{4-1,5}{2+1,5} + 2.\frac{4-2}{2+2} + 4.\frac{4-2,5}{2+2,5} +$$
$$+ 2.\frac{4-3}{2+3} + 1.\frac{4-3,5}{2+3,5}]$$

$$\int_0^{3,5} \frac{4-x}{2+x} dx = \frac{3,5}{24}[1.2 + 4.\frac{3,5}{2,5} + 2.\frac{3}{3} + 4.\frac{2,5}{3,5} + 2.\frac{2}{4} + 4.\frac{1,5}{4,5} + 2.\frac{1}{5} + 1.\frac{0,5}{5,5}] \cong 2,57$$

3.14 Integração através da planilha do Matchad

Esse aplicativo está à disposição dos usuários que possuem o programa Office da Microsoft, no interior do Excel.

R3.23 $\int_{0}^{3,5} \frac{4-x}{2+x} dx$, pelo processo do Matchad.

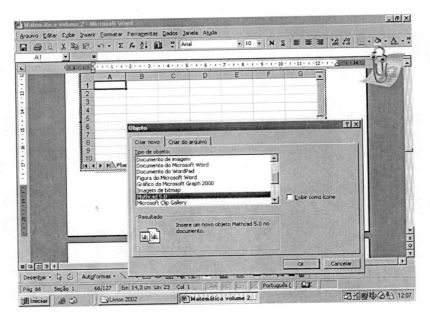

Passo 1: Na planilha do EXCEL, entrar em INSERIR, depois em OBJETO, e finalmente na opção MATHCAD 5.0, aparecendo um novo campo (agora em Inglês).

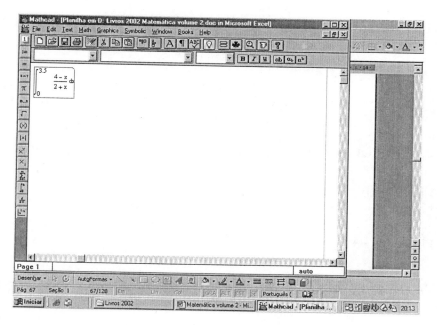

Passo 2: Completar as lacunas das integrais. Para conseguir a fração, basta digitar: (4-x)/ que aparecerá $\dfrac{4-x}{\prod}$, onde o denominador deve ser completado por $\dfrac{4-x}{2-x}$. No extro superior digitar 2.5 (com o ponto). Por fim deve-se clicar com o mouse sobre a integral até aparecer um retângulo azul em toda a expressão. Por fim clicar =, onde aparecerá o resultado da operação.

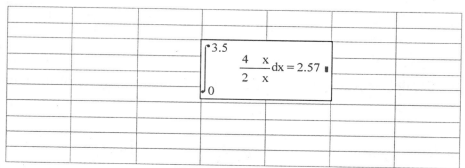

Passo 3: A tela do EXCEL fica assim.

Observação: esse procedimento executa o cálculo de qualquer integral definida.

3.15 Exercícios propostos

P3.1 Calcular as seguintes integrais pelo *método direto*:

a) $\int \dfrac{dx}{2}$; b) $\int \sqrt{x^3}\, dx$; c) $\int (y^3 + 5y^2 - 4y + 2)\, dy$

P3.2 Calcular as seguintes integrais pelo *método da substituição*:

a) $\int \dfrac{dx}{3x-1}\, dx$; b) $\int 2x\sqrt{x^2+1}\, dx$;

c) $\int (y^3 + y^2 - 4y + 2)^5 \cdot (3y^2 + 2y - 4)\, dy$ d) $\int \dfrac{3x^2+1}{\sqrt[3]{x^3+x+1}}\, dx$

P3.3. Calcular as seguintes integrais pelo *método por partes*:

a) $\int (2x \cdot e^x)\, dx$; b) $\int (x \cdot 3^x)\, dx$; c) $\int \cos^2 x\, dx$;

d) $\int x^2 \cos x\, dx$; e) $\int (x \cdot 2^x)\, dx$.

P3.4. Calcular as seguintes integrais pelo *método das frações parciais*:

a) $\int \dfrac{2x+17}{-2x^2+20x-42}\, dx$; b) $\int \dfrac{1}{x(x-1)^2}\, dx$;

c) $\int \dfrac{5x-2}{x^2-x}\, dx$; d) $\int \dfrac{2x^2+x-3}{x^2(x-3)}\, dx$.

P3.5. Calcular as seguintes integrais, além de esboçar geometricamente:

a) $\int_{-1}^{2} (x^2+1)\, dx$; b) $\int_{4}^{6} (10-p)\, dp$; c) $\int_{1}^{e} (\ln x)\, dx$.

P3.6. Calcular a área hachurada em:

a) $\begin{cases} y = 5 - x \\ y = x \end{cases}$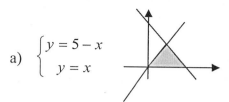

b) $\begin{cases} q = 2p \\ q = 2^p \end{cases}$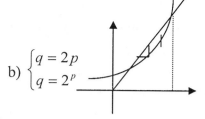

P3.7 Considerando a função produção P(x) que tenha um ponto de inflexão para x = 5, um ponto de máximo para x = 20, passe pela origem, e que a sua derivada de 3ª ordem **P'''(x) = -12**. Faça ainda um esboço do gráfico de P(x).

Sugestões: P''(5) = 0, P'(20) = 0, P''(20) < 0, P(0) = 0, e P'''(x) = -12.

P3.8. As equações da oferta e demanda para certo produto são dadas por **q = - p + 20** e **q = p² +5p + 4**, onde q unidades são demandadas ou ofertadas quando p for o preço unitário. Se o mercado estiver em equilíbrio, pede-se:

a) o esboço geométrico do excedente do consumidor;

b) o valor desse excedente do consumidor.

P3.9. Se a demanda de certa mercadoria é $10p = \sqrt{1600 - q}$, e a demanda é fixada em 700 unidades, achar o excedente do consumidor.

P3.10 Sejam as funções **q = p² + 5p + 4** e **q = - p + 20** que representam a oferta e a demanda de certo produto. Determinar:

a) os gráficos num mesmo sistema de eixos;

b) o excedente do produtor no P.E..

Sugestão: utilizar parte dos cálculos efetuados junto ao ex. P3.8.

P3.11 Seja $q = \sqrt{p+1}$ a função oferta para certo produto, determinar:

a) o esboço geométrico quando p = R$ 15,00;

b) o excedente do produtor em p = R$15,00.

P3.12 O preço de uma mercadoria, que atualmente custa R$ 1.200,00, varia com a inflação, a uma taxa de R$ 3,20 por mês. Determinar:
a) a função preço;
b) o preço da mercadoria após 4 meses;
c) o tempo onde essa mercadoria ultrapassa o valor de R$ 1.300,00.

P3.13 Para a função $p = 2^q$, pede-se:
a) o esboço geométrico para $q = 3$ unidades;
b) o excedente do produtor para $q = 3$ unidades.

P3.14 Uma empresa investe no Brasil, a partir de 1995, onde o seu fluxo de investimento é dado por $I(t) = \sqrt{t}$. Determinar:

a) a formação de capital durante o 1º ano, calculando $F.C. = \int_0^1 I(t)\,dt$;

b) a formação de capital nos 6 primeiros anos;
c) hachurar, na figura, a formação de capital de 1995 à 2001.

```
——1995——1996——1997——1998——→ anos
——0————1————2————3——→ t
```

Obs: $\sqrt{t} = t^{\frac{1}{2}}$

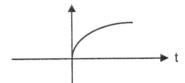

P3.15 Supondo que a taxa de investimento seja dada por $I(t) = 2^{t+1}$, e $K(0) = 24$, achar:
a) a trajetória temporal do estoque de capital k;
b) o montante de acumulação de capital durante os intervalos [0; 1] e [1; 3].

P3.16 A receita das vendas de certo produto x dias após seu lançamento é dada por $R(x) = 30x - x^2$. Achar a receita média das vendas para as 2 primeiras semanas.

P3.17 Calcular o valor desta integral pelo método de Simpson $\int_{1}^{6}\frac{1}{x+2}dx$, onde n = 4.

P3.18 Calcular o valor de $\int_{1}^{5}\frac{3-x}{x^2+4}dx$ pela planilha do Matchad.

P3.19 O custo da fabricação de x unidades de um produto tem como modelo C' = 32 – 0,4x. A partir desse custo marginal, determinar:
a) a função custo total, onde a produção de uma unidade custa R$ 50,00 e $C_t = \int C_{mg}\,dx$;
b) o custo total para a produção de 200 unidades.

P3.20 A demanda diária x por certo produto (em toneladas) é uma variável aleatória com função densidade de probabilidade

$$f(x) = \frac{1}{36}x(6-x)\,,\,com\;0 \le x \le 6.$$ Determinar:

a) a probabilidade P(x<40%), calculando $P[x < 40\%] = \int_{0}^{0,4}f(x)\,dx$;

b) probabilidade P(x>70%), calculando $P[x > 70\%] = \int_{0,7}^{6}f(x)\,dx$;

c) o valor médio esperado, calculando a esperança $E(x) = \int_{0}^{6}[x.f(x)]\,dx$.

P3.21 O consumo total de combustível para transportes nos Estados Unidos (em bilhões de barris por ano) de 1950 à 1979, admite como modelo $f(t) = 0,000433t^2 + 0,0962t + 2,76$, com $-20 \le t \le 9$.
Têm-se em janeiro de 1970 t = 0. Após 1973, o novo modelo passou a ser: $g(t) = -0,00831t^2 + 0,152t + 2,81$, com $9 \le t \le 16$. Determinar:

a) o consumo de combustível de 1979 à 1986, calculando $\int_{9}^{16} g(t)\, dt$;

b) o consumo de combustível de 1960 à 1970, calculando $\int_{-10}^{0} f(t)\, dt$;

c) e economia de combustível de 1979 à 1986, com a mudança de modelo, calculando $\int_{9}^{16} [f(t) - g(t)]\, dt$.

P3.22 A receita semanal da venda de um novo produto tem aumentado. A taxa de variação da receita admite como modelo

$\dfrac{dR}{dt} = 0{,}675 t^{\frac{3}{2}}$, $0 \le t \le 255$, onde $R' = \dfrac{dR}{dt}$. Determinar:

a) o modelo da função receita calculando $R = \int R'\, dt$, onde quando $t = 0$ então $R(0) = 0$;

b) o instante t onde a receita semanal será de R$ 27.000,00.

P3.23 Durante os 4 primeiros meses, espera-se que as vendas de um novo produto sejam f(x) unidades mensais, x meses após a colocação do produto no mercado. Sendo $f(x) = 100 + 150x^2$, para $0 \le x \le 4$, pede-se:

a) as vendas esperadas no 2º mês, calculando $\int_{1}^{2} f(x)\, dx$;

b) as vendas obtidas nesses 4 primeiros meses, calculando $\int_{0}^{4} f(x)\, dx$;

c) o nº médio de vendas nesses 4 primeiros meses, calculando $\int_{0}^{4} \dfrac{f(x)}{4-0}\, dx$.

P3.24 A utilização de certo equipamento gera uma receita à uma taxa de R(x) unidades monetárias por mês, após x meses da sua instalação, onde $R(x) = 1400 - 2x^2$. Se o custo de operação e manutenção do equipamento for C(x) unidades monetárias por mês, onde $C(x) = 200 + x^2$, achar o **lucro total** obtido com a utilização desse equipamento durante:

a) o 1º ano, calculando o $Lucro = \int_{0}^{12} [R(x) - C(x)]\, dx$;

b) os 20 primeiros meses, calculando o $Lucro = \int_{0}^{20} [R(x) - C(x)]\, dx$.

P3.25 A função densidade de probabilidade de que determinado componente de um gravador de vídeo dure 1000 horas é dada por $f(x) = \frac{1}{18}(9 - x^2)$, $com\ 0 \leq x \leq 3$. Determinar:

a) a probabilidade de que esse componente dure pelo menos 2000 horas, calculando $P[x \geq 2000] = \int_{2}^{3} f(x)\, dx$;

b) a probabilidade de que esse componente dure menos que 2500 horas, calculando $P[x \leq 2500] = \int_{0}^{2,5} f(x)\, dx$.

P3.26 Numa certa comunidade, a distribuição de renda em milhares de reais é uma variável aleatória x com função densidade de probabilidade dada por: $f(x) = \begin{cases} \dfrac{1}{10}x + \dfrac{1}{10},\ se\ 0 \leq x \leq 2 \\ \dfrac{-3}{40}x + \dfrac{9}{20},\ 2 < x \leq 6 \\ 0,\ x < 0\ ou\ x > 6 \end{cases}$. Determinar:

a) a renda média nessa comunidade, calculando

$$E(x) = \int_2^6 [x.f(x)]\,dx = \int_0^2 [x.(\frac{1}{10}x + \frac{1}{10})]\,dx + \int_2^6 [x.(\frac{-3}{40}x + \frac{9}{20})]\,dx\,;$$

b) escolhida uma pessoa ao acaso, obter a probabilidade de sua renda ser superior a R$ 3.000,00, calculando

$$P[x > 3000] = \int_3^6 f(x)\,dx = \int_3^6 (\frac{-3}{40}x + \frac{9}{20})\,dx\,.$$

P3.27 Assinalar a alternativa *correta*:

a) $\int (x^2 + 3x + 5)\,dx$

b) $\int_1^4 \sqrt[3]{q}\,dq$, onde $\sqrt[3]{q} = q^{\frac{1}{3}} =$

( ) 1.) $\dfrac{x^3}{3} + 3x^2 + 5x$
( ) 1.) $\dfrac{4}{3}\sqrt[3]{4^4} - \dfrac{4}{3}$

( ) 2.) $\dfrac{x^3}{3} + \dfrac{3}{2}x^2 + 5x$
( ) 2.) $\dfrac{3}{4}\sqrt[3]{4^4} - \dfrac{3}{4}$

( ) 3.) $\dfrac{x^3}{3} + \dfrac{3}{2}x^2 + 5x + k$
( ) 3.) $\dfrac{x^3}{3} + \dfrac{3}{2}x^2 + 5x + k$

( ) 4.) $x^3 + 3x^2 + 5x$
( ) 4.) $x^3 + 3x^2 + 5x$

( ) 5.) $x^3 + 3x^2 + 5x + k$
( ) 5.) $x^3 + 3x^2 + 5x + k$

P3.28 Determinar as funções, a partir de cada função marginal:

a) $R_{mg} = \ln q$, utilizando - se o método por partes

$\int u'.v = u.v - \int u.v'$, onde $u'.v = 1.\ln q$

b) $C_{mg} = \sqrt{q^3 + 2q}\,.(3q^2 + 2)\,dq$, onde $y = q^3 + 2q$, onde $C_t(0) = 120$; pelo método da substituição

c) $L_{mg} = 2q - 5$, onde $L_t(0) = 12$, pelo método direto.

P3.29 Calcular o valor das áreas hachuradas, através de integrais definidas:

a) q = - p² – 2p + 63

b) p=2^q

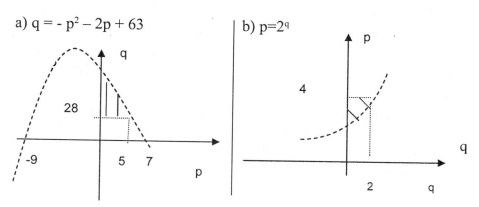

P3.30 O estoque de certo produto é dado por **f(x) = 1600 + 3x - 8x²**, para x meses a partir de 15/07/2002. Pede-se:

a) o intervalo de variação de x de 01/09/2002 à 01/11/2002;

b) o estoque médio de 01/09/2002 à 01/11/2002.

Sugestão: valor médio $V.M. = \int_a^b \frac{f(x)}{b-a} dx$

P3.31. O lucro marginal obtido com a venda de x Reais de seguro automobilístico, admite como modelo $\frac{dL}{dx} = 0{,}4(1 - \frac{5000}{x})$, *para x ≥ 5000*. Determinar:

a) a função Lucro total, onde $L_t = \int \frac{dL}{dx} dx$, *com* $L'_t = \frac{dL}{dx}$;

b) a variação do lucro quando x variar de R$ 75.000,00 para R$ 100.000,00.

P3.32 As vendas anuais v (em milhões de dólares) com os cartões Visa, Mastercard, e American Express, de 1983 à 1992 admitem o modelo

v = 15,969 t – 6,318	Visa
v = 8,581 t + 6,965	Mastercard
v = 6,214 t + 10,345	American Express

onde $3 \leq t \leq 12$ representa o período de 10 anos de 1983 à 1992 (Fonte: Credit Card News). Pede-se:

a) em quanto as vendas com Visa excederam as vendas com Mastercard nesses 10 anos, calculando $\int_{3}^{12}[(15,969t - 6,318) - (8,581t + 6,9650)]\, dt$;

b) em quanto as vendas com Visa excederam as vendas com American Express nesses 10 anos, calculando

$$\int_{3}^{12}[(15,969t - 6,318) - (6,214t + 10,345)]\, dt$$

P3.33. Sendo x o tempo durante o qual um equipamento elétrico é usado em carga máxima, num certo período em minutos. A função densidade de probabilidade é dada por $f(x) = \begin{cases} \dfrac{1}{1500^2} x, & se\ 0 \leq x < 1500 \\ \dfrac{1}{1500^2}(3000 - x) & se\ 1500 \leq x \leq 3000 \end{cases}$.

Determinar:

a) o tempo médio onde esse equipamento é usado com carga máxima, calculando

$$E(x) = \int_{0}^{3000} [x.f(x)]\, dx = \int_{0}^{1500}[x.\frac{1}{1500^2}x]\, dx + \int_{1500}^{3000}[x.\frac{1}{1500^2}(3000-x)]\, dx$$

b) a probabilidade dessa peça ser utilizada em carga máxima com mais que 2000 minutos, calculando $P[x > 2000] = \int_{2000}^{3000}[\dfrac{1}{1500^2}(3000-x)]\, dx$.

P3.34 O número de tíquetes utilizados por um cliente num supermercado é uma variável aleatória com função densidade de probabilidade dada por $f(x) = \dfrac{2x+1}{2}$, com $0 \leq x \leq 1$. Determinar:

a) o nº esperado de tíquetes usados por um cliente, calculando

$$E(x) = \int_0^1 [x.f(x)]\,dx = \int_0^1 [x.\frac{2x+1}{2}]\,dx\,;$$

b) a probabilidade de se utilizar mais de 50% dos tíquetes, calculando

$$P[x > 50\%] = \int_{0,5}^1 f(x)\,dx\,.$$

P3.35 O consumo per capita de sorvetes (em litros) nos Estados Unidos de 1988 à 1990 admite como modelo $y = 0,019t^3 - 0,294t^2 + 26,465$, onde $7 \le t \le 10$. Determinar:

a) o consumo de 1988 à 1990, calculando $\int_7^9 y(t)\,dt$;

b) o consumo de 1998 à 1990 se o modelo agora for $y = 18,94 - \dfrac{5,175}{t} + \dfrac{3,632}{t^{\frac{3}{2}}}$,

onde $1 \le t \le 10$ à partir de 1981 (t=0 para o ano 1981, t = 7 para o ano 1988, t =9 para o ano 1990).

```
———1981————1982—.....—1987————1988—--→ anos
————0—————1————.....———7—————8————→ t
```

P3.36 A função preço de uma cesta de medicamentos é dada por $f(x) = \dfrac{5^x.\ln 5}{20}$, onde x é o tempo em meses a partir de maio de 2003. Pede-se:

a) os valores que x pode assumir de maio à setembro de 2003;

b) o preço médio desta cesta de medicamentos de 05/2003 à 09/2003, calculando $\int_a^b [\dfrac{f(x)}{b-a}]\,dx$;

c) o preço médio dessa cesta de medicamentos de 05/2003 à 08/2003 seria o mesmo? Justifique.

P3.37 (E.N.C 2003) "O tomate está sendo vendido entre R$ 4,50 e R$ 5,00 nos supermercados, feiras e quitandas de São Paulo, mas o produtor só recebe R$ 1,25".

O Estado de São Paulo, SP 09/04/2003.

A existência do intermediário entre o produtor e o consumidor cria um custo de transação que desvia a economia do equilíbrio ótimo. O gráfico abaixo ilustra o efeito da intermediação sobre o preço e a quantidade vendida de tomates, supondo um mercado de concorrência perfeita.

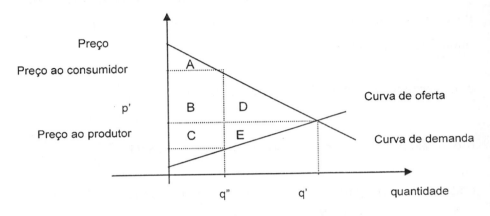

A perda social gerada pela intermediação é igual à soma das áreas:

(A) B + C
(B) B + D
(C) B + E
(D) C + E
(E) D + E

Sugestões: a **perda** = **E.C.** + **E.P.**, de q" à q', com $E.C. = \int_0^{x_0} y - y_0 \, dx$ e

$E.P. = \int_0^{x_0} y_0 - y \, dx$.

P3.38 Num estudo conduzido pelo Ministério do desenvolvimento Econômico de um País, conclui-se que a curva de Lorentz para a Distribuição de renda dos professores universitários era descrita pela função $f(x) = \dfrac{13}{14}x^2 + \dfrac{1}{14}x$, e a dos advogados pela função $g(x) = \dfrac{9}{11}x^4 + \dfrac{2}{11}x$.
Sendo o coeficiente de desigualdade, ou Índice de Gini, de uma Curva de Lorentz é $\boxed{L = 2 \cdot \int_0^1 [x - f(x)]\,dx}$, determinar:

a) o coeficiente de desigualdade para a curva de Lorentz dos professores;
b) o coeficiente de desigualdade para a curva de Lorentz dos advogados;
c) qual dessas profissões têm uma distribuição de renda mais justa?

Observações: o coeficiente de desigualdade é um n° entre 0 e 1. Se o coeficiente = 0, implica que a distribuição da renda é perfeitamente uniforme.

P3.39 Assinalar a alternativa incorreta:

a) $\int_1^2 (2x+1)\,dx = 4$;

b) $\int (-0,3 \cdot e^{0,3t})\,dt = -e^{0,3t} + k$;

c) $\int \ln x\, dx$ é resolvida pela técnica de integração por partes

d) $\int_0^1 kx\, dx = k$;

e) $\int \dfrac{2x+1}{\sqrt{x2+x+4}}\,dx$ é resolvida pela técnica de integração substituição.

3.16 Respostas dos exercícios propostos.

P3.1

a) $\int \dfrac{1}{2}\,dx = \dfrac{1}{2}x + k$;

b) $\int \sqrt[3]{x}\,dx = \dfrac{3}{4} \cdot \sqrt[3]{x_4} + k$;

c) $\dfrac{y^4}{4} + 5\dfrac{y^3}{3} - 2y^2 + 2y + k$.

P3.2

a) $\int \dfrac{1}{3x-1} dx = \dfrac{1}{3}\ln|3x-1| + k$;

b) $\dfrac{2}{3}\sqrt[3]{(x^2+1)^3} + k$;

c) $\dfrac{(y^3+y^2-4y+2)^7}{7} + k$;

d) $\dfrac{3}{2}(x^3+x+1)^{\frac{2}{3}} + k$;

P3.3

a) $2x.e^x - \dfrac{1}{2}e^x + k$;

b) $x.\dfrac{3^x}{\ln 3} - \dfrac{3^x}{(\ln x)^2} + k$;

c) $x^2.\text{sen } x + 2x.\cos x - 2\text{ sen } x + k$;

d) $\dfrac{\text{sen } x \cos x}{2} - \dfrac{x}{2} + k$;

e) $x.\dfrac{2^x}{\ln 2} - \dfrac{2^x}{(\ln 2)^2} + k$.

P3.4

a) $\int \dfrac{2x+17}{-2x^2+20x-42} dx = -\dfrac{46}{8}\ln|x-7| - \dfrac{62}{8}\ln|x-3| + k$

b) $\int \dfrac{1}{x(x-1)^2} dx = -\ln|x| + \dfrac{1}{2}\ln|x-1| + \dfrac{1}{2}\ln|x+1| + k$

c) $\int \dfrac{5x-2}{x^2-x} dx = 2\ln|x| + 3\ln|x-1| + k$

d) $\int \dfrac{2x^2+x-3}{x^2(x-3)} dx = -\dfrac{1}{x} + 2\ln|x-3| + k$

P3.5

a) $\int_{-1}^{2} x^2+1\, dx = 6$;

b) $\int_{4}^{6}(10-p)\, dp = 10$;

c) $\int_{1}^{e} \ln x\, dx = 6\ln 6 - 5$.

108

P3.6
a) 6,25;   b) 0,114609918

P3.7 $P(x) = -2x^3 + 30x^2 + 1200x$

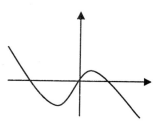

P3.8
a) 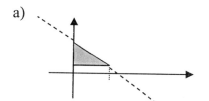   b) E.C. = 87,5

P3.9   E.C. = 616,666...

P3.10
a) 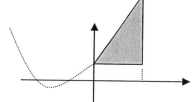   b) E.C. = 22

P3.11
a) 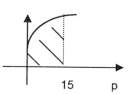   b) E.P. = 17,333...

P3.12
a) $P(x) = \int 3{,}20x \; dx \Leftrightarrow P(x) = 1200 + 1{,}6x^2$;
b) P(4) = R$ 1.225,00;   c) $x \cong 7{,}91$ meses

P3.13
a)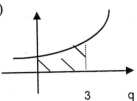

b) E.P. $\cong 6{,}3716774586$

P3.14
a) F.C. $= 0{,}666\ldots$;   b) F.C. $9{,}7958971$;
c)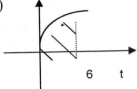

P3.15

a) $F.C. = \dfrac{2^{t+1}}{\ln 2} + k$;   b) F.C. $\cong 2{,}8854$ em $[0;1]$; F.C. $\cong 17{,}3123$ em $[1;3]$

P3.16 $\displaystyle\int_{1}^{14} \dfrac{f(x)}{14-1}\,dx = 144{,}666\ldots$

P3.17 o valor aproximado é $0{,}9808$

P3.18 o valor aproximado é $0{,}2111$

P3.19
a) $C_t = -0{,}2x^2 + 32x + 18{,}02$;   b) $x = 200 \Rightarrow Ct(200) = -1581{,}98$

P3.20
a) $P(x < 40\%] \cong 0{,}01274$;   b) $P[x > 70\%] \cong 0{,}962342$;   c) $E(x) = 3$.

P3.21
a) Economia ≅ 23,64341 bilhões de barris;
b) economia ≅ 22,934333... bilhões de barris;
c) economia ≅ 4,580060333... bilhões de barris.

P3.22

a) $R_t = 0,27 t^{\frac{5}{2}}$;   b) t = 100.

P3.23
a) 450 vendas;   b) 3600 vendas;   c) nº médio = 900 vendas.

P3.24
a) ganho = R$ 12.672,00;   b) ganho = R$ 16.000,00

P3.25
a) P[x ≥ 2000] = 0,222...;   b) P[x ≤ 2500] ≅ 0,960648

P3.26
a) E(x) = 2,3666...;   b) P[x > 3000] = 33,75%

P3.27
a) 3;   b) 2.

P3.28

a) $R_t = q \ln q - q$;   b) $C_t = \dfrac{(q^3 + 2q)^{1,5}}{2,5} + 120$;

c) $L_t = q^2 - 5q + 12$

P3.29
a) 108,333...;   b) 4,328085123

P3.30
a) 1,5 ≤ x ≤ 3,5;   b) V.M. = 1555

P3.31
a) $L_t = 0{,}4x - 20000 \ln x + k$; b) $\Delta L_t \cong 9994{,}246358$

P3.32
a) n° $\cong 379{,}143$ vendas; b) n° $\cong 496{,}3125$ vendas.

P3.33
a) $E(x) = 1500$ minutos; b) $P[x > 2000] = 0{,}222\ldots$

P3.34
a) $E(x) = \dfrac{1}{3} + \dfrac{1}{4} = \dfrac{7}{12}$ tíquetes; b) $P[x > 50\%] = 62{,}5\%$.

P3.35
a) consumo $\cong 1{,}346$ litros; b) consumo $\cong 36{,}6687$ litros.

P3.36
a) $0 \leq x \leq 4$; b) V.M. $= 31{,}20$;

c) não porque $\displaystyle\int_0^4 \dfrac{f(x)}{4-0}\,dx \neq \int_0^3 \dfrac{f(x)}{3-0}\,dx$ para essa função f(x).

P3.37 alternativa E

P3.38
a) $L \cong 0{,}30952381$; b) $L \cong 0{,}854545\ldots$;
c) a dos professores por apresentar um coeficiente menor.

P3.39 alternativa D.

Capítulo 4

Funções com várias variáveis

4.1 Domínio de validade

São utilizadas as condições de existência, se existirem, para se aferir o "campo" de definição ou atuação da função.

As principais condições de existência:

a) numa fração temos o denominador $\neq 0$

b) logaritmando estritamente positivo

c) radicando de raiz de índice par é positivo

Nos exercícios de **R4.1** a **R4.8**, determinar o domínio de validade algébrica e geometricamente:

R4.1 $f(x,y) = \dfrac{2x}{\sqrt{y}}$

Resolução

$\begin{cases} denominador \neq 0 \\ radicando \geq 0 \end{cases} \Leftrightarrow \begin{cases} \sqrt{y} \neq 0 \\ y \geq 0 \end{cases} \Leftrightarrow y > 0$

$D(f) = \{(x;y) \in \mathbb{R}^2 / y > 0\}$

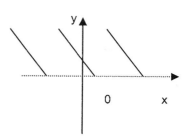

R4.2 $f(x,y) = \log(x - 2y)$

Resolução

$\log aritmando > 0 \Leftrightarrow x - 2y > 0 \Leftrightarrow x > 2y \Leftrightarrow y < \frac{1}{2}x$

$D(f) = \{(x;y) \in \mathbb{R}^2 / x > 2y\}$

Como a reta $x = 2y$ divide o plano $\mathbb{R}^2$ em 2 semi-planos, vamos testar os pontos $(1;0)$ e $(0;1)$ de semi-planos opostos

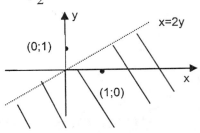

$(0;1) \Rightarrow \begin{cases} x > 2y \\ 0 > 2.1 \end{cases}$, como $0 > 2$ não serve; $(1;0) \Rightarrow \begin{cases} x > 2y \\ 1 > 2.0 \end{cases}$ como $1 > 0$ serve

R4.3 $z = \ln(\sqrt{xy})$;

Resolução

$\begin{cases} denominador \neq 0 \\ radicando \geq 0 \end{cases} \Leftrightarrow \begin{cases} \sqrt{y} \neq 0 \\ y \geq 0 \end{cases} \Leftrightarrow y > 0$

$D(f) = \{(x;y) \in \mathbb{R}^2 / y > 0\}$

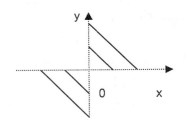

R4.4 $z = \ln(x^2 + y^2 + 1)$;

Resolução

$\{\log aritmando > 0 \Leftrightarrow x^2 + y^2 + 1 > 0$

como $x^2 + y^2 + 1 \geq 1 \Rightarrow$ quaisquer valores reais servem

$D(f) = \mathbb{R}^2$.

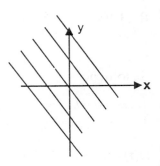

R4.5 $z = \sqrt{9 - x^2 - y^2}$;

Resolução
$\{radicando \geq 0 \Leftrightarrow \{9 - x^2 - y^2 \geq 0 \Leftrightarrow x^2 + y^2 \leq 9$
$(x-0)^2 + (y-0)^2 \leq 3^2$ são os pontos do interior do circulo
$D(f) = \{(x;y) \in IR^2\}$ ou $D(f) = IR^2$.

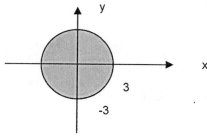

R4.6 $f(x, y, z) = \dfrac{x+y}{z^2 + 1}$;

Resolução
Denominador $\neq 0 \Rightarrow z^2 + 1 \geq 1 \forall z \in IR$
$D(f) = IR^3$

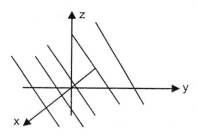

R4.7 $f(x, y, z) = \dfrac{x-y}{\sqrt{z}}$;

Resolução
$\begin{cases} denominador \neq 0 \\ radicando \geq 0 \end{cases} \Leftrightarrow \begin{cases} \sqrt{z} \neq 0 \\ z \geq 0 \end{cases} \Leftrightarrow z > 0$

$D(f) = \{(x;y) \in IR^3 / z > 0\}$

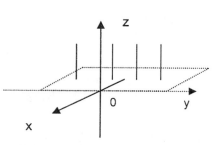

R4.8 f(x,y,z) =

Resolução

$\{deno \min ador \neq 0 \Leftrightarrow z-1 \neq 0 \Leftrightarrow z \neq 1$

$D(f)=\{(x;y) \in \mathbb{R}^2 / z \neq 1\}$

z = 1

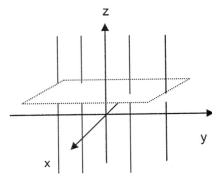

4.2 Cálculo de limite

O cálculo de um limite para funções com duas ou mais variáveis se executa do mesmo modo para funções com uma variável, achando-se o valor numérico. Para isso basta "substituir" junto à expressão considerada. Haverá a necessidade de fatorar quando atingimos alguma indeterminação $(\frac{0}{0}?; \frac{\pm\infty}{\pm\infty}; 1^\infty; ...)$.

R4.9 $\lim\limits_{(x;y)\to(2;3)} [\frac{3x-6y}{x-y}] = \frac{3.2-6.3}{2-3} = \frac{-12}{-1} = 12$

R4.10 $\lim\limits_{(x;y)\to(1;0)} [\frac{(x-1)^2-y^2}{x-1-y}] = \frac{(1-1)^2-0^2}{1-1-0} = \frac{0}{0}?$

Resolução

Como $a^2 - b^2 = (a+b)(a-b)$, então $\begin{cases} a^2-b^2 = (a+b)(a-b) \\ (x-1)^2-y^2 = (x-1+y)(x-1-y) \end{cases}$

$\lim\limits_{(x;y)\to(1;0)} [\frac{(x-1)^2-y^2}{x-1-y}] = \lim\limits_{(x;y)\to(1;0)} \frac{(x-1+y)(x-1-y)}{x-1-y} =$

$\lim\limits_{(x;y)\to(1;0)} [\frac{x-1+y}{1}] = \frac{1-1+0}{1} = 0$

R4.11 $\lim_{(x;y)\to(-1;0)} [\frac{x^2y - xy^2}{xy - y^2}] = \frac{(-1)^2.0 - (-1).0^2}{(-1).0 - 0^2} = \frac{0}{0}$?

Resolução
Utilizando o caso fator comum ax + bx = x (a+b)

$$\lim_{(x;y)\to(-1;0)} [\frac{x^2y - xy^2}{xy - y^2}] = \lim_{(x;y)\to(-1;0)} [\frac{xy(x-y)}{y(x-y)} = \lim_{(x;y)\to(-1;0)} \frac{x}{1} = -1$$

R4.12 $\lim_{(x;y)\to(k;k)} [\frac{x^3 - y^3}{x - y}] = \frac{k^3 - k^3}{k - k} = \frac{0}{0}$?

Resolução
Utilizando a fatoração para diferença de cubos: $a^3 - b^3 = (a-b)(a^2+ab+b^2)$

$$\lim_{(x;y)\to(k;k)} [\frac{x^3 - y^3}{x - y}] = \lim_{(x;y)\to(k;k)} \left[\frac{(x-y)(x^2 + xy + y^2)}{x - y}\right] =$$

$$= \lim_{(x;y)\to(k;k)} [x^2 + xy + y^2] = k^2 + k.k + k^2 = 3k^2$$

Nos exercícios de **R4.13** a **R4.15**, determinar o valor de k de modo que as funções sejam contínuas:

R4.13 $z = \begin{cases} x + y - 8, se(x,y) \neq (3,2) \\ 10 - k, se(x,y) = (3,2) \end{cases}$

Resolução

$\lim_{(x;y)\to(3;2)} [x + y + 8] = 10 - k \Leftrightarrow [3 + 2 + 8] = 10 - k \Leftrightarrow k = 10 - 13 \Leftrightarrow k = -3$

R4.14 $z = \begin{cases} \dfrac{x^2 + 2xy + y^2}{x + y}, se(x,y) \neq (x,-x) \\ k, se(x,y) = (x,-x) \end{cases}$

117

Resolução

$$\lim_{(x;y)\to(x;-x)}\left[\frac{x^2+2xy+y^2}{x+y}\right]=k \Leftrightarrow \lim_{(x;y)\to(x;-x)}\left[\frac{(x+y)^2}{x+y}\right]=$$

logo $k=0$

$$=k \Leftrightarrow \lim_{(x;y)\to(x;-x)}[x+y]=k \Leftrightarrow x+(-x)=k$$

R4.15 $z = \begin{cases} \dfrac{2y}{3x-y}, se(x,y) \neq (0,1) \\ 3k+5, se(x,y) = (0,1) \end{cases}$

Resolução

$$\lim_{(X;Y)\to(0;1)}\left[\frac{2y}{3x-5}\right]=3k-5 \Leftrightarrow \frac{2.1}{3.0-5}=3k-5 \Leftrightarrow -\frac{2}{5}=$$

$$=3k-5 \Leftrightarrow 5-0,4=3k \Leftrightarrow k=1,5333...$$

4.3 Curvas de nível

As curvas de nível são imagens de funções fixadas num nível pré-estabelecido, sendo esta função com duas ou mais variáveis. Essas curvas de nível permitem "vislumbrar" a superfície quanto ao seu comportamento geométrico.

Nos exercícios de **R4.16** a **R4.19** esboçar as *curvas de nível* para as seguintes funções:

R4.16 $R = x^2 + y^2$, para $R = 0$, $R = 4$, $R = 25$;

Resolução
$(x - a)^2 + (y - b)^2 = r^2$ é a equação
da circunferência de centro c(a;b) e raio = r

$R = 0 \Rightarrow (x-0)^2 + (y-0)^2 = 0^2$
$R = 4 \Rightarrow (x-0)^2 + (y-0)^2 = 2^2$
$R = 25 \Rightarrow (x-0)^2 + (y-0)^2 = 5^2$

Essas curvas de nível são três circunferências concêntricas (centro na origem) com raios: 0, 2, e 5.

R4.17 $C = 12 + 2x + 3y$, para $C = 15$, $C = 18$, $C = 20$;

Resolução

$C = 15 \Rightarrow 15 = 12 + 2x + 3y \Leftrightarrow 3y + 2x - 3 = 0$
$C = 18 \Rightarrow 18 = 12 + 2x + 3y \Leftrightarrow 3y + 2x - 6 = 0$
$C = 20 \Rightarrow 20 = 12 + 2x + 3y \Leftrightarrow 3y + 2x - 8 = 0$
As curvas de nível são três retas paralelas.

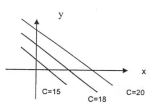

R4.18 $P = 10xy$, para $P = 20$, $P = 25$, $P = 30$;

Resolução

$P = 20 \Rightarrow 20 = 10xy \Leftrightarrow 2 = xy \Leftrightarrow y = \dfrac{2}{x}$

$P = 25 \Rightarrow 25 = 10xy \Leftrightarrow 2{,}5 = xy \Leftrightarrow y = \dfrac{2{,}5}{x}$

$P = 30 \Rightarrow 30 = 10xy \Leftrightarrow 3 = xy \Leftrightarrow y = \dfrac{3}{x}$

Temos três curvas hiperbólicas decrescentes

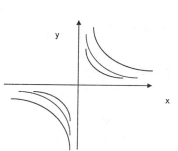

R4.19 $P = 2\sqrt{xy}$, para $P = 2$, $P = 4$, $P = 18$;

Resolução

$P = 2 \Rightarrow 2 = 2\sqrt{xy} \Leftrightarrow 1 = \sqrt{xy} \Leftrightarrow 1^2 = \left(\sqrt{xy}\right)^2 \Leftrightarrow 1 = xy \Leftrightarrow y = \dfrac{1}{x}$

119

$P = 4 \Rightarrow 4 = 2\sqrt{xy} \Leftrightarrow 2 = \sqrt{xy} \Leftrightarrow 2^2 = (\sqrt{xy})^2 \Leftrightarrow 4 = xy \Leftrightarrow y = \dfrac{4}{x}$

$P = 18 \Rightarrow 18 = 2\sqrt{xy} \Leftrightarrow 9 = \sqrt{xy} \Leftrightarrow 9^2 = (\sqrt{xy})^2 \Leftrightarrow 81 = xy \Leftrightarrow y = \dfrac{81}{x}$

Temos três curvas hiperbólicas decrescentes

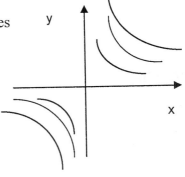

4.4 Esboços de superfícies

Para esboçar uma superfície no espaço tridimensional IR^3, utilizaremos algumas curvas de nível já estudadas como apoio à construção geométrica.

Nos exercícios de **R4.20** a **R4.29**, representar cada função no espaço IR^3 :

R4.20 $z = 4$;

Resolução

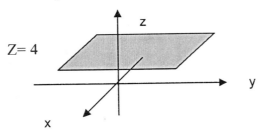

R4.21 x = 1;

Resolução

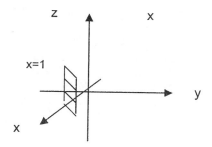

R4.22 y = 2;

Resolução

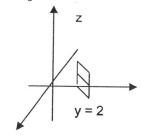

R4.23 3x − y = 6;

Resolução
Os cortes junto aos eixos são:
x = 0 ⟹ 0 − y = 6 ⟺ y = -6
y = 0 ⟹ 3x = 6 ⟺ x = 2
Plano 3x − y = 6

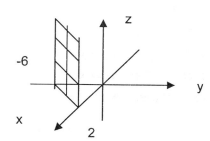

R4.24 $2x + 3y + 4z = 12$;

Resolução
Os cortes junto aos eixos são:
$x=y=0 \Rightarrow 4z = 12 \therefore z = 3$
$x=z=0 \Rightarrow 3y = 12 \therefore y = 4$
$z=y=0 \Rightarrow 2x = 12 \therefore x = 6$
Temos um plano no $\mathbb{IR}^3$

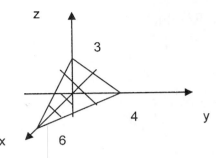

R4.25 $R = x^2 + y^2$;

Resolução
Os cortes junto aos eixos são:
$x = 0 \Rightarrow R = y^2 \therefore$ parábolas no eixo x
$y = 0 \Rightarrow R = x^2 \therefore$ parábolas no eixo y
$R=0 \Rightarrow x^2 + y^2 = 0 \therefore$ 1 ponto
$x^2 + y^2 \geq 0$ para quaisquer valores reais
$R = (x-0)^2+(y-0)^2$ são circunferências concêntricas no eixo z

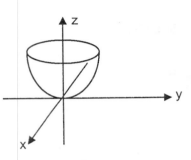

R4.26 $C = 12 + 3x + 2y$;

Resolução
Cortes junto aos eixos:
$x=y=0 \Rightarrow C = 12$
$x=C=0 \Rightarrow 0 = 12+2y \Rightarrow y = -6$
$C=y=0 \Rightarrow 0 = 12+3x \Rightarrow x = -4$
Temos um plano.

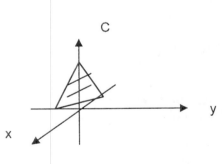

R4.27 $P = 10xy$;

Resolução
As curvas de nível são
Curvas hiperbólicas

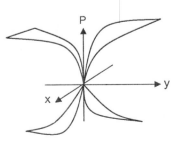

R4.28 $P = 2\sqrt{xy}$;

Resolução

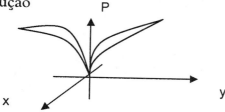

4.5 Certas aplicações econômicas com curvas de nível

Alguns problemas de ordem econômica descrevem uma imagem de uma função como um nível de uma superfície tridimensional pré-fixada. A maneira de resolver o problema é seguir o padrão matemático competente aquele caso estudado.

R4.29 Sendo $q_x = 24 - p_x - 3p_y$, a função descrevendo a demanda de um produto em função de seu próprio preço p_x, e do preço de outro produto substitutivo p_y. Pede-se:
a) as curvas de isodemanda para $q_x = 0$, e para $q_x = 6$;
b) a representação da superfície de demanda q_x.

Resolução

a) $q_x = 0 \Rightarrow 0 = 24 - p_x - 3p_y \Leftrightarrow 3p_y = -p_x + 24 \Leftrightarrow p_y = -\dfrac{1}{3}p_x + 8$

$q_x = 6 \Rightarrow 6 = 24 - p_x - 3p_y \Leftrightarrow 3p_y = -p_x + 18 \Leftrightarrow p_y = -\dfrac{1}{3}p_x + 6$

b)

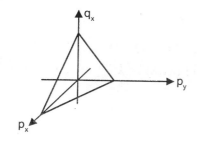

R4.30 Determinar a função receita total para 3 produtos de quantidades x, y, z, com os respectivos preços fixos 3, 5, 6.

Resolução

$$\begin{cases} R_t = p_x.x + p_y.y + p_z.z \\ R_t = 3x + 5y + 6z \end{cases}$$

4.6 Grau de homogeneidade de funções

O grau de homogeneidade n de uma função é obtido por **P(kx, ky) = k^n . P(x, y)**. O seu significado econômico é:

n = 1 ⇒ retornos constantes na escala de produção;
n > 1 ⇒ retornos crescentes na escala de produção;
n < 1 ⇒ retornos decrescentes na escala de produção (o aumento em P é proporcionalmente menor que o aumento dos insumos x e y).

Nos exercício de **R4.32** a **R4.34**, determinar o grau de homogeneidade.

R4.31 P = 3x + 2y ;

Resolução

$$\begin{cases} P(x;y) = 3x + 2y \\ P(kx;ky) = 3kx + 3ky \end{cases} \text{então} \begin{cases} P(kx;ky) = k(3x+2y) \\ P(kx;ky) = k^1.P(x;y) \end{cases} \text{logo } \mathbf{n = 1}.$$

R4.32 P = 3x . $\sqrt{y}$;

Resolução

$$\begin{cases} P(x;y) = 3x\sqrt{y} \\ P(kx;ky) = 3kx.\sqrt{ky} \end{cases} \text{então} \begin{cases} P(kx;ky) = 3kx.\sqrt{k}.\sqrt{y} \\ P(kx;ky) = k^{1+0,5}.3x.\sqrt{y} \end{cases} \text{logo}$$

$$\begin{cases} P(kx;ky) = k^{1+0,5}.3x.\sqrt{y} \\ P(kx;ky) = k^{1,5}.f(x;y) \end{cases} \text{com } \mathbf{n = 1,5}.$$

R4.33. $P = x^{1/5} \cdot y^{1/5}$

Resolução

$\begin{cases} P(kx;ky) = (kx)^{\frac{1}{5}} \cdot (ky)^{\frac{1}{5}} \\ P(kx;ky) = k^{\frac{1}{5}} \cdot x \cdot k^{\frac{1}{5}} \cdot y \end{cases}$ então $\begin{cases} P(kx;ky) = k^{\frac{1}{5}+\frac{1}{5}} \cdot x^{\frac{1}{5}} \cdot y^{\frac{1}{5}} \\ P(kx;ky) = k^{\frac{2}{5}} \cdot P(x;y) \end{cases}$ logo $n = \frac{2}{5} = 0,4$

4.7 Função densidade de probabilidade utilizando integrais DUPLAS ou TRIPLAS

A função densidade de probabilidade f(x;y) de uma variável conjunta (x e y) e contínua se relaciona com a função distribuição de probabilidade F(x;y), através da expressão: $\boxed{F(x;y) = \iint f(x;y)\ dx\ dy}$ resolvendo essa **integral dupla** de dentro para fora.

Do mesmo modo para uma função densidade de probabilidade conjunta com três variáveis se relaciona pela expressão: $\boxed{F(x;y;z) = \iiint f(x;y;z)\ dx\ dy\ dz}$ resolvendo essa **integral tripla** (de dentro para fora).

A maneira matemática de resolver e integrar de dentro para fora utilizando as "fórmulas" válidas para função com uma variável já estudadas no capítulo 3.

R4.34 A função densidade de probabilidade é **f(x, y) = 2xy**, onde $0 \le x \le 1$ e $0 \le y \le k$. Determinar:

a) k de modo que f(x, y) seja uma função densidade de probabilidade (f.d.p.);
b) o valor de P($x \le 30\%$, $y \le 20\%$).

Resolução

a) $\sum P_i = 1 \Rightarrow \int_0^k \int_0^1 2xy\ dx\ dy = 1 \Leftrightarrow \int_0^k \left[x^2 y + K_1 \underset{0}{\overset{1}{I}} \right] dy = 1$

$$\int_0^k [(1^2.y+k_1)-(0^2.y+k_1)]dy = 1 \Leftrightarrow \int_0^k y\,dy = 1 \Leftrightarrow \frac{y^2}{2}+k_2 \Big|_0^k =$$

$$=1 \Leftrightarrow (\frac{k^2}{2}+k_2)-(\frac{0^2}{2}+k_2)=1$$

$$\frac{k^2}{2}=1 \Leftrightarrow k^2=2 \Rightarrow k=\sqrt{2}$$

b) $P[x \leq 30\%\,;\,y \leq 20\%] = \int_0^{20\%}\int_0^{30\%} 2xy\,dx\,dy = \int_0^{0,20}[x^2y+k_1]\Big|_0^{0,30}dy =$

$$= \int_0^{0,20}[(0,30^2\,y+k_1)-(0^2.y+k_1)]dy = \int_0^{0,20} 0,09y\,dy = 0,09.\frac{y^2}{2}+k_2\Big|_0^{0,20} =$$

$$= \left[\left(0,09.\frac{0,20^2}{2}+k_2\right)-\left(0,09.\frac{0^2}{2}+k_2\right)\right] = 0,09.\frac{0,04}{2}=0,0018=0,18\%$$

R4.35 Seja a função f(x, y, z) = k. x. y^2 .z^3 , onde $0 \leq x \leq 1$, $-1 \leq y \leq 1$, $0 \leq z \leq 2$. Pede-se:

a) achar **k** de modo que f(x, y, z) seja uma função densidade de probabilidade (f.d.p.);

b) a probabilidade $P(x \leq 30\%\,,\,y \geq 20\%,\,z \geq 50\%)$.

Resolução

a) sendo $\sum P_i = 1$ então $\iiint f(x;y;z)\,dx\,dy\,dz = 1$ logo $\int_0^2\int_{-1}^1\int_0^1 kxy^2z^3\,dx\,dy\,dz = 1$

$$\int_0^2\int_{-1}^1 [k\frac{x^2}{2}y^2z^3+k_1]\Big|_0^{0,30}dy\,dz = 1 \Leftrightarrow \int_0^2\int_{-1}^1\left[\left(k.\frac{0,30^2}{2}y^2z^3+k_1\right)-\left(k.\frac{0^2}{2}y^2z^3+k_1\right)\right]dy\,dz=1$$

$$\int_0^2\int_{-1}^1 0,045ky^2z^3\,dx\,dy\,dz=1 \Leftrightarrow \int_0^2\left[0,045k\frac{y^3}{3}z^3+k_2\right]\Big|_{-1}^1 dz = 1 \Leftrightarrow$$

$$\Leftrightarrow k.\int_0^2\left[\left(0,045.\frac{1^3}{3}.z^3+k_3\right)-\left(0,045.\frac{(-1)3}{3}.z^3+k_3\right)\right]dz=1 \Leftrightarrow k.\int_0^2 \frac{1}{3}z^3\,dz=1 \Leftrightarrow$$

126

$$\Leftrightarrow k\left[\frac{1}{3}\cdot\frac{z^4}{4}+k_4\right]\Big|_0^2 = 1 \Leftrightarrow k\left(\cdot\frac{2^4}{12}+k_4\right)-k\left(0,03\cdot\frac{0^4}{12}+k_4\right)=1 \Leftrightarrow$$

$$\Leftrightarrow \frac{4}{3}k = 1 \Leftrightarrow k = \frac{3}{4}$$

b) $P[x \leq 30\%; y \geq 20\%; z \geq 50\%] \cong \int_{0,50}^{2}\int_{0,20}^{1}\int_{0}^{0,30}[0,75\,xy^2z^3]\,dx\,dy\,dz \cong$

$$\cong \int_{0,50}^{2}\int_{2}^{1}\left[0,75\frac{x^2}{2}y^2z^3 + k_1 \Big|_0^{0,3}\right] dx\,dy\,dz \cong$$

$$\cong \int_{0,50}^{2}\int_{2}^{1}\left[\left(0,75\cdot\frac{0,3^2}{2}y^2z^3 + k_1\right)-\left(0,75\cdot\frac{0^2}{2}y^2z^3 + k_1\right)\right]dy\,dz \cong$$

$$\cong \int_{0,50}^{2}\int_{2}^{1}\left[\frac{0,27}{8}y^2z^3\right]dy\,dz = \int_{0,5}^{2}\left[\frac{0,27}{8}\frac{y^3}{3}z^3 + k_2 \Big|_{0,2}^{1}\right]dz =$$

$$= \int_{0,5}^{2}\left[\left(\frac{0,27}{8}\frac{2^3}{3}z^3 + k_2\right)-\left(\frac{0,27}{8}\frac{0,5^3}{3}z^3 + k_2\right)\right]dz = \int_{0,5}^{2}[0,01116.z^3]dz =$$

$$= [0,01116\cdot\frac{z^4}{4}+k_3]\Big|_{0,5}^{2} = \left(0,01116\cdot\frac{2^4}{4}+k_3\right)-\left(0,01116\cdot\frac{0,5^4}{4}+k_3\right) \cong$$

$\cong 0,044465625 \cong 4,45\%$

4.8 Derivadas parciais

A derivada parcial em relação à x mede a razão entre a variação da função f pela pequena variação de x, apenas.

Matematicamente a notação (de Newton) pode ser: $\boxed{f_x = \frac{\Delta f}{\Delta x}}$ com $\Delta f \to 0$ e $\Delta x \to 0$. Podemos também ter simbolicamente (notação de Leibniz) $\boxed{\frac{\partial f}{\partial x} = \frac{\Delta f}{\Delta x}}$, com $\Delta f \to 0$ e $\Delta x \to 0$. Lê-se "derivada da função f em relação a x".

Observações: outros parâmetros (ou letras) são considerados como constantes. As fórmulas utilizadas para função de uma variável são utilizadas normalmente.

Podemos ter outras derivadas parciais. Por exemplo: $\boxed{f_y = \dfrac{\Delta f}{\Delta y}}$ seria a derivada da função f em relação a y, onde com $\Delta f \to 0$ e $\Delta y \to 0$, apenas.

R4.36 Calcular f_x para as seguintes funções:

a) $f(x,y) = 2x + 3y + 5$;

b) $f(x,y) = 2x^2 - 5xy + y^2$;

c) $z = \sqrt{x} \cdot y$;

d) $z = \dfrac{x}{y}$;

Resolução

a) $\begin{cases} f(x;y) = 2x + 3y + 5 \\ f_x(x;y) = 2 + 0 + 0 = 2 \end{cases}$

b) $\begin{cases} f(x;y) = 2x^2 - 5xy + y^2 \\ f_x = 2.2x - 5.1.y + 0 = 4x - 5y \end{cases}$

c) $\begin{cases} z = x^{\frac{1}{2}} \cdot y \\ z_x = \dfrac{1}{2} x^{1-\frac{1}{2}} \cdot y \Leftrightarrow z_x = \dfrac{y}{2 \cdot x^{\frac{1}{2}}} \Leftrightarrow z_x = \dfrac{y}{2\sqrt{x}} \end{cases}$

d) $\begin{cases} z = x \cdot \dfrac{1}{y} \\ z_x = 1 \cdot \dfrac{1}{y} \Leftrightarrow z_x = \dfrac{1}{y} \end{cases}$

R4.37 Determinar $\dfrac{\partial z}{\partial y}$ para as seguintes funções:

a) $z = x^3 \cdot y$;

b) $z = x^3 - 2xy + y^3$;

c) $z = e^{2x+y}$;

d) $z = \dfrac{2x}{3y}$

e) $z = \dfrac{y^2}{5x}$;

f) $z = \sqrt{x \cdot y}$.

Resolução

a) $\begin{cases} z = x^3.y \\ z_y = x^3.1 \Leftrightarrow z_y = x^3 \end{cases}$
b) $\begin{cases} z = x^3 - 2xy + y^3 \\ z_y = 0 - 2x.1 + 3y^2 \Leftrightarrow z_y = -2x + 3y^2 \end{cases}$

c) $\begin{cases} z = e^{2x+y} \\ z_y = e^{2x+y}(0+1) \Leftrightarrow z_y = e^{2x+y} \end{cases}$
d) $\begin{cases} z = \dfrac{2x}{3y} \Leftrightarrow z = \dfrac{2}{3}x.y^{-1} \\ z_y = \dfrac{2}{3}x.(-1)y^{-1-1} \Leftrightarrow z_y = -\dfrac{2x}{3y^2} \end{cases}$

e) $\begin{cases} z = \dfrac{y^2}{5x} \Leftrightarrow z = \dfrac{1}{5}.y^2.x^{-1} \\ z_y = \dfrac{1}{5}.2y.x^{-1} \Leftrightarrow z_y = \dfrac{2y}{5x} \end{cases}$
f) $\begin{cases} z = \sqrt{xy} \Leftrightarrow z = x^{\frac{1}{2}}.y^{\frac{1}{2}} \\ z_y = x^{\frac{1}{2}}.\dfrac{1}{2}y^{\frac{1}{2}-1} \Leftrightarrow z_y = \dfrac{\sqrt{x}}{2\sqrt{y}} \end{cases}$

4.9 Derivadas de funções implícitas

A derivada de função implícita é usada quando for "difícil" obter de maneira isolada a função y = f(x).

Matematicamente utiliza-se a expressão: $\boxed{y' = -\dfrac{f_x}{f_y}}$

R4.38 Determinar $\dfrac{dy}{dx}$ para as funções dadas na forma implícita:

a) $x^2 + y^2 = 25$; b) $x^2.y - x.y^2 = 0$; c) $2^{x+y} = 3xy + 1$ em (0, 0);
d) $(x - y)x = k$; e) $x^y = 1$

Resolução

Como $y' = \dfrac{dy}{dx}$

a) $\begin{cases} x^2 + y^2 = 25 \Rightarrow f(x;y) = x^2 + y^2 - 25 \\ y' = -\dfrac{2x + 0 - 0}{0 + 2y - 0} \Leftrightarrow y' = -\dfrac{x}{y} \end{cases}$

129

b) $\begin{cases} x^2y - xy^2 = 0 \Leftrightarrow f(x;y) = x^2y - xy^2 \\ y' = -\dfrac{2x.y - 1.y^2}{x^2.1 - x.2y} \end{cases}$

c) $\begin{cases} 2^{x+y} = 3xy + 1 \Rightarrow f(x;y) = 2^{x+y} - 3xy - 1 \\ y' = -\dfrac{2^{x+y}.(1+0).\ln 2}{2^{x+y}.(0+1).\ln 2} \Leftrightarrow y' = -1 \therefore y'(0;0) = -1 \end{cases}$

d) $\begin{cases} (x - y)x = k \Leftrightarrow x^2 - xy - k = 0 \\ y' = -\dfrac{2x - 1.y - 0}{0 - x.1 - 0} \Leftrightarrow y' = \dfrac{2x - y}{x} \end{cases}$

e) $\begin{cases} x^y = 1 \Leftrightarrow x^y - 1 = 0 \\ y' = -\dfrac{y.x^{y-1} - 0}{xy.\ln x - 0} \Leftrightarrow y' = -\dfrac{x^{y-1}}{x.\ln x} \end{cases}$

4.10 Derivadas sucessivas

Em expressões que são utilizadas derivadas sucessivas, temos a derivada de uma função a partir do resultado imediatamente anterior. Por isso y" é a derivada de y', e assim por diante.

R4.39 Determinar as derivadas de 1ª e 2ª ordem para as funções:

a) $z = x^3 - y^3$; b) $z = 3x^2 - 5xy + 2y^2$; c) $z = \dfrac{x+2}{y-2}$;

d) $z = \ln(x^2 + y^2)$; e) $z = \dfrac{2^x}{x^2}$.

Resolução

a) $z = x^3 - y^3 \Rightarrow \begin{cases} z_x = 3x^2 - 0 \Rightarrow \begin{cases} z_{xx} = 3.2x \therefore z_{xx} = 6x \\ z_{xy} = 0 \end{cases} \\ z_y = 0 - 3y^2 \Rightarrow \begin{cases} z_{yx} = -0 \therefore z_{yx} = 0 \\ z_{yy} = -3.2y \therefore z_{yy} = -6y \end{cases} \end{cases}$

Temos z_x e z_y as derivadas de 1ª ordem. Assim z_{xx}, z_{xy}, z_{yx}, e z_{yy} são as derivadas parcias de 2ª ordem.

b) $z = 3x^2 - 5xy + 2y^2 \Rightarrow \begin{cases} z_x = 3.2x - 5.1.y + 0 \therefore z_x = 6x - 5y \Rightarrow \begin{cases} z_{xx} = 6 - 0 \therefore z_{xx} = 6 \\ z_{xy} = 0 - 5 \therefore z_{xy} = -5 \end{cases} \\ z_y = 0 - 5x.1 - 2.2y \therefore z_y = -5x - 4y \Rightarrow \begin{cases} z_{yx} = -5 - 0 \therefore z_{yx} = -5 \\ z_{yy} = -0 - 4 \therefore z_{yy} = -4 \end{cases} \end{cases}$

c) $z = \dfrac{x+2}{y-2} \Rightarrow \begin{cases} u = x + 2 \Rightarrow u_x = 1; \ u_y = 0 \\ v = y - 2 \Rightarrow v_x = 0; \ v_y = 1 \end{cases} \therefore \left(\dfrac{u}{v}\right)' = \dfrac{u'v - uv'}{v^2}$

$z_x = \dfrac{1.(y-2)-(x-2).0}{(y-2)^2} = \dfrac{y-2}{(y-20^2} \therefore z_x = \dfrac{1}{y-2}$

$z_y = \dfrac{0(y-2)-(x+2).0}{(y-2)^2} \therefore z_y = -\dfrac{x+2}{(y-2)^2}$

$z_x = (y-2)^{-1} \Rightarrow \begin{cases} z_{xx} = 0 \\ z_{xy} = (-1)(y-2)^{-1-1}(1-0) \therefore z_{yy} = -\dfrac{1}{(y-2)2} \end{cases}$

$z_y = \dfrac{-x-2}{(y-2)^2} \Rightarrow \begin{cases} z_{yx} = \dfrac{(-1)(y-2)-(y-2)^2.(-1-0)}{[(y-2)^2]^2} \therefore z_{yx} = -\dfrac{1}{(y-2)^2} \\ z_{yy} = \dfrac{0.(y-2)2-[(-x-2).2.(y-2)(1-0)]}{[(y-2)^2]^2} \therefore z_{yy} = \dfrac{2(x+2)}{(y-2)^3} \end{cases}$

d) $z = ln(x^2 + y^2) \Rightarrow \begin{cases} z_x = \dfrac{1}{x^2+y^2}(2x+0) \therefore z_x = \dfrac{2x}{x^2+y^2} \\ z_y = \dfrac{1}{x^2+y^2}(0+2y) \therefore z_y = \dfrac{2y}{x^2+y^2} \end{cases}$

$z_x = \dfrac{2x}{x^2+y^2} \Rightarrow \begin{cases} z_{xx} = \dfrac{2(x^2+y^2)-2x(2x+0)}{(x^2+y^2)^2} = \dfrac{2y^2-2x^2}{(x^2+y^2)^2} \\ z_{xy} = \dfrac{0(x^2+y^2)-2y(0+2y)}{(x^2+y^2)^2} = \dfrac{-4y}{(x^2+y^2)^2} \end{cases}$

$z_y = \dfrac{2y}{x^2+y^2} \Rightarrow \begin{cases} z_{yx} = \dfrac{0(x^2+y^2)-2y(0+2x)}{(x^2+y^2)^2} = \dfrac{-4xy}{(x^2+y^2)^2} \\ z_{yy} = \dfrac{2(x^2+y^2)-2y(0+2y)}{(x^2+y^2)^2} = \dfrac{2x^2-2y^2}{(x^2+y^2)^2} \end{cases}$

e) $z = \dfrac{2^x}{x^2} \Rightarrow \begin{cases} z_x = \dfrac{2^x.\ln 2.x^2 - 2^x.2x}{(x^2)^2} \Rightarrow \begin{cases} z_{xx} = ... \\ z_{yy} = 0 \end{cases} \\ z_y = 0 \Rightarrow \begin{cases} z_{yx} = 0 \\ z_{yy} = 0 \end{cases} \end{cases}$

onde $z_{xx} = \dfrac{2x.\ln^2 2.x^2 - 2^x.\ln 2.2x - (2^x \ln 2.2x + 2^x.2).x^4 - (2^x.\ln 2.x^2 - 2^x.2x).4x^3}{(x^4)^2}$

4.11 Diferencial para funções com duas variáveis

O **diferencial** de uma função de duas variáveis expressa a **variação aproximada da imagem** de uma função, utilizando acréscimos conhecidos e derivadas parciais como ferramentas.

Matematicamente: $\boxed{z = f(x;y) \Rightarrow \Delta z \cong f_x(x;y).\Delta x + f_y(x;y).\Delta y}$, onde $\Delta x \to 0$ e $\Delta y \to 0$.

Observações: para 3 variáveis temos

$\boxed{u = f(x;y;z) \Rightarrow \Delta u \cong f_x.\Delta x + f_y.\Delta y + f_z.\Delta z}$, lembrando que a notação

$f_x(x;y) = \dfrac{\partial f(x;y)}{\partial x}$ representa a derivada parcial em relação à x.

Nos exercícios de **R4.40** a **R4.41**, calcular pela diferencial (ou medida para se aproximar o resultado de uma função).

R4.40 Sendo $C(x,y) = 18 + 2x^2 + 3y^2 + xy$, a função custo para 2 bens de quantidades x e y. Se os acréscimos $\Delta x = = \Delta y = 0{,}01$ para o ponto (2,3), pede-se:
a) a variação aproximada no custo em (2,3);
b) a variação exata no custo em (2,3).

Resolução

a) aproximada $\begin{cases} C(x;y) = 18 + 2x^2 + 3y^2 + xy \\ C_x(x;y) = 0 + 2.2.x + 0 + 1.y \\ C_y(x;y) = 0 + 0 + 3.2y + x.1 \end{cases}$

132

assim:
$$\begin{cases} \Delta f \cong fx.\Delta x + fy.\Delta y \\ \Delta C \cong (4x + y).\Delta x + (6y + x).\Delta y \\ \Delta C \cong (4.2 + 3).0,01 + (6.3 + 2).0,01 \end{cases}$$

logo $\boxed{\Delta C(2;3) \cong 0,31}$.

b) exata
$$\begin{cases} \Delta C = C_{final} - C_{inicial} = C(2,01;3,01) - C(2;3) \\ \Delta C = [18 + 2.(2,01)^2 + 3.(3,01)^2 + 2,01.3,01] - [18 + 2.(2)^2 + 3.(3)^2 + 2.3] \\ \Delta C = (18 + 8,802 + 27,1803 + 6,0501) - (18 + 8 + 27 + 6) = 59,0316 - 59 \Leftrightarrow \Delta C = 0,3160 \end{cases}$$

R4.41 Seja a função receita de vendas de 2 produtos de quantidades x e y dada por R (x; y), onde R(x,y) = $-x^2 - y^2 + 60x + 90y$. Sendo $\Delta x = \Delta y = 0,03$ para o ponto (3,4), pede-se:

a) a variação aproximada na receita;

b) a variação exata na receita;

c) a diferencial na receita onde $\Delta x = \Delta y = h$.

Resolução

a) aproximada
$$\begin{cases} R(x; y) = -x^2 - y^2 + 60x + 90y \\ R_x(x; y) = -2x + 0 + 60 + 0 \\ C_y(x; y) = -0 - 2y + 0 + 90 \end{cases},$$

assim:
$$\begin{cases} \Delta f \cong fx.\Delta x + fy.\Delta y \\ \Delta R \cong (-2x + 60).\Delta x + (-2y + 90).\Delta y \\ \Delta R \cong (-2.3 + 60).0,03 + (-2.4 + 90).0,03 \end{cases}$$

logo $\boxed{\Delta R(3;4) \cong 4,08}$.

b) exata
$$\begin{cases} \Delta R = R_{final} - R_{inicial} = R(3,03;4,03) - R(3;4) \\ \Delta R = [-(3,03)^2 - (4,03)^2 + 60.3,03 + 90.4,03] - [-(3)^2 - (4)^2 + 60.3 + 90.4] \\ \Delta R = (-9,1809 - 16,2409 + 181,8 + 362,7) - (-9 - 16 + 180 + 360) = \Leftrightarrow \Delta R = 4,078 \end{cases}$$

c) $\begin{cases} \Delta f \cong fx.\Delta x + fy.\Delta y \\ \Delta R \cong (-2x+60).\Delta x + (-2y+90).\Delta y \\ \Delta R \cong (-2.3+60).h + (-2.4+90).h \Leftrightarrow \Delta R \cong 136h \end{cases}$

4.12 Certas aplicações econômicas

R4.42 Sendo $q = 42 - 3x - 4y$ a demanda de um produto, onde x é o seu preço, e y é preço unitário de outro produto, pede-se:
a) as demandas marginais q_x e q_y ambas em (1;2), explicando os seus significados;
b) O que aumenta mais a demanda de q? Diminuir 1 unidade de x, mantendo-se inalterada y, ou diminuir 1 unidade de y, mantendo-se inalterada x?

Resolução

a) $\begin{cases} q = 42 - 3x - 4y \\ q_x = 0 - 3 - 0 \\ q_y = 0 - 0 - 4 \end{cases}$, onde $\begin{cases} q_x(x;y) = -3 \\ q_x(1;2) = -3 \end{cases}$, logo $\begin{cases} q_x \cong \dfrac{\Delta q}{\Delta x} \\ -3 \cong \dfrac{\Delta q}{\Delta x} \\ \Delta q \cong -3\Delta x \end{cases}$

"A variação em q é cerca de três vezes a variação ocorrida em x".

Para $\begin{cases} q_y(x;y) = -4 \\ q_y(1;2) = -4 \end{cases}$, temos $\begin{cases} q_y \cong \dfrac{\Delta q}{\Delta y} \\ -4 \cong \dfrac{\Delta q}{\Delta y} \\ \Delta q \cong -4\Delta y \end{cases}$

Logo "a variação ocorrida em q é cerca de quatro a variação ocorrida em y".

b) $\left.\begin{array}{l}\Delta x = 1 \\ \Delta q \cong -3\Delta x\end{array}\right\} \Rightarrow \Delta q \cong -3$ e $\left.\begin{array}{l}\Delta y = 1 \\ \Delta q \cong -4\Delta y\end{array}\right\} \Rightarrow \Delta q \cong -4$, logo se y **variar** 1 unidade então q varia mais.

R4.43 A função utilidade de um consumidor é dada por **U = 90x + 12y + xy − x² − y²**, onde x e y são as quantidades consumidas dos produtos A e B, respectivamente. Calcular além de dar o significado econômico de:
a) Ux; b) Uy; c) Ux (3;5); d) Uy (3;5)

Resolução

a) $\left\{\begin{array}{l}U = 90x + 120y + xy - x^2 - y^2 \\ U_x = 90 + 0 + 1.y - 2x - 0 \therefore U_x = 90 + y - 2x\end{array}\right.$, como $\left\{\begin{array}{l}U_x \cong \dfrac{\Delta U}{\Delta x} \\ \Delta U \cong U_x.\Delta x\end{array}\right.$

U_x expressa a variação da utilidade U em função da de variação de x, apenas.

b) $\left\{\begin{array}{l}U = 90x + 120y + xy - x^2 - y^2 \\ U_y = 0 + 120 + x.1 - 0 - 2y \therefore U_x = 120 + x - 2y\end{array}\right.$, como $\left\{\begin{array}{l}U_y \cong \dfrac{\Delta U}{\Delta x} \\ \Delta U \cong U_y.\Delta x\end{array}\right.$

U_y expressa a variação da utilidade U em função da de variação de y, apenas.

c) $\left\{\begin{array}{l}U_x(x;y) = 90 + y - 2x \\ U_x(3;5) = 90 + 5 - 2.3 = 90 + 5 - 6 \therefore U_x(3;5) \cong 89\end{array}\right.$, como $\left\{\begin{array}{l}89 \cong \dfrac{\Delta U}{\Delta x} \\ \Delta U \cong 89.\Delta x\end{array}\right.$

A variação da utilidade U é 89 vezes maior que variação ocorrida em x, aproximadamente nas proximidades do ponto (3;5).

d) $\left\{\begin{array}{l}U_y(x;y) = 120 + x - 2y \\ U_y(3;5) = 120 + 3 - 2.5 = 120 + 3 - 10 \therefore U_y(3;5) = 113\end{array}\right.$, como $\left\{\begin{array}{l}113 \cong \dfrac{\Delta U}{\Delta y} \\ \Delta U \cong 113.\Delta y\end{array}\right.$

A variação da utilidade U é 113 vezes maior que a variação ocorrida em y, aproximadamente nas proximidades do ponto (3;5).

R4.44 Sendo $P = 3.\sqrt{C.T}$ uma função produção, onde C e T representam as quantidades de capital e trabalho, respectivamente. Calcular e interpretar o significado econômico de:

a) as isoquantas de $P = 6$ e $P = 9$;
b) $P_C (2;4)$;   c) $P_T (2;4)$.

Resolução

a) $\begin{cases} P = 3.\sqrt{C.T} \Leftrightarrow P = 3.(C.T)^{\frac{1}{2}} \\ P = 6 \Rightarrow 6 = 3(C.T.)^{\frac{1}{2}} \therefore 2^2 = [(CT)^{\frac{1}{2}}]^2 \Leftrightarrow 4 = CT \Leftrightarrow C = \dfrac{4}{T}, \\ P = 9 \Rightarrow 9 = 3(CT)^{\frac{1}{2}} \therefore 3^2 = [(CT)^{\frac{1}{2}}]^2 \Leftrightarrow 9 = CT \Leftrightarrow C = \dfrac{9}{T} \end{cases}$

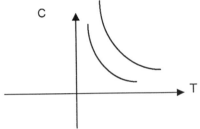

Interpretação econômica: São níveis de produção predeterminados, mostrando que se o Trabalho (T) aumenta então o Capital C diminui, por serem grandezas inversamente proporcionais. Se o Capital (C) aumenta, então o trabalho T diminui.

b) $\begin{cases} P(C;T) = 3\sqrt{CT} = 3C^{\frac{1}{2}}T^{\frac{1}{2}} \\ P_C(C;T) = 3.\dfrac{1}{2}C^{\frac{1}{2}-1}.T^{\frac{1}{2}} \Leftrightarrow P_C = 3\sqrt{\dfrac{T}{C}} \\ P_C(2;4) = 3\sqrt{\dfrac{4}{2}} = 3\sqrt{2} \cong 4,24 \end{cases}$

Significado econômico: Como $\Delta P \cong 4,24 \Delta C$, temos que a variação da produção P é 4,24 vezes maior que a variação ocorrida em C, aproximadamente, em torno do ponto P(2;4).

c) $\begin{cases} P(C;T) = 3\sqrt{CT} = 3C^{\frac{1}{2}}T^{\frac{1}{2}} \\ P_T(C;T) = 3.\dfrac{1}{2}C^{\frac{1}{2}}.T^{\frac{1}{2}-1} \Leftrightarrow P_C = 3\sqrt{\dfrac{C}{T}} \\ P_T(2;4) = 3\sqrt{\dfrac{2}{4}} = 3\sqrt{\dfrac{1}{2}} \cong 2,12 \end{cases}$

Significado econômico: Como $\Delta P \cong 2{,}12 \Delta T$, temos que a variação da produção P é 2,12 vezes maior que a variação ocorrida em T, aproximadamente, em torno do ponto P(2;4).

4.13 Elasticidades simples e cruzadas

A elasticidade simples relaciona a variação do preço (ou quantidade) de um produto em função da variação da quantidade (ou preço) do mesmo produto.

Matematicamente: $z = f(x;y) \Rightarrow \begin{cases} x = \text{preço (ou quantidade) de um produto} \\ y = \text{quantidade (ou preço) do mesmo produto} \end{cases}$

$$\text{elasticidade } e_s(x;y) \cong \dfrac{\partial z}{\partial x}.\dfrac{x}{z}$$

A elasticidade cruzada relaciona a variação do preço (ou quantidade) de um produto em função da variação da quantidade (ou preço) de *outro* produto.

Matematicamente: $z = f(x;y) \Rightarrow \begin{cases} x = \text{preço (ou quantidade) de um produto} \\ y = \text{quantidade (ou preço) de outro produto} \end{cases}$

$$\text{elasticidade } e_c(x;y) \cong \dfrac{\partial z}{\partial y}.\dfrac{y}{z}$$

Observação: o sinal da elasticidade cruzada define o perfil de dois produtos pesquisados.

Se $\begin{cases} e_c < 0 \Rightarrow \text{produtos complementares} \\ e_c > 0 \Rightarrow \text{produtos substitutivos} \end{cases}$

R4.45 A demanda q_1 da margarina em função de seu preço p_1 é dada por $q_1 = 240 - 0,5p_1 - 0,3\ p_2$. Fixados os preços $p_1 = R\$ 50,00$ e $p_2 = R\$ 70,00$. Pede-se:

a) a elasticidade da margarina em função do seu próprio preço;
b) a elasticidade da margarina em função do preço da manteiga;
c) esses produtos são complementares ($e_c < 0$) ou substitutivos ($e_c > 0$)?

Resolução

a) $\begin{cases} q = 240 - 0,5p_1 - 0,3p_2 \\ \dfrac{\partial q}{\partial p_1} = 0 - 0,5 - 0 \end{cases}$

onde $\begin{cases} e_s(x;y) \cong \dfrac{\partial q}{\partial p_1} \cdot \dfrac{p_1}{q} \\ e_s(x;y) \cong (-0,5) \cdot \dfrac{p_1}{240 - 0,5p_1 - 0,3p_2} \\ e_s(50;70) \cong \dfrac{-0,5 \cdot 50}{240 - 0,5 \cdot 50 - 0,3 \cdot 70} \cong \dfrac{-25}{194} \cong -01289 \end{cases}$

b) $\begin{cases} q = 240 - 0,5p_1 - 0,3p_2 \\ \dfrac{\partial q}{\partial p_2} = 0 - 0 - 0,3 \end{cases}$

onde $\begin{cases} e_c(x;y) \cong \dfrac{\partial q}{\partial p_2} \cdot \dfrac{p_2}{q} \\ e_c(x;y) \cong (-0,3) \cdot \dfrac{p_2}{240 - 0,5p_1 - 0,3p_2} \\ e_c(50;70) \cong \dfrac{-0,3 \cdot 70}{240 - 0,5 \cdot 50 - 0,3 \cdot 70} \cong \dfrac{-21}{194} \cong -0,1082 \end{cases}$

c) como ambas as elasticidades $e_c < 0$, então esses produtos são complementares.

R4.46 Considerando $q_1 = 180 - 2p_1 - 3p_2^2$ e $q_2 = 150 - p_1 - 2p_2$ as demandas de dois produtos de preços $p_1 =$ R$ 10,00 e $p_2 =$ R$ 8,00, determinar:
a) as elasticidades simples e cruzadas para cada uma delas;
b) esses produtos são complementares ou substitutivos?
c) de p_1 subir 2% e p_2 permanecer inalterado, quais as variações sobre q_1 e q_2?

Resolução

a) $\begin{cases} q_1 = 180 - 2p_1 - 3p_2^2 \\ \dfrac{\partial q_1}{\partial p_1} = 0 - 2 - 0 = -2 \\ \dfrac{\partial q_1}{\partial p_2} = 0 - 0 - 3.2p_2 = -6p_2 \end{cases}$ e ainda $\begin{cases} q_2 = 150 - p_1 - 2p_2 \\ \dfrac{\partial q_2}{\partial p_1} = 0 - 1 - 0 = -1 \\ \dfrac{\partial q_2}{\partial p_2} = 0 - 0 - 2 = -2 \end{cases}$

As elasticidades simples são duas:

1ª elasticidade simples $\begin{cases} e_{s_1}(p_1; p_2) \cong \dfrac{\partial q_1}{\partial p_1} \cdot \dfrac{p_1}{q_1} \\ e_{s_1}(10;8) \cong -2 \cdot \dfrac{p_1}{180 - 2p_1 - 3p_2^2} \\ e_{s_1}(10;8) \cong \dfrac{-2.10}{180 - 2.10 - 3.8^2} \cong \dfrac{-20}{180 - 20 - 192} \cong \dfrac{-20}{-32} \cong 0,625 \end{cases}$

2ª elasticidade simples $\begin{cases} e_{s_2}(p_1; p_2) \cong \dfrac{\partial q_2}{\partial p_2} \cdot \dfrac{p_2}{q_2} \\ e_{s_2}(10;8) \cong -2 \cdot \dfrac{p_2}{140 - p_1 - 2p_2} \\ e_{s_2}(10;8) \cong \dfrac{-2.8}{140 - 10 - 2.8} \cong \dfrac{-16}{140 - 10 - 16} \cong \dfrac{-16}{-114} \cong 0,14035 \end{cases}$

As elasticidades cruzadas são duas:

1ª elasticidade cruzada
$$\begin{cases} e_{c_1}(p_1;p_2) \cong \dfrac{\partial q_1}{\partial p_2} \cdot \dfrac{p_2}{q_1} \\ e_{c_1}(10;8) \cong -6p_2 \cdot \dfrac{p_2}{180 - 2p_1 - 3p_2^2} \\ e_{c_1}(10;8) \cong \dfrac{-6 \cdot 8^2}{180 - 2 \cdot 10 - 3 \cdot 8^2} \cong \dfrac{-6 \cdot 64}{180 - 20 - 192} \cong \dfrac{-384}{-32} \cong 12 \end{cases}$$

2ª elasticidade cruzada
$$\begin{cases} e_{c_2}(p_1;p_2) \cong \dfrac{\partial q_2}{\partial p_1} \cdot \dfrac{p_1}{q_2} \\ e_{c_2}(10;8) \cong -2 \cdot \dfrac{p_1}{140 - p_1 - 2p_2} \\ e_{c_2}(10;8) \cong \dfrac{-2 \cdot 10}{140 - 10 - 2 \cdot 8} \cong \dfrac{-20}{140 - 10 - 16} \cong \dfrac{-20}{-114} \cong 0{,}1754 \end{cases}$$

b) Como ambas as elasticidades cruzadas ($e_c > 0$) são positivas $\Rightarrow$ produtos são substitutivos.

c) Estabelecendo as proporções das elasticidades calculadas, temos:

Como $e_{s1} \cong 0{,}625$ temos que se $p_1 \uparrow 1$ unidade $\Rightarrow q_1 \uparrow 0{,}625$ unidades
Se $p_1 \uparrow 2\% \Rightarrow q_1 \uparrow 2\% \cdot 0{,}625$
Assim $\Delta q_1 \cong 0{,}0125$
Se p_1 subir 2% então q_1 sobe 1,25% aproximadamente

Como $e_{c2} \cong 0{,}174$ temos que se $p_1 \uparrow 1$ unidade $\Rightarrow q_2 \uparrow 0{,}1754$ unidades
Se $p_1 \uparrow 2\% \Rightarrow q_1 \uparrow 2\% \cdot 0{,}1754$
Assim $\Delta q_1 \cong 0{,}0035$
Se p_1 subir 2% então q_2 sobe 0,35% aproximadamente

4.14 Taxa marginal de substituição (T.M.S.)

A Taxa marginal de Substituição (**T.M.S.**) para função de uma variável é $T.M.S. - = \frac{\Delta y}{\Delta x}$, expressando quantas unidades de y podem ser trocadas por unidades de x, num nível de produção prefixado.

Para funções com duas variáveis temos:

$$T.M.S. = -\frac{\Delta y}{\Delta x} = -\frac{\frac{1}{\Delta x}}{\frac{1}{\Delta y}} = -\frac{\frac{\Delta P}{\Delta x}}{\frac{\Delta P}{\Delta y}} = -\frac{P_x}{P_y} \ ; \ se \ \Delta x \to 0 \ e \ \Delta y \to 0$$

ou seja $\boxed{T.M.S. \cong -\frac{P_x}{P_y}}$.

R4.47 A produção de uma empresa é dada por **P = x² . y - 2x**, onde x é o n° de horas de trabalho qualificado e y representa o n ° de horas de trabalho não qualificado. Determinar:

a) a T.M.S. num ponto genérico;

b) a T.M.S. em (x,y) = (3,4);

c) em (3,4) quantas horas de trabalho não qualificado são necessárias para substituir ½ hora de trabalho qualificado?

Resolução

a) $\begin{cases} TMS \cong -\frac{P_x}{P_y} \\ TMS \cong -\frac{2x.2 - 2}{x^2.1 - 0} \\ TMS(x;y) \cong -\frac{4x - 2}{x^2} \end{cases}$

b) $\begin{cases} TMS(x;y) \cong -\frac{4x - 2}{x^2} \\ TMS(3;4) \cong -\frac{4.3 - 2}{3^2} \cong -\frac{10}{9} \cong -1,111... \end{cases}$

141

c) $\begin{cases} TMS = -\dfrac{\Delta y}{\Delta x} \\ -1{,}111 \cong -\dfrac{\Delta y}{0{,}5} \\ \Delta y \cong 0{,}5 \cdot 1{,}111 \cong 0{,}555\ldots \end{cases}$

R4.48 A produção de uma firma é dada por $P = 2\sqrt{xy}$, onde x e y são as quantidades de 2 insumos. Pede-se:
a) a T.M.S. num ponto genérico;
b) a T.M.S. (1;2);
c) em (1,2) quantas unidades de x podem ser trocadas por 0,03 unidades de y.

Resolução

$P = 2\sqrt{xy} \Leftrightarrow P = 2.x^{\frac{1}{2}}.y^{\frac{1}{2}}$

a) $\begin{cases} TMS \cong -\dfrac{P_x}{P_y} \\ TMS \cong -\dfrac{2 \cdot \dfrac{1}{2} x^{\frac{1}{2}-1} . y^{\frac{1}{2}}}{2.x^{\frac{1}{2}} . \dfrac{1}{2} y^{\frac{1}{2}-1}} \cong -\dfrac{y^{(\frac{1}{2}+\frac{1}{2})}}{x^{(\frac{1}{2}+\frac{1}{2})}} \\ TMS(x; y) \cong -\dfrac{y}{x} \end{cases}$

b) $\begin{cases} TMS(x; y) \cong -\dfrac{y}{x} \\ TMS(1;2) \cong -\dfrac{2}{1} \cong -2 \end{cases}$

c) $\begin{cases} TMS = -\dfrac{\Delta y}{\Delta x} \\ -2 \cong -\dfrac{0{,}03}{\Delta x} \\ \Delta x \cong 0{,}015 \end{cases}$

4.15 Curva de Expansão de uma empresa

A **curva de expansão** é uma expressão que relaciona as derivadas parciais da Produção (P(x;y)) e do Custo (C(x;y)) através da expressão:

$$\boxed{\dfrac{P_x}{P_y} = \dfrac{C_x}{C_y}}$$

R4.49 Seja $P = 3.x.y^{\frac{1}{2}}$ uma função produção, onde x e y são as quantidades de 2 insumos. Pede-se:

a) a T.M.S. em (x,y) = (3,8);

b) em (3,8), quantas unidades de x podem ser substituídas por 0,2 unidades de y sem alterar a produção?

c) a determinação algébrica e geométrica da curva de expansão da empresa, onde o custo é dado por C = 12 + x + y.

Resolução

a) $T.M.S. \cong \dfrac{P_x}{P_y} \cong \dfrac{3.1.y^{\frac{1}{2}}}{3.x.\dfrac{1}{2}y^{\frac{1}{2}-1}} \cong \dfrac{y^{(\frac{1}{2}+\frac{1}{2})}}{x.\dfrac{1}{2}} \cong \dfrac{2y}{x}$ logo $\begin{cases} TMS(x;y) \cong \dfrac{2y}{x} \\ TMS(3;8) \cong \dfrac{2.8}{3} \cong \dfrac{16}{3} \cong 5{,}333... \end{cases}$

b) $TMS = -\dfrac{\Delta y}{\Delta x} \Rightarrow 5{,}333... = -\dfrac{0{,}2}{\Delta x} \Leftrightarrow 5{,}333...\Delta x = -0{,}2 \Leftrightarrow \boxed{\Delta x = -0{,}0375}$

c) $\dfrac{P_x}{P_y} = \dfrac{C_x}{C_y} \Rightarrow \dfrac{2y}{x} = \dfrac{0+1+0}{0+0+1} \therefore \dfrac{2y}{x} = 1$ logo $2y = x \Leftrightarrow y = \dfrac{1}{2}x$

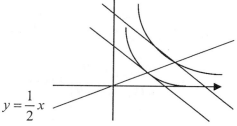

R4.50 Sejam $C = 10 + x^2 + y^2$ e $P = 4.x.y^2$ as funções custo e produção para certo produto. Determinar:

a) a curva de expansão da empresa algebricamente;
b) o esboço geométrico da curva de expansão sobre as curvas de nível de C e P.

Resolução

a) $\dfrac{P_x}{P_y} = \dfrac{C_x}{C_y} \Rightarrow \dfrac{4.1.y^2}{4.x.2y} = \dfrac{0 + 2x + 0}{0 + 0 + 2y} \therefore \dfrac{y}{2x} = \dfrac{x}{y} \Leftrightarrow y^2 = 2x^2 \Rightarrow y = \sqrt{2}x$

b)

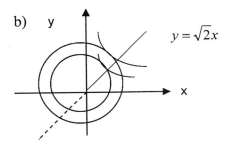

$y = \sqrt{2}x$

4.16 A Função *Hessiano* para a classificação de pontos críticos

O *Hessiano* $H(x_0;y_0)$ é um determinante utilizado para a **classificação de pontos críticos**, onde o ponto crítico (x_0, y_0) é tal que

$\begin{cases} z_x(x_0;y_0) = 0 \\ z_y(x_0;y_0) = 0 \end{cases}$, $H(x,y) = \begin{vmatrix} Z_{xx} & Z_{xy} \\ Z_{yx} & Z_{yy} \end{vmatrix}$, e $Z_x = \dfrac{\partial z}{\partial x}$

Classificação:

Se $H(x_0;y_0) < 0 \Rightarrow (x_0;y_0)$ é ponto de sela;

Se $\left. \begin{array}{l} H(x_0;y_0) > 0 \\ z_{xx}(x_0;y_0) > 0 \end{array} \right\} \Rightarrow (x_0;y_0)$ *é ponto de mínimo*;

Se $\left. \begin{array}{l} H(x_0;y_0) > 0 \\ z_{xx}(x_0;y_0) < 0 \end{array} \right\} \Rightarrow (x_0;y_0)$ *é ponto de máximo*.

Se $H(x_0;y_0) = 0$ nada se pode afirmar.

Observação: Um ponto de sela é um ponto que **não é de máximo nem mínimo**.

Exemplo de ponto de sela: $\begin{cases} f(x) = x^3 \\ f'(x) = 3x^2 \\ x_0 = 0 \text{ é ponto crítico} \end{cases}$

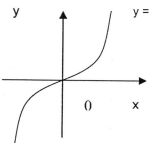

R4.51 Para a função $z = \dfrac{x^3 + y^3}{3} - \dfrac{x^2 + y^2 + 1}{2}$, determinar:

a) os seus pontos críticos
b) a função Hessiano
c) a classificação desses pontos críticos.

Resolução

a) $z = \dfrac{1}{3}x^3 + \dfrac{1}{3}y^3 - \dfrac{1}{2}x^2 - \dfrac{1}{2}y^2 - \dfrac{1}{2}$

$\begin{cases} z_x = 0 \\ z_y = 0 \end{cases} \Rightarrow \begin{cases} \dfrac{1}{3}.3x^2 + 0 - \dfrac{1}{2}.2x - 0 - 0 = 0 \\ 0 + \dfrac{1}{3}.3y^2 - 0 - \dfrac{1}{2}.2y - 0 = 0 \end{cases} \Leftrightarrow \begin{cases} x^2 - x = 0 \\ y^2 - y = 0 \end{cases} \Leftrightarrow \begin{cases} x(x-1) = 0 \\ y(y-1) = 0 \end{cases} \Leftrightarrow \begin{cases} x = 0 \vee x = 1 \\ y = 0 \vee y = 1 \end{cases}$

logo, fazendo as combinações possíveis temos quatro pontos críticos:
$\{(0;0); (0;1): (1;0); (1;1)\}$

b) $\begin{cases} z_x = x^2 - x \Rightarrow \begin{cases} z_{xx} = 2x - 1 \\ z_{xy} = 0 - 0 = 0 \end{cases} \\ z_y = y^2 - y \Rightarrow \begin{cases} z_{xy} = 0 - 0 = 0 \\ z_{yy} = 2y - 1 \end{cases} \end{cases}$

145

$$H(x;y) = \begin{vmatrix} z_{xx} & z_{xy} \\ z_{yx} & z_{yy} \end{vmatrix} = \begin{vmatrix} 2x-1 & 0 \\ 0 & 2y-1 \end{vmatrix} = +(2x-1)(2y-1) - 0.0$$

$$\boxed{\therefore H(x;y) = (2x-1)(2y-1)}$$

c) cada um dos 4 pontos críticos deve ser testado:

$(0;0) \therefore \left. \begin{array}{l} H(0;0) = (2.0-1)(2.0-1) = (-1)(-1) = 1 > 0 \\ z_{xx}(0;0) = 2.0 - 1 = -1 < 0 \end{array} \right\} \Rightarrow (0;0)$ é ponto de máximo

$(0;1) \therefore H(0;1) = (2.0-1)(2.1-1) = (-1).1 = -1 < 0 \Rightarrow (0;1)$ é ponto de sela

$(1;0) \therefore H(1;0) = (2.1-1)(2.0-1) = 1.(-1) = -1 < 0 \Rightarrow (1;0)$ é ponto de sela

$(1;1) \therefore \left. \begin{array}{l} H(1;1) = (2.1-1)(2.1-1) = 1.1 = 1 > 0 \\ z_{xx}(1;1) = 2.1 - 1 = 1 > 0 \end{array} \right\} \Rightarrow (1;1)$ é ponto de mínimo

R4.52 Para a função custo total expressa por $C = x^3 + y^2 - 48x - 20y + 240$, determinar:

a) as quantidades que resultam no custo mínimo;
b) o valor do custo mínimo.

Resolução

a) $\begin{cases} C_x = 0 \\ C_y = 0 \end{cases} \Rightarrow \begin{cases} 3x^2 + 0 - 48 - 0 + 0 = 0 \\ 0 + 2y - 0 - 20 = 0 \end{cases} \Leftrightarrow \begin{cases} 3x^2 = 48 \\ 2y = 20 \end{cases} \Leftrightarrow \begin{cases} x^2 = 16 \Leftrightarrow x = \pm 4 \\ y = 10 \end{cases}$

as combinações possíveis resultam nos pontos críticos = {(-4;10); (4;10)}

as derivadas parciais de 2ª ordem

$C_x = 3x^2 - 48 \Rightarrow \begin{cases} C_{xx} = 3.2x - 0 = 6x \\ C_{xy} = 0 - 0 = 0 \end{cases}$

$C_y = 2y - 20 \Rightarrow \begin{cases} C_{yx} = 0 - 0 = 0 \\ C_{yy} = 2 - 0 = 2 \end{cases}$

a função Hessiano $H(x;y) = \begin{vmatrix} C_{xx} & C_{yx} \\ C_{xy} & C_{yy} \end{vmatrix} = \begin{vmatrix} 6x & 0 \\ 0 & 2 \end{vmatrix} = +6x.2 - 0.0 = 12x$

Testando cada ponto crítico
(-4;10) $\Rightarrow$ H(-4;10) = 12(-4) = -48 < 0 $\therefore$ (-4;10) é ponto de sela

(4;10) $\Rightarrow \left. \begin{array}{l} H(4;10)=12.4=48>0 \\ C_{xx}(4;10)=6.4=24<0 \end{array} \right\} \therefore$ *(4;10) é ponto de mínimo*

b) C(x;y) = $x^3 + y^2 - 48x - 20y + 240$
C(4;10) = $4^2 + 10^2 - 48.4 - 20.10 + 240 = 16 + 100 - 192 - 200 + 240 = 12$
Logo o custo máximo $\boxed{C_{min.} = 12}$

4.17 Método da *substituição* para otimização envolvendo funções com duas variáveis

Consiste em **reduzir** de duas para uma variável, e utilizar um procedimento já estudado no capítulo 2.

$\left. \begin{array}{l} z = f(x;y) = 0 \\ y = g(x) \end{array} \right\} \Rightarrow z = f(x; g(x)) \therefore z = h(x)$

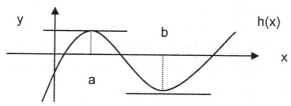

Máximo local $\begin{cases} h'(a)=0 \\ h''(a)<0 \end{cases}$, e para ponto de **Mínimo local** $\begin{cases} h'(b)=0 \\ h''(b)>0 \end{cases}$.

Nos exercícios de **R4.53** a **R4.54** utilizar o método da substituição nas otimizações solicitadas.

R4.53. Para a função **f (x, y) = $x^2 \cdot y$**, com a restrição $x^2 + 8y^2 = 24$, determinar e classificar os pontos críticos entre: máximo, mínimo, de sela, ou n.d.a .

Resolução

$x^2 + 8y^2 = 24 \Leftrightarrow x^2 = 24 - 8y^2$

Substituindo temos $f(x;y) = x^2 \cdot y \Rightarrow f(y) = (24 - 8y^2) \cdot y$ ∴ $\mathbf{f(y) = 24y - 8y^3}$

Determinando os pontos críticos

$f'(y) = 0 \Rightarrow 24 - 8 \cdot 3y^2 = 0 \Leftrightarrow 24 = 24y^2 \Leftrightarrow y^2 = 1 \Leftrightarrow \boxed{y = \pm 1}$ são os candidatos

A segunda derivada f'' (y) = 0 – 3.2y ∴ f'' (y) = -6y

Testando cada valor:

$y = -1 \Rightarrow f'(-1) = -6(-1) = +6 \therefore f'(-1) > 0 \Rightarrow -1$ é ponto de mínimo

$y = 1 \Rightarrow f'(1) = -6(1) = -1 \therefore f'(1) < 0 \Rightarrow 1$ é ponto de máximo

Como $\boxed{x^2 = 24 - 8y^2}$ então $\begin{cases} y = -1 \Rightarrow x^2 = 24 - 8(-1)^2 \therefore x^2 = 16 \Leftrightarrow x = \pm 4 \\ y = 1 \Rightarrow x^2 = 24 - 8(1)^2 \therefore x^2 = 16 \Leftrightarrow x = \pm 4 \end{cases}$

Pontos de Mínimo: {(-4; -1); (4;-1)}; **pontos de máximo** = {(-4;1): (4;1)}.

R4.54 Sendo $U = x^{½} \cdot y$ a função que fornece a utilidade de um consumidor de 2 produtos de quantidades x e y cujos preços são $\mathbf{p_x = 4}$ e $\mathbf{p_y = 2}$, sabendo que o consumidor possui uma verba de **R$ 480,00** para a aquisição desses produtos, determinar:

a) as quantidades que *maximizam* a sua utilidade;

b) o valor da utilidade máxima.

Resolução

a) a função receita $R_t = px \cdot x + py \cdot y \Leftrightarrow R_t = 4x + 2y = 480 \Leftrightarrow 2y =$
$= 480 - 4x \Leftrightarrow \mathbf{y = 240 - 2x}$

Substituindo na função utilidade

$U = x^{\frac{1}{2}} y \Leftrightarrow U = x^{\frac{1}{2}}(240 - 2x) \Leftrightarrow U = 240 x^{\frac{1}{2}} - 2 x^{\frac{3}{2}}$ "função com 1 variável"

Candidatos:

$U = 0 \Leftrightarrow 240 \cdot \frac{1}{2} x^{\frac{1}{2}-1} - 2 \cdot \frac{3}{2} x^{\frac{3}{2}-1} = 0 \Leftrightarrow \frac{120}{x^{\frac{1}{2}}} - 3x^{\frac{1}{2}} = 0 \Leftrightarrow 120 = 3x^{\frac{1}{2}} \cdot x^{\frac{1}{2}}$

$120 = 3x \Leftrightarrow \boxed{x = 40}$ é o único candidato.
Testando esse ponto na 2ª derivada

$$U_x = 120x^{-\frac{1}{2}} - 3x^{\frac{1}{2}} \Rightarrow U_{xx} = 120(-\frac{1}{2})x^{-\frac{1}{2}-1} - 3\frac{1}{2}x^{\frac{1}{2}-1} \therefore U_{xx} = -60x^{-\frac{3}{2}} - \frac{3}{2}x^{-\frac{1}{2}}$$

$$U_{xx}(40) = -60.40^{-\frac{3}{2}} - \frac{3}{2}.60^{-\frac{1}{2}} \cong -0,4308 < 0 \therefore \text{é ponto de máximo}$$

Como $y = 240 - 2x \Leftrightarrow y = 240 - 2.40 \Leftrightarrow \boxed{y = 160}$.
Assim $(x;y) = (40; 160)$.

b) $\begin{cases} U(x;y) = x^{\frac{1}{2}}.y = \sqrt{x}.y \\ U_{máx.} = U(40;160) = \sqrt{40}.160 \cong 1011,93 \end{cases}$

4.18 Método das *derivadas parciais* para otimização de funções

Dadas duas funções $\begin{cases} u = f(x;y) \\ v = g(x;y) \end{cases}$, temos que para **otimizar** uma delas (achar ponto de máximo ou ponto de mínimo) é preciso estabelecer uma nova equação $\boxed{\dfrac{u_x}{u_y} = \dfrac{v_x}{v_y}}$ e resolver o sistema proposto.

R4.55 Sejam $C = 5 + x + 2y$ e $P = x^2.y$ as funções custo e produção de uma empresa. Pede-se:
a) ao nível de $P = 16$, qual a combinação (x,y) que minimiza o custo;
b) o valor desse custo mínimo;
c) fixado $C = 35$, qual a combinação (x,y) que maximiza a produção;
d) o valor dessa produção máxima.

Resolução

a) $\dfrac{C_x}{C_y} = \dfrac{P_x}{P_y} \Rightarrow \dfrac{0+1+0}{0+0+2} = \dfrac{2x.y}{x^2.1} \therefore \dfrac{1}{2} = \dfrac{2y}{x} \Leftrightarrow x = 4y$

relacionando todas as condições

149

$$\left.\begin{array}{l}P=x^2.y\\P=16\\x=4y\end{array}\right\} \Leftrightarrow \left.\begin{array}{l}P=x^2.y\\16=(4y)^2.y\end{array}\right\} \Leftrightarrow y^3=1 \Leftrightarrow \boxed{y=1}$$

Como $x=4y \Rightarrow x=4.1 \Leftrightarrow \boxed{x=4}$. Assim $(x; y) = (4; 1)$

b) $C(x; y) = 5 + x + 2y$
   $C(4; 1) = 5 + 4 + 2.1 \Leftrightarrow \boxed{C=11}$.

c) $\left.\begin{array}{l}C=5+x+2y\\C=35\\x=4y\end{array}\right\} \Leftrightarrow \left.\begin{array}{l}C=5+x+2y\\35=5+4y+2y\end{array}\right\} \Leftrightarrow 6y=30 \Leftrightarrow \boxed{y=5}$

Como $x = 4y \Rightarrow x = 4.5 \therefore \boxed{x=20}$

d) $P(x; y) = x^2 \cdot y$
   $P_{máx.} = P(20; 5) = (20)^2 \cdot 5 = 400 \Leftrightarrow \boxed{P_{máx.} = 2000}$

R4.56 Uma firma produz apenas 2 artigos A e B, e sua produção é totalmente vendida à **R$ 80,00** cada unidade de A, e a **R$ 60,00** cada unidade de B. Se a empresa opera segundo a curva de transformação dada por: $x^2 + y^2 = 2500$, onde x e y indicam as quantidades de A e B respectivamente, determinar:

a) as quantidades que maximizam essa receita total;

b) o valor da receita máxima.

Resolução
a) $R_t = p_x \cdot x + p_y \cdot y \therefore R_t = 80x + 60y$

a curva de transformação $P = x^2 + y^2$, onde $P = 2500$ é um valor fixado.

Assim $\dfrac{R_x}{R_y} = \dfrac{P_x}{P_y} \Rightarrow \dfrac{80+0}{0+60} = \dfrac{2x+0}{0+2y} \therefore \dfrac{80}{60} = \dfrac{2x}{2y} \Leftrightarrow 60.2x = 80.2y \Leftrightarrow 3x = 4y$

Relacionando as grandezas

$$\left.\begin{array}{l}P = x^2 + y^2 \\ P = 2500 \\ 3x = 4y \Leftrightarrow x = \dfrac{4}{3}y\end{array}\right\} \Leftrightarrow \left.\begin{array}{l}P = x^2 + y^2 \\ 2500 = (\dfrac{4}{3}y)^2 + y^2\end{array}\right\} \Leftrightarrow y^2 = 900 \Leftrightarrow \boxed{y = 30}$$

Como $3x = 4y \Rightarrow 3x = 4.30 \therefore \boxed{x = 40}$. Assim $(x;y) = (40; 30)$.

b) $Rt = 80x + 60y$

$R_{tmáx.} = R_t(40; 30) = 80.40 + 60.30 = 3200 + 1800 \therefore \boxed{R_{máx.} = 4800}$.

4.19 Método de Lagrange para otimização de funções

É um procedimento para se otimizar uma função (achar pontos de máximo ou de mínimo) através da introdução de um novo parâmetro para cada restrição apresentada, e na resolução de um sistema de equações formado por derivadas parciais.

Nos exercícios de **P4.57** a **P4.60**, utilizar o método de Lagrange.

R4.57 Uma empresa possui 3 fábricas produzindo a mesma mercadoria. As fábricas A, B, e C produzem x, y, e z unidades, respectivamente. Seus respectivos custos de produção são: $3x^2 + 200$, $y^2 + 400$, $2z^2 + 300$. Para o atendimento de um pedido de 1100 unidades, como deve ser distribuída a produção entre A, B, e C para **minimizar** o custo total de produção? *Sugestão*: $F(x, y, z, \lambda) = C(x, y, z) - \lambda P(x, y, z)$; com $F_x = 0$, $F_y = 0$, $F_z = 0$, e $F_\lambda = 0$.

Resolução
Montagem das funções
$C = C_A + C_B + C_C \Rightarrow C = (3x^2 + 200) + (y^2 + 400) + (2z^2 + 300) \therefore$
$\boxed{C = 3x^2 + y^2 + 2z^2 + 900}$

A produção $P = P_A + P_B + P_C \therefore \boxed{P = x + y + z}$

151

Como a produção é fixada, então P = 1100 (uma única restrição, logo um *novo* parâmetro l)

O Sistema de equações

$$\begin{cases} I) \ P = x+y+z = 1100 \\ II) \ C_x = \lambda P_x \\ III) \ C_y = \lambda P_y \\ IV) \ C_z = \lambda P_z \end{cases} \Rightarrow \begin{cases} I) \ x+y+z = 1100 \\ II) \ 3.2x = \lambda.1 \\ III) \ 2y = \lambda.1 \\ IV) \ 2.2z = \lambda.1 \end{cases} \therefore \begin{cases} I) \ x+y+z = 1100 \\ II) \ x = \lambda/6 \\ III) \ y = \lambda/2 \\ IV) \ z = \lambda/4 \end{cases}$$

Substituindo II, III, e IV em I temos:

$$I) \ \frac{\lambda}{6} + \frac{\lambda}{2} + \frac{\lambda}{4} = 1100 \Leftrightarrow \frac{2\lambda + 6\lambda + 3\lambda}{12} = \frac{12.1100}{12} \Leftrightarrow 11\lambda = 13200 \Leftrightarrow \lambda = 1200$$

Como $x = \frac{\lambda}{6} \Rightarrow x = \frac{1200}{6} \therefore \boxed{x = 200}$; $y = \frac{\lambda}{2} \Rightarrow y = \frac{1200}{2} \therefore \boxed{y = 600}$;

$z = \frac{\lambda}{4} \Rightarrow z = \frac{1200}{4} \therefore \boxed{z = 300}$.

Assim (x; y; z) = (200; 600; 300).

R4.58 Seja U = x.y.z a função utilidade, onde x, y, e z representam o n° de unidades das mercadorias A, B, e C consumidas mensalmente por uma pessoa. Sendo **R$ 2,00, R$ 3,00, e R$ 4,00** os preços unitários de A, B, e C respectivamente, e que as despesas para as mercadorias estejam orçadas em **R$ 90,00**, pede se quantas unidades de cada mercadoria de cada tipo devem ser adquiridas para se **maximizar** o índice de utilidade desse consumidor?

Resolução
Montagem das funções
A utilidade $\boxed{U = x.y.z}$ é dada
A receita R = p_x.x + p_y.y + p_z.z ↓ $\boxed{R = 2x + 3y + 3z}$
Como a receita é fixada, então R = 90 (uma única restrição, logo um *novo* parâmetro λ)

O Sistema de equações

$$\begin{cases} I)\ R = 2x+3y+4z = 90 \\ II)\ U_x = \lambda.R_x \\ III)\ U_y = \lambda.R_y \\ IV)\ U_z = \lambda.R_z \end{cases} \Rightarrow \begin{cases} I)\ 2x+3y+4z = 90 \\ II)\ 1.y.z = \lambda.2 \\ III)\ x.1.z = \lambda.3 \\ IV)\ x.y.1 = \lambda.4 \end{cases} \therefore \begin{cases} I)\ 2x+3y+4z = 90 \\ II)\ y.z = 2\lambda \\ III)\ x.z = 3\lambda \\ IV)\ x.y = 4\lambda \end{cases}$$

Como esse Sistema não é linear, vamos apanhar novas equações, dividindo equações membro a membro:

$$\frac{II}{III} \Rightarrow \frac{yz}{xz} = \frac{2\lambda}{3\lambda} \therefore \frac{y}{x} = \frac{2}{3} \Leftrightarrow \boxed{2x = 3y}\ (V)$$

$$\frac{III}{IV} \Rightarrow \frac{xz}{xy} = \frac{3\lambda}{4\lambda} \therefore \frac{z}{y} = \frac{3}{4} \Leftrightarrow \boxed{4z = 3y}\ (VI)$$

Substituindo as equações V e VI e I: $2x + 3y + 4z = 90 \Leftrightarrow 3y + 3y + 3y = 90 \Leftrightarrow 9y = 90 \Leftrightarrow \boxed{y = 10}$.

A equação V) $2x = 3y \Rightarrow 2x = 3.10 \therefore \boxed{x = 15}$

A equação VI) $4z = 3y \Rightarrow 4z = 3.10 \therefore \boxed{z = 7{,}5}$

Assim $(x;\ y;\ z) = (15;\ 10;\ 7{,}5)$.

R4.59 Use o método dos multiplicadores de Lagrange para se **maximizar** a função $f(x, y, z) = x^3 + y^3 + z^3$ sujeita às restrições: $x + y + z = 1$, e $x + y - z = 0$.

Sugestões: $F(x, y, z, \lambda, \mu) = f(x, y, z) - \lambda f_1(x, y, z, \lambda, \mu) - \mu f_2(x, y, z, \lambda, \mu)$; com $F_x = 0$, $F_y = 0$, $F_z = 0$, $F_\lambda = 0$, $F_\mu = 0$.

Resolução
Temos 2 restrições, logo 2 novos parâmetros λ e μ. Também $f_1(x;\ y;\ z) = x + y + z$ e $f_2(x;\ y;\ z) = x + y - z$
   O sistema fica:

$$\begin{cases} I) \ x+y+z=1 \\ II) \ x+y-z=0 \\ III) \ f_x = \lambda f_{1x} + \mu f_{2x} \\ IV) \ f_y = \lambda f_{1y} + \mu f_{2y} \\ V) \ f_z = \lambda f_{1z} + \mu f_{2z} \end{cases} \Rightarrow \begin{cases} I) \ x+y+z=1 \\ II) \ x+y-z=0 \\ III) \ 3x^2 = \lambda \cdot 1 + \mu \cdot 1 \\ IV) \ 3y^2 = \lambda \cdot 1 + \mu \cdot 1 \\ V) \ 3z^2 = \lambda \cdot 1 + \mu \cdot (-1) \end{cases} \therefore \begin{cases} I) \ x+y+z=1 \\ II) \ x+y-z=0 \\ III) \ 3x^2 = \lambda + \mu \\ IV) \ 3y^2 = \lambda + \mu \\ V) \ 3z^2 = \lambda - \mu \end{cases}$$

Esse sistema não é linear, devemos achar novas equações.

Subtraindo as equações I e II: $\begin{cases} x+y+z=1 \\ -x-y+z=0 \\ \hline 2z=1 \Leftrightarrow z=\frac{1}{2} \end{cases}$ + VI

Igualando as equações III e IV, temos: $\lambda + \mu = 3x^2 = 3y^2 \Leftrightarrow x^2 = y^2$ $\Leftrightarrow \boxed{x = \pm y}$ (VII).

Se x = y então substituindo na equação I) $x + x + ½ = 1 \Leftrightarrow 2x = ½ \Leftrightarrow \boxed{x = ¼}$
Como x = y $\Rightarrow \boxed{y = ¼}$.
Assim (x; y; z) = (½ ; ½ ; ¼)

Se x = − y então substituindo na equação I) $-y + y = ½ = 1$ ½ = 1? impossível, logo ∄ solução.

R4.60 Dadas as funções $\begin{cases} P = xyz \\ C = x^2 + y^2 + z^2 + 4 \end{cases}$, custo e produção, respectivamente, pede-se:

a) o valor de λ, onde C = 5 e $\begin{cases} P_x = \lambda C_x \\ P_y = \lambda C_y \\ P_z = \lambda C_z \end{cases}$

b) o valor da produção *máxima* para a (x; y; z) encontrada.

Resolução

a) $\begin{cases} I)\ C = x^2 + y^2 + z^2 + 4 = 5 \\ II)\ P_x = \lambda C_x \\ III)\ P_y = \lambda C_y \\ IV)\ P_z = \lambda C_z \end{cases} \Rightarrow \begin{cases} I)\ x^2 + y^2 + z^2 + 4 = 5 \\ II)\ 1.y.z = \lambda 2x \\ III)\ x.1.z = \lambda 2y \\ IV)\ x.y.1 = \lambda 2z \end{cases}$

$\therefore \begin{cases} I)\ x^2 + y^2 + z^2 + 4 = 5 \\ II)\ yz = 2\lambda x \\ III)\ xz = 2\lambda y \\ IV)\ xy = 2\lambda z \end{cases}$

Esse sistema não é linear
Dividindo as equações II e III

$\dfrac{II}{III} \Rightarrow \dfrac{yz}{xz} = \dfrac{2\lambda x}{2\lambda y} \therefore \dfrac{y}{x} = \dfrac{x}{y} \Leftrightarrow x^2 = y^2$ (V)

Dividindo as equações III e IV

$\dfrac{III}{IV} \Rightarrow \dfrac{xz}{xy} = \dfrac{2\lambda y}{2\lambda z} \therefore \dfrac{z}{y} = \dfrac{y}{z} \Leftrightarrow z^2 = y^2$ (VI)

Substituindo V, VI em

I): $x^2 + x^2 + x^2 + 4 = 5 \Leftrightarrow 3x^2 = 1 \Leftrightarrow \boxed{x^2 = \dfrac{1}{3} \Rightarrow x = \dfrac{\sqrt{3}}{3}}$, pois x > 0

Como $x^2 = y^2$ (V) e $z^2 = y^2$ (VI) então $\boxed{y = \dfrac{\sqrt{3}}{3}}$ e $\boxed{z = \dfrac{\sqrt{3}}{3}}$

Na equação II) $yz = 2\lambda x \Rightarrow \dfrac{\sqrt{3}}{3} \cdot \dfrac{\sqrt{3}}{3} = 2\lambda \dfrac{\sqrt{3}}{3} \therefore \dfrac{\sqrt{3}}{3} = 2\lambda \Leftrightarrow \boxed{\lambda = \dfrac{\sqrt{3}}{6}}$

b) P(x; y; z) = xyz

$P_{máx.} = \dfrac{\sqrt{3}}{3} \cdot \dfrac{\sqrt{3}}{3} \cdot \dfrac{\sqrt{3}}{3} \Leftrightarrow \boxed{P_{máx.} = \dfrac{\sqrt{3}}{9}}$

4.20 Método *geométrico* para otimização de função

Esse processo tem a solução nas intersecções das curvas de nível entre as funções relacionadas.

Nos exercícios de **R4.61** a **R4.62**, utilizar o método geométrico para a otimização das funções.

R4.61 Para a função $z = x + y$, definida em $D = \{(x;y) \in \mathrm{IR}^2 / x^2 + y^2 \leq 1\}$, determinar os pontos de mínimo e de máximo. Faça a *interpretação* geométrica do problema.

Resolução
$Z = x + y$ possui as curvas de nível $x + y = k$ retas decrescentes
$D = x^2 + y^2$ são circunferências
com centro da origem

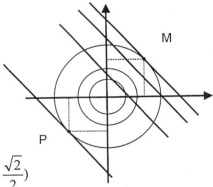

No ponto de máximo $M(x; y) = (\dfrac{\sqrt{2}}{2}; \dfrac{\sqrt{2}}{2})$

No ponto de mínimo $P(x; y) = (-\dfrac{\sqrt{2}}{2}; -\dfrac{\sqrt{2}}{2})$

R4.62 Sejam $C = 81 + x^2 + y^2$ e $P = 2xy$ as funções custo e produção de uma empresa. Se a restrição orçamentária é tal que $C \leq 153$, pede-se:
a) a produção máxima;
b) a interpretação gráfica do problema.

Resolução
a) Pelo método das derivadas parciais

$$\frac{C_x}{C_y} = \frac{P_x}{P_y} \Rightarrow \frac{0+2x+0}{0+0+2y} = \frac{2.1.y}{2.x.1} \therefore \frac{2x}{2y} = \frac{2y}{2x}$$

Ou seja $2x^2 = 2y^2 \Leftrightarrow x^2 = y^2 \Rightarrow x = y$

$\boxed{P(x;y) = 2xy}$
$\boxed{P(6;6) = 2.6.6}$
$\boxed{P_{máx.} = 72}$

Assim: $\left.\begin{array}{c} C = 81 + x^2 + y^2 \\ C = 153 \\ x^2 = y^2 \end{array}\right\} \Rightarrow \left.\begin{array}{c} C = 81 + x^2 + y^2 \\ 153 = 81 + x^2 + x^2 \end{array}\right\} \therefore 2x^2 = 72 \Leftrightarrow x = 6$

b) As curvas de nível
$C = 81 + x^2 + y^2$ são circunferências concêntricas
$P = 2xy$ são curvas hiperbólicas decrescentes

As coordenadas de P são P(6; 6)

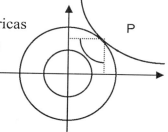

4.21 Função Hessiano para três variáveis

É um procedimento para classificar os pontos críticos de uma função, classificando-os a partir dos determinantes obtidos das derivadas parciais.

Considerando que Δ_0, Δ_1, Δ_2, Δ_3, ..., Δ_{n-1}, Δ_n são todos

$\begin{cases} \text{positivos} \Rightarrow \text{ponto de mínimo} \\ \text{alternadamente positivos} \Rightarrow \text{máximo} \end{cases}$,

onde $\Delta_0 = |1| = 1; \Delta_1 = |f_{xx}|; \Delta_2 = \begin{vmatrix} f_{xx} & f_{xy} \\ f_{yx} & f_{yy} \end{vmatrix}; ...$;

Observação: fora do caso anterior, então nada se pode afirmar sobre o ponto crítico.

R4.63 Determinar e classificar os pontos críticos da função $f(x, y, z) = x^2 + y^2 + z^3 + y - z + xy + 8$.

Resolução

$f_x = 2x + y \Rightarrow \begin{cases} f_{xx} = 2 \\ f_{xy} = 1 \\ f_{xz} = 0 \end{cases}$

Um ponto crítico é tal que: $\begin{cases} f_x = 0 \\ f_y = 0 \\ f_z = 0 \end{cases}$

$f_y = 2y + x \Rightarrow \begin{cases} f_{yx} = 1 \\ f_{yy} = 2 \\ f_{yz} = 0 \end{cases}$

$\begin{cases} 2x + y = 0 \\ 2y + x = 0 \\ 3z^2 - 1 = 0 \end{cases} \Leftrightarrow \begin{cases} 2x + y = 0 \\ x + 2y = 0 \\ 3z^2 = 1 \end{cases} \Leftrightarrow \begin{cases} x = 0 \\ y = 0 \\ z = \pm \dfrac{\sqrt{3}}{3} \end{cases}$

$f_z = 3z^2 - 1 \Rightarrow \begin{cases} f_{zx} = 0 \\ f_{zy} = 0 \\ f_{zz} = 3.2z = 6z \end{cases}$

Logo temos 2 pontos: $\{(0;0;\dfrac{\sqrt{3}}{3}); (0;0;-\dfrac{\sqrt{3}}{3})\}$

Cálculo dos determinantes:

$\Delta_1 = |1| = 1 > 0$

$\Delta_2 = \begin{vmatrix} f_{xx} & f_{xy} \\ f_{yx} & f_{yy} \end{vmatrix} = \begin{vmatrix} 2 & 0 \\ 0 & 2 \end{vmatrix} = +2.2 - 0.0 = 4 > 0$

$\Delta_3 = \begin{vmatrix} f_{xx} & f_{xy} & f_{xz} \\ f_{yx} & f_{yy} & f_{yz} \\ f_{zx} & f_{zy} & f_{zz} \end{vmatrix} = \begin{vmatrix} 2 & 1 & 0 \\ 1 & 2 & 0 \\ 0 & 0 & 6z \end{vmatrix} = +2.2.6z = 24z$

Testando cada ponto crítico:

$(0;0;\dfrac{\sqrt{3}}{3}) \Rightarrow \Delta_1 > 0; \Delta_2 > 0; \Delta_3 > 0;...$ é um ponto de mínimo

$(0;0;-\dfrac{\sqrt{3}}{3}) \Rightarrow \Delta_1 > 0; \Delta_2 > 0; \Delta_3 < 0;...$ é um ponto que nada se pode afirmar

R4.64 Determinar e classificar os pontos críticos de $U = x^2 + y^3 + z^4 + 2x - 3y + 4z + 200$.

Resolução

$f_x = 2x + 2 \Rightarrow \begin{cases} f_{xx} = 2 \\ f_{xy} = 0 \\ f_{xz} = 0 \end{cases}$

Um ponto crítico é tal que: $\begin{cases} f_x = 0 \\ f_y = 0 \\ f_z = 0 \end{cases}$

$f_y = 3y^2 - 3 \Rightarrow \begin{cases} f_{yx} = 0 \\ f_{yy} = 6y \\ f_{yz} = 0 \end{cases}$

$\begin{cases} 2x + 2 = 0 \\ 3y^2 - 3 = 0 \\ 4z^3 + 4 = 0 \end{cases} \Leftrightarrow \begin{cases} 2x = -2 \\ 3y^2 = 3 \\ 4z^3 = -4 \end{cases} \Leftrightarrow \begin{cases} x = -1 \\ y = \pm 1 \\ z = -1 \end{cases}$

Logo temos 2 pontos: $\{(-1;-1;-1); (-1;1;-1)\}$

$f_z = 4z^3 + 4 \Rightarrow \begin{cases} f_{zx} = 0 \\ f_{zy} = 0 \\ f_{zz} = 12z^2 \end{cases}$

Cálculo dos determinantes:

$\Delta_1 = |1| = 1 > 0$

$\Delta_2 = \begin{vmatrix} f_{xx} & f_{xy} \\ f_{yx} & f_{yy} \end{vmatrix} = \begin{vmatrix} 2 & 0 \\ 0 & 6y \end{vmatrix} = +2.6y - 0.0 = 12y$

$\Delta_3 = \begin{vmatrix} f_{xx} & f_{xy} & f_{xz} \\ f_{yx} & f_{yy} & f_{yz} \\ f_{zx} & f_{zy} & f_{zz} \end{vmatrix} = \begin{vmatrix} 2 & 0 & 0 \\ 0 & 6y & 0 \\ 0 & 0 & 12z^2 \end{vmatrix} = +2.6y.12z^2 = 144yz^2$

Testando cada ponto crítico:

$(-1;-1;-1) \Rightarrow \Delta_1 > 0; \Delta_2 < 0; \Delta_3 < 0;$... *é um ponto que nada se pode afirmar*

$(-1;1;-1) \Rightarrow \Delta_1 > 0; \Delta_2 > 0; \Delta_3 < 0;$... *é um ponto que nada se pode afirmar*

4.22 Exercícios propostos

P4.1 Determinar o domínio de validade nas formas algébricas e geométrica para cada função:

a) $f(x;y) = \dfrac{x-2y}{\sqrt{x-2y}}$;

b) $f(x;y;z) = \dfrac{2x+y-z}{\sqrt{z-1}}$;

c) $f(x;y;z) = 2x + 3y + 4z$;

d) $f(x;y;z) = z - \ln(2x - y)$

P4.2 Para a função $z = \log_2(\sqrt{xy})$, determinar:

a) o domínio de validade da função (estabelecendo as condições de existência) de maneira algébrica;

b) o domínio de validade da função z de maneira geométrica no plano IR^2;

c) o esboço, no espaço IR^3, de $z = \lim\limits_{(x;y) \to (2;8)} (\log_2(\sqrt{xy}))$

P4.3 Calcular o valor de cada limite:

a) $\lim\limits_{(x;y) \to (0;1)} \left(\dfrac{x^2 + xy + x^2y^2}{xy + x}\right)$

b) $\lim\limits_{(x;y) \to (a;a)} \dfrac{x^2 - 2xy + y^2}{x - y}$

c) $\lim\limits_{(x;y) \to (0;0)} \left[\dfrac{2xy - 3x^2y + 4xy^2}{4xy}\right]$

P4.4 Determinar o valor de k de modo que as funções sejam contínuas:

a) $z = \begin{cases} \log(x^2 + y^2), \text{se}(x,y) \neq (3,4) \\ 1 + k, \text{se}(x,y) = (3,4) \end{cases}$;

b) $z = \begin{cases} e^{x+y}, \text{se}(x,y) \neq (0,0) \\ 1 - k, \text{se}(x,y) = (0,0) \end{cases}$

c) $z = \begin{cases} x^2 + 4xy + y^2, \text{se}(x,y) \neq (1,2) \\ k^2, \text{se}(x,y) = (1,2) \end{cases}$

P4.5 Esboçar as curvas de nível para as funções:
a) $q = 18 - 3x - 2y$, para $q = 9$, $q = 12$;
b) $p = 24 - q_1^2 - q_2$, para $p = 12$, $p = 18$;
c) $p = q_1^2 - q_2 + 6$, para $p = 9$, $p = 24$;
d) $q = 15 + p_1 + 2p_2$, para $q = 36$.

P4.6 Esboçar as superfícies no espaço IR^3:
a) $x = -1$; \qquad b) $q = 18 - 3x - 2y$; \qquad c) $p = 24 - q_1^2 - q_2$

P4.7 Determinar a função receita total para uma firma que vende 2 produtos, cujas demanda são dadas pelas expressões; $p_x = 15 - 2x - y$ e $p_y = 27 - 3x - 2y$.

P4.8 Determinar a receita total para uma empresa que vende 2 produtos de quantidades q_1 e q_2, cujas demandas são $q_1 = 36 - 2p_1 - p_2$ e $q_2 = 48 - p_1 - 3p_2$.

P4.9 Determinar o grau de homogeneidade de cada função:
a) $P = 3x^2 \cdot y$; \qquad b) $P = 3 \cdot \sqrt{x.y}$.

P4.10 A função densidade de probabilidade é $f(x, y) = k. 2x . 3y^2$, onde $0 \leq x \leq 1$ e $0 \leq y \leq 1$. Determinar:
a) k, de modo que $f(x, y)$ seja uma f.d.p.;
b) a $P(x \leq 40\%, y \geq 50\%)$.

P4.11 Achar as derivadas parciais de 1ª ordem f_x e f_y para cada função:
a) $z = \dfrac{y}{x}$ \qquad b) $z = 4. y^2$ \qquad c) $z = \dfrac{x + 2y}{x^2 - y}$
d) $z = 3x - xy$ \qquad e) $z = \ln(x^2 + y^2)$ \qquad f) $z = 4x^3 - 2xy + 6$

P4.12 Encontrar o aumento real e o aumento aproximado do volume de tanque cilíndrico, quando o seu raio da base aumentar de 3cm para 3,1 cm, e sua altura aumentar de 4 cm para 4,2 cm.

Sugestões: $\begin{cases} V_{cil.} = \pi.r^2.h \\ \text{variação exata } \Delta V = V \text{ final} - V \text{ inicial} \\ \text{variação aproximada } \Delta V \cong \dfrac{\partial V}{\partial r}.\Delta r + \dfrac{\partial V}{\partial h}.\Delta h \end{cases}$

P4.13 Sendo p = 280 − 5x − 4y, para dois produtos, onde o 1° deles possui preço p e quantidade x, e y é a quantidade de outro produto. Fixadas as quantidades x = 20 e y = 25 unidades, pede-se:
a) a elasticidade simples e cruzada;
b) esses produtos são complementares ou substitutivos?

P4.14 Considerando as funções $\begin{cases} q_1 = 180 - 2p_1 - 3p_2 \\ q_2 = 1400 - p_1 - 2p_2 \end{cases}$, representando de dois produtos de preços p_1 = R\$ 10,00, e p_2 = R\$ 8,00, determinar:

a) as elasticidades simples calculando $e_{s_1}(10;8) \cong \dfrac{\partial q_1}{\partial p_1}.\dfrac{p_1}{q_1}$, e $e_{s_2}(10;8) \cong \dfrac{\partial q_2}{\partial p_2}.\dfrac{p_2}{q_2}$;

b) as elasticidades cruzadas calculando $e_{c_1}(10;8) \cong \dfrac{\partial q_2}{\partial p_1}.\dfrac{p_1}{q_2}$, e $e_{c2}(10;8) \cong \dfrac{\partial q_1}{\partial p_2}.\dfrac{p_2}{q_1}$;

c) esses produtos são complementares ($e_c < 0$) ou substitutivos ($e_c > 0$)?;
d) se q_1 aumentar 2% e q_2 permanecer inalterado, quais são as variações aproximadas em p_1 e em p_2?

P4.15 A produção de uma firma é dada por **P = 3.x.y**, onde x e y são as quantidades de 2 insumos. Pede-se:
a) a T.M.S. em (x,y) = (2,5);
b) quantas unidades de y podem ser substituídas por 0,1 unidades de x, sem alterar a produção em (2,5)?

c) quantas unidades de x podem ser substituídas por 1,5 unidades de y, sem altear a produção em (2,5)?;

d) o cálculo da T.M.S. no item c é apropriado? Justifique.

P4.16 A função produção de uma empresa é $P = x^{\frac{3}{4}} y^{\frac{1}{4}}$ que utiliza os insumos de quantidades x e y.

a) achar a T.M.S. de x por y quando (x,y) = (16,81);

b) a função custo da empresa, onde o custo fixo é R$ 200,00 e os preços dos insumos são p_x = R$7,00 e p_y = R$ 5,00;

c) a curva de expansão da empresa.

P4.17 A produção de uma empresa é dada por $P(x;y) = 2.\sqrt{x}.y^2$, onde x e y representam o n° de horas de trabalho qualificado e não qualificado, respectivamente. Considerando o ponto (x;y) = (1;4), pede-se:

a) a taxa marginal de substituição T.M.S.;

b) quantas unidades de trabalho qualificado podem ser trocadas por 0,2 unidades de trabalho não qualificado, para não alterar o nível da produção no ponto (1;4)?

P4.18 A utilidade de um consumidor de 2 produtos de quantidades x e y é dada por $U = 4xy + 3x - x^3 - y^2$. Determinar:

a) a combinação que proporciona a utilidade máxima;

b) o valor da utilidade máxima do consumidor.

P4.19 Uma pessoa tem a seguinte função utilidade: $U = x^2 \cdot y$, onde x é o n° de horas de lazer por semana, e y é o n° da renda semanal. Supondo que x e y dependam do n° de horas trabalhadas por semana (t) dadas por x = 168 - t e y = 0,5t , pede-se:

a) a utilidade em função do tempo t;

b) o valor de t, onde a utilidade é máxima.

P4.20 Seja $U = 2xy$ a utilidade de um consumidor que deseja adquirir 2 produtos de quantidades x e y com verba de R\$ 1.600,00. Determinar:

a) as curvas de indiferença para $U = 10$ e para $U = 25$;
b) a restrição orçamentária onde p_x = R\$ 2,00 e p_y = R\$ 3,00;
c) os gráficos das curvas de indiferença em a, com a restrição orçamentária em b;
d) o ponto em que a utilidade é máxima.

P4.21 Dadas as funções $\begin{cases} P = xyz \\ C = x^2 + 2y^2 + 4z^2 + 6 \end{cases}$, custo e produção, respectivamente, pede-se:

a) o valor de λ, onde $C = 10$ e $\begin{cases} P_x = \lambda C_x \\ P_y = \lambda C_y \\ P_z = \lambda C_z \end{cases}$;

b) o valor da produção *máxima* para a (x;y;z) encontrada.

P4.22 Dadas as funções $\begin{cases} P = x^2 + y^2 + z^2 \\ C = 3x + 2y + z + 4 \end{cases}$, produção e custo, respectivamente, pede-se:

a) o valor de λ, onde $C = 11$ e $\begin{cases} P_x = \lambda C_x \\ P_y = \lambda C_y \\ P_z = \lambda C_z \end{cases}$;

b) o valor da produção *máxima* para a (x; y; z) encontrada.

P4.23 Dadas as funções $\begin{cases} f(x;y;z) = x^2 + y^2 + z^2 \\ g(x;y;z) = x + y + z \\ h(x;y;z) = x + 2y + 3z \end{cases}$, pede-se:

a) λ e μ, onde g = 1, h = 6, e $\begin{cases} f_x = \lambda g_x + \mu h_x \\ f_y = \lambda g_y + \mu h_y \\ f_z = \lambda g_z + \mu h_z \end{cases}$;

b) o valor *mínimo* para a função f(x;y;z).

P4.24 Dadas as funções $\begin{cases} P = x^2 + y^2 + z^2 \\ C = x + +y + z + 10 \end{cases}$, custo e produção, respectivamente, pede-se:

a) o valor de λ, onde C = 24,5 e $\begin{cases} P_x = \lambda C_x \\ P_y = \lambda C_y \\ P_z = \lambda C_z \end{cases}$;

b) o valor da produção *máxima* para a (x;y;z) encontrada.

P4.25 Considerando **U = xy** e **R = 2x + 3y** as funções utilidade e restrição orçamentária, onde x e y representam o n° de unidades das mercadorias A e B, respectivamente. Achar a utilidade **máxima** para R = 90.

P4.26 A função produção é dada por
$$Z = -\frac{1}{3}x^3 + \frac{3}{2}x^2 - 2x - \frac{1}{3}y^3 + \frac{7}{2}y^2 - 12y,$$
onde x e y são 2 insumos. Pede-se:

a) os pontos críticos, resolvendo $\begin{cases} Z_x = 0 \\ Z_y = 0 \end{cases}$;

b) a função Hessiano H(x,y) = $\begin{vmatrix} Z_{xx} & Z_{xy} \\ Z_{yx} & Z_{yy} \end{vmatrix} = Z_{xx}.Z_{yy} - Z_{xy}.Z_{yx}$

c) a classificação desses pontos críticos.

P4.27 Um fabricante produz dois tipos de ligas nas quantidades de x e y em toneladas. Se o lucro total é expresso por: $L_t = -2x^2 - y^2 + 2000y + 2xy$, pede-se:

a) os pontos críticos, resolvendo $\begin{cases} L_x = 0 \\ L_y = 0 \end{cases}$;

b) a função Hessiano H(x,y) = $\begin{vmatrix} L_{xx} & L_{xy} \\ L_{yx} & L_{yy} \end{vmatrix} = L_{xx}.L_{yy} - L_{xy}.L_{yx}$

c) a classificação desses pontos críticos.

P4.28 O custo de inspeção de uma linha de operação depende do n° de inspeções x e y de cada lado da linha, e é dado pela expressão $C = x^2 + y^2 + xy - 20x - 25y + 1500$. Determinar:

a) os pontos críticos, resolvendo $\begin{cases} C_x = 0 \\ C_y = 0 \end{cases}$;

b) a função Hessiano H(x,y) = $\begin{vmatrix} C_{xx} & C_{xy} \\ C_{yx} & C_{yy} \end{vmatrix} = C_{xx}.C_{yy} - C_{xy}.C_{yx}$

c) a classificação desses pontos críticos.

P4.29 A produção e custo de uma empresa são dadas por $\begin{cases} P = 12x^{\frac{1}{2}}y \\ C = 8 + x + y \end{cases}$

respectivamente, onde x e y são 2 insumos. Pede-se:

a) a função $y = f(x)$, onde $\dfrac{P_x}{P_y} = \dfrac{C_x}{C_y}$;

b) fixado P = 192, qual é o valor do custo *mínimo*?

P4.30 A produção e custo de uma empresa são dadas por $\begin{cases} P = 4xy \\ C = 8 + 2x + 2y \end{cases}$

respectivamente, onde x e y são 2 insumos. Pede-se:

a) a função $y = f(x)$, onde $\dfrac{P_x}{P_y} = \dfrac{C_x}{C_y}$;

b) fixado P = 36, qual é o valor do custo mínimo?

P4.31 A produção e a restrição orçamentária de uma empresa são dadas por $\begin{cases} P = xy^2 \\ R = 3x + 4y \end{cases}$ respectivamente, onde x e y são 2 insumos. Pede-se:

a) $y = f(x)$, onde $\dfrac{P_x}{P_y} = \dfrac{R_x}{R_y}$;

b) fixado P = 18, qual é o valor da restrição *mínima*?

P4.32 Determine se a função **f (x; y; z)** = xy + yz − xz possui extremos locais.

P4.33 Classificar todos os pontos críticos da função **P(x; y; z)** = -x² - y² - z² + 400x + 250y + 300z, onde x, y, e z representam o número de unidades produzidas junto às seções A, B, e C, respectivamente.

P4.34 A produção de uma empresa é dada por **P = 4xy**, onde x e y são dois insumos. A taxa marginal substituição (T.M.S.) no ponto (2;3) é dada por:

(A) -1,50;   (B) -0,666... ;   (C) -0,333...;
(D) -0,50 ;   (E) -24

Sugestão: $T.M.S. \cong -\dfrac{P_x}{P_y}$.

P4.35 O valor do $\displaystyle\lim_{(x;y)\to(-1;0)}\left(\dfrac{2xy^2 + 4x^2y}{12xy}\right)$ é:

(A) $\dfrac{1}{6}$;   (B) $\dfrac{1}{3}$;   (C) $-\dfrac{1}{3}$;

(D) $-\dfrac{1}{6}$;   (E) 0

P4.36 Assinalar a alternativa *incorreta*:

(A) o utilitário SOLVER da planilha do Excel da Microsoft resolve problemas de otimização (máximos ou mínimos) de uma função para **n** restrições;

(B) o valor de $\int_0^1 x\, dx = \dfrac{1}{2}$;

(C) $\int e^{x^2+x}(2x+1)\, dx$ é resolvido pelo método da substituição, com $y = x^2 + x$;

(D) O método de Simpson, onde $\int_a^b f(x)\, dx = \dfrac{b-a}{6n}$ [f(x_0) + 4 f(x_1) + 2 f(x_2) + 4 f(x_3) + 2 f(x_4) +………… + 2 f(x_{2n-3}) + +4 f(x_{2n-2}) + f(x_{2n-1})], com h = $\dfrac{b-a}{2n-1}$, calcula a primitiva de uma função à partir da própria função;

(E) Se $z = x^2 + xy + y^3$, então $\dfrac{\partial z}{\partial x} = 2x + y + 3y^2$

P4.37 Assinalar a alternativa *incorreta*:

a) as curvas de nível P = 6 e P = 10 para a função P = 2x + 3y são retas;

b) se $q = -0{,}01p_x^2 - 0{,}04p_y + 120$ então $\dfrac{\partial q}{\partial p_x} = -0{,}02 p_x - 0{,}04$;

c) a elasticidade cruzada mede a variação do preço de um bem em função da quantidade de outro bem que pode ser complementar ou substitutivo;

d) a taxa marginal de substituição indica quantas unidades de x podem ser substituídas por unidades de y, sem alterar o nível de produção preestabelecido;

e) se $z = \dfrac{x+2}{y-4}$ então $\dfrac{\partial z}{\partial x} = y - 4$.

P4.38 Dadas as funções $\begin{cases} P = xyz \\ C = 2xy + 3xz + yz + 14 \end{cases}$, produção e custo, respectivamente, pede-se:

a) o valor de λ, onde $C = 86$ e $\begin{cases} P_x = \lambda C_x \\ P_y = \lambda C_y \\ P_z = \lambda C_z \end{cases}$;

b) o valor da produção *máxima* para a (x;y;z) encontrada.

P4.39 A produção de uma empresa é dada por $P = 2xy$, onde x e y são dois insumos de produção. Fixada a produção em $P = 12$, então a curva ISOPRODUTO é dada por:

a) $y = 2x + 1$

b) $y = 2^x$

c) $y = \ln(x)$

d) $y = x^2 + 2x + 12$

e) $y = \dfrac{6}{x}$

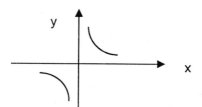

P4.40 O grau de homogeneidade (**n**) de uma função é calculado por $f(kx\,;\,ky) = k^n \cdot f(x\,;\,y)$. Sendo:

$\begin{cases} n > 1 \Rightarrow \textit{os retornos são crescentes na escala de produção} \\ n = 1 \Rightarrow \textit{os retornos são constantes na escala de produção} \\ n < 1 \Rightarrow \textit{os retornos são decrescentes na escala de produção} \end{cases}$

Para $f(x;y) = 3x + 2y$, então o grau de homogeneidade é:

a) 1;   b) 2;   c) 3;
d) 4;   e) 5.

P4.41 A função densidade de probabilidade conjunta para duas variáveis aleatórias contínuas x e y, é dada por $f(x; y) = 2x.2y$, onde $0 \leq x \leq 1$ e $0 \leq y \leq 1$. A probabilidade de ocorrer

$P[x \geq 50\% ; y \leq 60\%] = \int_0^{} \int (2x.2y)\, dx\, dy$, será de:

a) 81%;
b) 64%;
c) 27%;
d) 13,5%;
e) 9,75%

P4.42 Assinalar a alternativa correta:

a) se $f'(x) = g'(x)$ então $f(x) = g(x)$;

b) se $y = \dfrac{1}{x}$ então $y' = -\dfrac{1}{x^2}$;

c) se $P = 2xy$ então $\dfrac{\partial P}{\partial x} = 2x$;

d) se $f(x) = \dfrac{x+1}{x-1}$ então $f'(x) = \dfrac{1+0}{1-0} = 1$;

e) se $z = x^2 - 2xy + y^2$ então $z_y = 2x - 2y$, onde $z_y = \dfrac{\partial z}{\partial y}$

P4.43 Considerando a função $f(x; y) = x^2 - 2xy + 4y^3$, calcula-se $\dfrac{\partial f}{\partial x}(x; y) = 2x - 2y$. Pode-se dizer que o cálculo $\dfrac{\partial f}{\partial x}$ expressa:

a) a razão entre a variação de f pelas variações de x e y;
b) a razão entre a variação de f pela pequena variação de x, somente;
c) a razão entre a variação de f pela pequena variação de y, somente;
d) os acréscimos a f pelos pequenos acréscimos de x e y;
e) a variação de f pelas pequenas variações de x e y.

P4.44 A produção de uma empresa é dada por $P(x; y) = 8xy$, onde x e y são dois insumos. Se aumentarmos os insumos de (2 ; 3) para (2,01 ; 3,02), então a variação aproximada ocorrida na produção será, aproximadamente:
a) 0,20 unidades;   b) 0,40 unidades;   c) 0,56 unidades;
d) 0,60 unidades;   e) 0,75 unidades.

Sugestões: usar o diferencial, onde $\boxed{\Delta P \cong P_x(x_0; y_0).\Delta x + P_y(x_0; y_0).\Delta y}$, com $(x_0;y_0) = (2;3)$, e $\Delta x = 0,01$, $\Delta y = 0,02$.

P4.45 O custo total é dado por $C = 12 + 2x + 3y$. Fixado o custo em $C = 36$, então a curva ISOCUSTO é dada por:

a) $y = -\frac{2}{3}x + 8$;   b) $y = \frac{2}{3}x + 24$;   c) $y = -2x + 3$;

d) $y = -3x + 2$;   e) $y = -\frac{2}{3}x + 36$

P4.46 O grau de homogeneidade (**n**) de uma função é obtido por $f(kx; ky) = k^n.f(x; y)$. Sendo:

$\begin{cases} n > 1 \Rightarrow \text{os retornos são crescentes na escala de produção} \\ n = 1 \Rightarrow \text{os retornos são constantes na escala de produção} \\ n < 1 \Rightarrow \text{os retornos são decrescentes na escala de produção} \end{cases}$

Para a função definida por $P(x; y) = 3.\sqrt{x}.y^2$, terá o valor de **n** igual à:
a) 4,5;   b) 3,5;   c) 2,5;
d) 1,5;   e) 0,5.

P4.47 A função densidade conjunta de probabilidade para duas variáveis aleatórias contínuas x e y é dada por $f(x; y) = 12xy$, onde $0 \le x \le 0,5$ e $0 \le y \le 1,333....$ A probabilidade de ocorrer $P[x \le 20\% ; y \le 30\%] = \iint_0 (12xy) \, dx \, dy$ é:

a) 60%;   b) 36%;   c) 18%;
d) 7,2%;   e) 1,08%

4.23 Respostas dos exercícios propostos

P4.1
a) $D(f) = \{(x; y) \in \mathbb{R}^2 / \ x > 2y \}$;   b) $D(f) = \{(x; y, z) \in \mathbb{R}^3 / \ z > 1 \}$

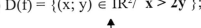
Y = 0,5x

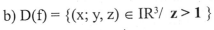
Z=1

c) $D(f) = \mathbb{R}^3$

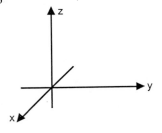

d) $D(f) = \{(x; y; z) \in \mathbb{R}^3 / \ y < 2x\}$

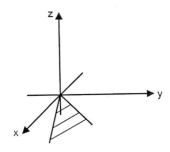

P4.2
$\sqrt{xy} > 0 \Leftrightarrow xy > 0$
a) $D(z) = \{(x; y) \in \mathbb{R}^2 / (x > 0 \wedge y > 0) \vee (x < 0 \wedge y < 0)\}$

b)
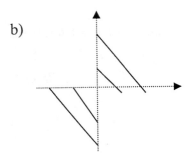

c) $\lim\limits_{(x;y)\to(2;8)} \left(\log_2\left(\sqrt{xy}\right)\right) = \log_2\left(\sqrt{2.8}\right) = \log_2 4 = 2$

P4.3

a) $\lim\limits_{(x;y)\to(0;1)} \left(\dfrac{x^2 + xy + x^2y^2}{xy + x}\right) = \lim\limits_{(x;y)\to(0;1)} \left(\dfrac{x(x + y + xy^2)}{x(y + 1)}\right) = \dfrac{0 + 1 + 0.1^2}{1 + 1} = \dfrac{1}{2}$

b) $\lim\limits_{(x;y)\to(a;a)} \left(\dfrac{x^2 - 2xy + y^2}{x - y}\right) = \lim\limits_{(x;y)\to(a;a)} \left(\dfrac{(x - y)^2}{x - y}\right) = \lim\limits_{(x;y)\to(a;a)} \left(\dfrac{x - y}{1}\right) = \dfrac{a - a}{1} = \dfrac{0}{1} = 0$

c) $\lim\limits_{(x;y)\to(0;0)} \left(\dfrac{2xy - 3x^2y + 4xy^2}{4xy}\right) = \lim\limits_{(x;y)\to(0;1)} \left(\dfrac{xy(2 + 3x + 4y)}{4xy}\right) = \dfrac{2 + 3.0 + 4.0}{4} = \dfrac{2}{4} = \dfrac{1}{2}$

P4.4

a) $1 + k = \log(3^2 + 4^2) \Leftrightarrow \boxed{k = \log 25 - 1}$
b) $1 - k = e^{0+0} \Leftrightarrow 1 - k = 1 \Leftrightarrow \boxed{k = 0}$
c) $k^2 = 1^2 + 4.1.2 + 2^2 \Leftrightarrow k^2 = 1 + 8 + 4 \Leftrightarrow \boxed{k = \sqrt{13}}$

P4.5

a) $\begin{cases} q = 9 \Leftrightarrow 3x + 2y = 9 \\ q = 12 \Leftrightarrow 3x + 2y = 6 \end{cases}$

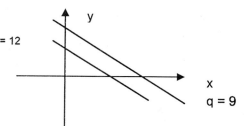

b) $\begin{cases} p = 12 \Leftrightarrow q_2 = 12 - q_1^2 \\ p = 18 \Leftrightarrow q_2 = 6 - q_1^2 \end{cases}$

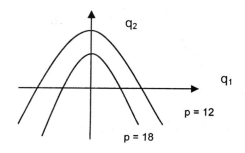

c) $\begin{cases} p=9 \Leftrightarrow q_2 = q_1^2 - 3 \\ p=24 \Leftrightarrow q_2 = q_1^2 - 18 \end{cases}$

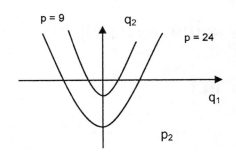

d) $36 = 15 + p_1 + 2p_2 \Leftrightarrow p_2 = \dfrac{11}{2} - \dfrac{1}{2}p_1$

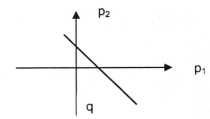

P4.6

a)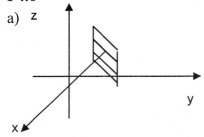

b)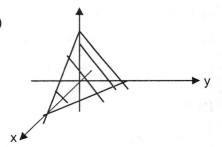

c)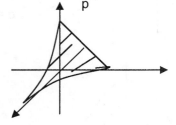

P4.7 $R_t = (15 - 2x - y)x + (27 - 3x - 2y)y$

174

P4.8 $R_t = (36 - 2p_1 - p_2)p_1 + (48 - p_1 - 3p_2)p_2$

P4.9
a) n = 3;
b) n = 1

P4.10
a) k = 0,75;
b) 0,0034875

P4.11

a) $z_x = -\dfrac{y}{x^2}$; $\quad z_y = \dfrac{1}{x}$

b) $z_x = 0$; $\quad z_y = 8_y$

c) $\dfrac{\partial z}{\partial x} = \dfrac{2y(x^2 - y) - 2x(x + 2y)}{(x^2 - y)^2}$;

$\dfrac{\partial z}{\partial y} = \dfrac{2(x^2 - y) - (x + 2y)(-1)}{(x^2 - y)^2}$

d) $z_x = 3 - y$; $\quad z_y = -x$

e) $z_x = \dfrac{2x}{x^2 + y^2}$; $\quad z_y = \dfrac{2y}{x^2 + y^2}$

f) $z_x = 12x^2 - 2y$; $\quad z_y = -2x$

P4.12
a) real $\Delta V = 4,362\pi \cong 13,70$;
b) aproximado $\Delta V \cong 4,2\pi \cong 13,19$

P4.13
a) $e_s \cong (20;25)\ 1,25$ e $e_c \cong (20;25)\ 1,25$;
b) produtos complementares.

P4.14

a) $e_{1s} \cong 0,63$; $e_{2s} \cong -0,14$; b) $e_{1c} \cong 12$; $e_{2c} \cong -0,088$;

c) não possui um perfil definido (as elasticidades cruzadas não possuem o *mesmo* sinal);

d) $\begin{cases} se\ p_1 \uparrow 2\% \Rightarrow q_1 \uparrow 1,25\% \\ se\ p_1 \uparrow 2\% \Rightarrow q_2 \downarrow 0,18\% \end{cases}$

P4.15

a) TMS(2;5) $\cong$ -2,5; b) $\Delta y \cong 0,25$; c) $\Delta x \cong 0,6$

d) não, porque $\Delta y = 1,5$ não é suficientemente pequeno.

P4.16

a) TMS $\cong$ -15,1875; b) C = 200 + 5x + 7y;

c) $y = \dfrac{7}{15}x$

P4.17

a) TMS(4;1) $\cong$ -1; b) $\Delta x \cong 0,2$ unidades.

P4.18

a) (3;6); b) $U_{máx.} = 18$.

P4.19

a) $U = 84t - 168t^2 - 0,5t^3$; b) t = 0,25.

P4.20

a) $y = \dfrac{5}{x}$ e $y = \dfrac{12,5}{x}$; b) $\bar{R} = 2x + 3y$;

176

c)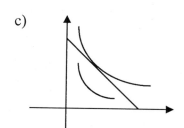

d) $U_{máx.} = 213{,}333...$

P4.21

a) $\lambda = \dfrac{\sqrt{6}}{12}$;

b) $P_{máx.} = P(\dfrac{2}{\sqrt{3}}; \dfrac{\sqrt{2}}{\sqrt{5}}; \dfrac{1}{\sqrt{3}}) \cong 0{,}54433054$

P4.22

a) $\lambda = 2$;

b) $P_{máx.} = P(3; 2; 1) = 14$

P4.23

a) $\lambda = -\dfrac{22}{3}$ e $\lambda = 4$;

b) $_{Fmín.} = f(-\dfrac{5}{3}; \dfrac{1}{3}; \dfrac{7}{3}) = \dfrac{75}{9} = 8{,}333...$

P4.24

a) $\lambda = 1/16$;

b) $P_{máx.} = P(8;4;8) = 20$

P4.25

a) $\lambda = 1$;

b) $P_{máx.} = P(1;2;1{,}5) = 7{,}5$

$U_{máx.} = U(22{,}5; 15) = 337{.}50$

P4.26

a) $\{(1;3); (1;4);(2;3);(2;4)\}$;

b) $H(x;y) = (-2x+3)(-2y+7)$;

c) (1;3) é ponto de mínimo; (1;4) é ponto de sela; (2;3) é ponto de sela; (2;4) é ponto de máximo.

P4.27

a) (0; 0);

b) $H(x; y) = -4$;

c) ponto de sela

P4.28

a) (5; 10);

b) $H(x; y) = -5$;

c) ponto de sela

P4.29 a) $y = 2x$; b) $C_{mín.} = C(4; 8) = 20$

P4.30 a) $y = x$; b) $C_{mín.} = C(3; 3) = 20$

P4.31 a) $y = 1,5 x$; b) $R_{mín.} = R(2; 3) = 14$

P4.32 Único ponto crítico $(0; 0; 0)$ onde se nada pode afirmar.

P4.33 Ponto crítico $(200; 125; 150)$

P4.34 alternativa A

P4.35 alternativa D

P4.36 alternativa E

P4.37 alternativa E

P4.38 a) $\lambda = 1$; b) $P_{máx.} = P(2;6;4) = 48$.

P4.39 alternativa E

P4.40 alternativa A

P4.41 alternativa C

P4.42 alternativa C

P4.43 alternativa B

P4.44 alternativa C

P4.45 alternativa A

P4.46 alternativa C

P4.47 alternativa E

Capítulo 5

Equações diferenciais

5.1 Conceito de equações diferenciais

A equação **y' = 2x** é uma *equação diferencial* porque temos uma igualdade (equação) que apresenta derivada.

Temos um número muito grande de equações relacionando derivadas, cujas soluções podem ser consideradas de porte fácil, médio, ou difícil. Apresentaremos, nesse capítulo, processos de resolução de equações diferenciais de padrão fácil, e que estão presentes no dia a dia da Economia.

5.2 Método das integrações sucessivas

É um processo onde se faz a integração membro a membro, ou em ambos os lados.

R5.1. y" = - 2x + 1;

Resolução

$\int y'' \, dy = \int (-2x+1) \, dx \Leftrightarrow y' = -x^2 + x + k_1$

$\int y' \, dy = \int \left(-x^2 + x + k_1\right) dx \therefore y = -\dfrac{x^3}{3} + x + k_1 x + k_2$, onde $k_1 \in \mathbb{R}$ e $k_2 \in \mathbb{R}$.

R5.2. $\dfrac{d^2y}{d^2x} = 6x + 1$; $y = 2$ e $y' = 3$ quando $x = 0$.

Resolução

$y'' = 6x + 1 \Rightarrow \int y'' \, dy = \int 6x + 1 \, dx \therefore y' = 3x^2 + x + k_1$

$y'(0) = 3 \Leftrightarrow 3.0^2 + 0 + k_1 = 3 \therefore k_1 = 3$

$\int y' \, dy = \int (3x^2 + x + 3) \, dx \therefore y = x^3 + \dfrac{1}{2}x^2 + 3x + k_2$

$y(0) = 2 \Leftrightarrow 0^3 + \dfrac{1}{2}0^2 + 3.0 + k_2 = 2 \therefore k_2 = 2$ logo

$$\boxed{y = x^3 + \dfrac{1}{2}x^2 + 3x + 2}$$

R5.3. $y'' = 2^x$, onde $y' = \ln 2$, se $x = 0$.

Resolução

$\int y'' \, dy = \int 2^x \, dx \Leftrightarrow y' = \dfrac{2^x}{\ln 2} + k_1$

$y'(0) = \ln 2 \Rightarrow \dfrac{2^0}{\ln 2} + k_1 = \ln 2 \therefore k_1 = \ln 2 - \dfrac{1}{\ln 2}$

Assim $\int y' \, dy = \int \dfrac{2^x}{\ln 2} + (\ln 2 - \dfrac{1}{\ln 2}) \, dx \Leftrightarrow y = \dfrac{2^x}{(\ln 2)2} + (\ln 2 - \dfrac{1}{\ln 2})x + k$

R5.4. $y' = x^2 + 4$;

Resolução

$$\int y'\,dy = \int x^2 + 4\,dx \Leftrightarrow y = \frac{1}{3}x^3 + 4x + k$$

5.3 Método das variáveis separáveis

Nesse processo de resolução, temos equações diferenciais de 1ª ordem, onde a idéia é separar as incógnitas na igualdade, ficando uma em cada lado, e depois promover a integração membro a membro.

Matematicamente: $\boxed{y' = \dfrac{dy}{dx} = f(x).g(y) \Leftrightarrow \int \dfrac{1}{g(y)}\,dy = \int f(x)\,dx}$

R5.5. $y' = x^2$

Resolução

$$y' = \frac{dy}{dx} \Rightarrow \frac{dy}{dx} = x^2 \therefore dy = x^2\,dx$$

$$\int 1\,dy = \int x^2\,dx \Leftrightarrow y = \frac{x^3}{3} + k$$

R5.6. $\dot{x} = t.(x-1)$;

Resolução

Como $\dot{x} = \dfrac{dx}{dt}$ é a notação de derivada formulada pelo matemático Cauchy

$$\frac{dx}{dt} = t.(x-1) \Leftrightarrow \frac{dx}{x-1} = t\,dt \therefore \frac{1}{x-1}\,dx = t\,dt$$

Assim $\int \dfrac{1}{x-1}\,dx = \int t\,dt \Leftrightarrow \ln|x-1| = \dfrac{t^2}{2} + k$

$$\log_e |x-1| = \frac{t^2}{2} + k \Leftrightarrow |x-1| = e^{\frac{t^2}{2}+k} \Leftrightarrow x = 1 + e^{\frac{t^2}{2}+k}$$

R5.7. y' = x(y² - 1) ;

Resolução

$$\frac{dy}{dx} = x(y^2 - 1) \Leftrightarrow \frac{dy}{y^2 - 1} = x\, dx \Leftrightarrow \frac{1}{y^2 - 1} dy = x\, dx$$

Assim $\int \frac{1}{y^2 - 1} dy = \int x\, dx$?

Vamos utilizar o processo de frações parciais

$$\frac{1}{y^2 - 1} = \frac{A}{y+1} + \frac{B}{y-1} \Leftrightarrow \frac{1}{y^2 - 1} = \frac{A(y-1) + B(y+1)}{(y+1)(y-1)} \Leftrightarrow 1 = A(y-1) + B(y+1)$$

$$1 = Ay - A + By + B \Leftrightarrow 1 = (A+B)y + (B-A) \Leftrightarrow \begin{cases} A+B = 0 \\ B-A = 1 \end{cases} \Leftrightarrow A = -\frac{1}{2} \text{ e } B = \frac{1}{2}$$

Assim $\frac{1}{y^2 - 1} = \frac{-\frac{1}{2}}{y+1} + \frac{\frac{1}{2}}{y-1} \Leftrightarrow \frac{1}{y^2 - 1} = -\frac{1}{2} \cdot \frac{1}{y+1} + \frac{1}{2} \cdot \frac{1}{y-1}$

Retornando à integração membro a membro

$$\int \frac{1}{y^2 - 1} dy = \int x\, dx \Leftrightarrow \int \left(-\frac{1}{2} \cdot \frac{1}{y+1} + \frac{1}{2} \cdot \frac{1}{y-1}\right) dy = \int x\, dx$$

$$-\frac{1}{2} \ln|y+1| + \frac{1}{2} \ln|y-1| = \frac{x^2}{2} + k$$

$$\ln|y+1|^{-\frac{1}{2}} + \ln|y-1|^{\frac{1}{2}} = \frac{x^2}{2} + k \Leftrightarrow \ln\left(|y+1|^{-\frac{1}{2}} \cdot |y-1|^{\frac{1}{2}}\right) = \frac{x^2}{2} + k$$

$$\ln\left(\frac{y-1}{y+1}\right)^{\frac{1}{2}} = \frac{x^2}{2} + k$$

$$\log_e \sqrt{\frac{y-1}{y+1}} = \frac{x^2}{2} + k \Leftrightarrow \sqrt{\frac{y-1}{y+1}} = e^{\frac{x^2}{2}+k}$$

Temos a função definida de forma implícita

$$fazendo \; \frac{y-1}{y+1} = u \Leftrightarrow y-1 = u(y+1) \Leftrightarrow y - uy = 1 + u$$

$$y(1-u) = 1+u \Leftrightarrow y = \frac{1-u}{1+u} \therefore y = \frac{1 - e^{\frac{x^2}{2+k}}}{1 + e^{\frac{x^2}{2+k}}}$$

5.4 Equações diferenciais da forma x' + ax = f(t)

Nesse contexto, reescrevemos a nossa equação, com o objetivo de resolver a nova integral e assim estabelecer uma solução final.
Matemáticamente:

$$\boxed{\frac{dx}{dt} + ax = f(t) \text{ são as funções da forma } x = k.e^{-at} + e^{-at} \cdot \int e^{at} \cdot f(t) \, dt}$$

R5.8 $\dot{x} - 2x = e^{-t}$;

Resolução

$\frac{dx}{dt} - 2x = e^{-t}$, onde $\boxed{a = -2}$ e $\boxed{f(t) = e^{-t}}$.

As soluções são da forma:

$x = k.e^{-(-2)t} + e^{-(-2)t} \cdot \int e^{-2t} . e^{-t} \, dt$

$x = ke^{2t} + e^{2t} \cdot \int e^{-3t} \, dt$

Utilizando uma mudança de variável $\boxed{u = -3t \Leftrightarrow \frac{u}{-3} = t}$:

$u = -3t \Leftrightarrow du = -3 \, dt \Leftrightarrow -\frac{1}{3} du = dt$

Assim: $x = k\,e^{\frac{2u}{-3}} + e^{\frac{2u}{-3}} \cdot \int e^u \cdot -\frac{1}{3}\,du \Leftrightarrow x = k\,e^{-\frac{2u}{3}} + e^{-\frac{2u}{3}}\left(-\frac{1}{3}\right)\int e^u\,du$

$x = k e^{-\frac{2u}{3}} + e^{-\frac{2u}{3}}\left(-\frac{1}{3}\right)e^u$, onde $\boxed{x = k\,e^{-2t} - \frac{e^{-2t}}{3}\cdot e^{-3t}}$, onde k ∈ IR.

R5.9 $2\cdot\dfrac{dq}{dt} + 2q = t$

Resolução
Dividindo todos os termos por 2:

$\dfrac{dq}{dt} + 2 = \dfrac{t}{2}$, onde $\boxed{a = 2}$ e $\boxed{f(t) = \dfrac{t}{2}}$

As soluções são da forma:

$q = k\cdot e^{-t} + e^{-t}\cdot\int e^{-t}\cdot\dfrac{t}{2}\,dt$, que deve ser resolvida pelo método da integração por partes.

$\begin{cases} u' = e^{-t} \Rightarrow u = -e^{-t} \\ v = \dfrac{t}{2} \Rightarrow v' = \dfrac{1}{2} \end{cases}$, e assim: $\begin{cases} \int u'\cdot v = u\cdot v - \int u\cdot v' \\ \int e^{-t}\cdot\dfrac{t}{2}\,dt = -e^{-t}\cdot\dfrac{t}{2} - \int -e^{-t}\cdot\dfrac{1}{2}\,dt \end{cases}$

$\int e^{-t}\cdot\dfrac{t}{2}\,dt = -e^{-t}\cdot\dfrac{t}{2} + \dfrac{1}{2}\int e^{-t}\,dt$

$\int e^{-t}\cdot\dfrac{t}{2}\,dt = -e^{-t}\cdot\dfrac{t}{2} - \dfrac{1}{2}\cdot e^{-t}$

Assim, retornando ao nosso problema:

$q = k\cdot e^{-t} + e^{-t}\cdot\int e^{-t}\cdot\dfrac{t}{2}\,dt$

$\boxed{q = k\cdot e - t + e^{-t}\cdot\left(-e^{-t}\cdot\dfrac{t}{2} - \dfrac{1}{2}e^{-t}\right)}$ é a solução procurada.

R5.10 $3\dfrac{dy}{dx} + y = 4$;

Resolução
Dividindo todos os termos por 3:

$\dfrac{dy}{dx} + \dfrac{1}{3}y = \dfrac{4}{3}$, onde $\boxed{a = \dfrac{1}{3}}$ e $\boxed{f(t) = \dfrac{4}{3}}$

As soluções são da forma:

$y = k \cdot e^{-\frac{1}{3}x} + e^{-\frac{1}{3}x} \cdot \int e^{\frac{1}{3}x} \cdot \dfrac{4}{3} dx$, que deve ser resolvida pelo método da substituição.

Fazendo $\dfrac{1}{3}x = u \Leftrightarrow x = 3u \Leftrightarrow dx = 3du$

$\int e^{\frac{1}{3}x} \cdot \dfrac{4}{3} dx = \int e^u \cdot \dfrac{4}{3} 3du = 4\int e^u du = 4e^u = 4e^{\frac{1}{3}x}$

Assim, retornando ao nosso problema:

$y = k \cdot e^{-\frac{1}{3}x} + e^{-\frac{1}{3}x} \cdot \int e^{\frac{1}{3}x} \cdot \dfrac{4}{3} dx$

$y = k \cdot e^{-\frac{x}{3}} + e^{-\frac{x}{3}} \cdot 4 \cdot e^{\frac{x}{3}} \Leftrightarrow \boxed{y = k \cdot e^{-\frac{x}{3}} + 4}$ é a solução procurada.

5.5. Equações diferenciais homogêneas da forma. x"+ bx'+ cx = 0.

$\ddot{x} + b\dot{x} + cx = 0$; (b e c reais dados); com λ_1 e λ_2 as raízes da equação característica $\lambda^2 + b\lambda + c = 0$

se $\lambda_1 \neq \lambda_2$, então a solução geral será : $x = A \cdot e^{\lambda_1 t} + Be^{\lambda_2 t}$; (A, B $\in$ IR)

se $\lambda_1 = \lambda_2$, então a solução geral será : $x = e^{\lambda_1 t} \cdot [A + Bt]$, com A, B $\in$ IR.

se $\lambda = \alpha \pm \beta$ i raízes complexas, então a solução geral é : $x = e^{\alpha t}[A \cos\beta t + B \sen \beta t]$, com A, B $\in$ IR.

Nos exercícios de **R5.10** a **R5.13**, resolver as equações homogêneas, através do procedimento:

R5.11 $\dfrac{d^2x}{d^2t} + 3\dfrac{dx}{dt} + 2x = 0$;

Resolução

Fazendo $\lambda = \dfrac{dx}{dt}$, então a equação característica é $\lambda^2 + 3\lambda + 2 = 0$

Resolvendo

$\begin{cases} \Delta = b^2 - 4ac \\ \Delta = 3^2 - 4.1.2 = 9 - 8 = 1 \end{cases}$, onde $\begin{cases} \lambda = \dfrac{-b \pm \sqrt{\Delta}}{2a} \\ \lambda = \dfrac{-3 \pm \sqrt{1}}{2.1} = \dfrac{-3 \pm 1}{2} \end{cases}$, assim

$\boxed{\lambda_1 = -1}$ e $\boxed{\lambda_2 = -2}$

A solução será $\boxed{x = A.e^{-t} + B.e^{-2t}}$, com A, B ∈ IR.

R5.12 $\dfrac{d^2y}{d^2x} + 5y = 0$

Resolução

Fazendo $\lambda = \dfrac{dy}{dx}$, então a equação característica é $\lambda^2 + 5 = 0$

Resolvendo

$\begin{cases} \Delta = b^2 - 4ac \\ \Delta = 0^2 - 4.1.5 = -20 \end{cases}$, onde $\begin{cases} \lambda = \dfrac{-b \pm \sqrt{\Delta}}{2a} \\ \lambda = \dfrac{-0 \pm \sqrt{-20}}{2.1} = \dfrac{\pm \sqrt{20}.\sqrt{-1}}{2} = \dfrac{2\sqrt{5}i}{2} \end{cases}$, assim

$\boxed{\lambda_1 = -\sqrt{5}\,i}$ e $\boxed{\lambda_2 = \sqrt{5}\,i}$

Temos como solução duas raízes complexas

A solução será $\boxed{y = e^{-\sqrt{5}\,i\,x}\left[A.\cos\sqrt{5}\,i\,x + B.\operatorname{sen}\sqrt{5}\,i\,x\right]}$, com A, B ∈ IR.

R5.13 $\dfrac{d^2y}{d^2x} - 4\dfrac{dy}{dx} + 4x = 0$

Resolução

Fazendo $\lambda = \dfrac{dy}{dx}$, então a equação característica é $\lambda^2 - 4\lambda + 4 = 0$

Resolvendo

$\begin{cases} \Delta = b^2 - 4ac \\ \Delta = 4^2 - 4.1.4 = 16 - 16 = 0 \end{cases}$, onde $\begin{cases} \lambda = \dfrac{-b \pm \sqrt{\Delta}}{2a} \\ \lambda = \dfrac{-(-4) \pm \sqrt{0}}{2.1} = \dfrac{4 \pm 0}{2} = 2 \end{cases}$, assim

$\boxed{\lambda_1 = 2}$ e $\boxed{\lambda_2 = 2}$

Temos uma raiz dupla

A solução será $\boxed{x = e^{2t} [A + B.x]}$, com A, B $\in$ IR.

5.6 Aplicações para as equações diferenciais

As equações diferenciais são utilizadas para a obtenção de uma função a partir de sua derivada. Os campos de atuação são os mais variados, pois numa pesquisa é possível conhecer, inicialmente, a taxa de variação (ou derivada), para depois obter a sua função, conhecendo-se pelo menos um dos pontos desta função primitiva (que é desejada).

R5.14 Em certo armazém, a função densidade de probabilidade de que 100x por cento dos pedidos a serem atendidos por dia de trabalho é dada por $f(x) = \dfrac{9 - 3x^2}{8}$ em [0 ; 1]. Pede-se:

a) mostrar que f(x) é uma f.d.p.;
b) a probabilidade de que no máximo 75% dos pedidos sejam atendidos;
c) a probabilidade de que pelo menos 80% sejam atendidos num dia.

Resolução

a) $\int_0^1 f(x)\,dx = \int_0^1 \left[\frac{1}{8}(9-3x^2)\right]dx = \frac{1}{8}(9x-x^3)+k\, I_0^1 = \frac{1}{8}(9\cdot 1+1^3)+k-\frac{1}{8}(9\cdot 0-0^3)-k$

$\frac{1}{8}(9-1) = \frac{8}{8} = 1$

Temos, ainda, que f(x) ≥ 0

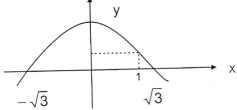

b) $P[x \le 75\%] = \int_0^{75\%} f(x)\,dx = \int_0^{0,75}\left[\frac{1}{8}(9-3x^2)\right]dx = \frac{1}{8}(9x-x^3)+k\, I_0^{0,75} =$

$= \frac{1}{8}[9\cdot 0,75-(0,75)^3]+k-\frac{1}{8}[9\cdot 0-(0)^3]-k = \frac{6,328125}{8} \cong$

$\cong 0,791015625$

c) $P[x \ge 80\%] = \int_{80\%}^{100\%} f(x)\,dx = \int_{0,8}^{1}\left[\frac{1}{8}(9-3x^2)\right]dx = \frac{1}{8}(9x-x^3)+k\, I_{0,8}^1 =$

$= \frac{1}{8}[9\cdot 1-(1)^3]+k-\frac{1}{8}[9\cdot 0,8-(0,8)^3]-k = 1-\frac{7,2-0,512}{8} =$

$1-\frac{6,688}{8} = 16,4\%$

R5.15 Uma empresa produz e vende uma quantidade q de certa mercadoria. As funções Custo marginal. Custo fixo, e receita marginal são dadas por $C_{mg} = 20$, $C_f = 200$, e $R_{mg} = -4q^3 + 64q$, respectivamente. Determinar:

a) as funções receita e custo total;
b) o lucro obtido pela produção e venda de cinco unidades desta mercadoria;
c) a função demanda **p**, onde $R_t = \mathbf{p}\cdot\mathbf{q}$

Resolução

a) $R_t = \int -4q^3 + 64q \; dq = -q^4 + 32q^2 + k$
como $R_t(0) = 0 \Rightarrow R_t = -q^4 = 32q^2$

b) $C_t = \int 20 \, dq = 20q + k$
como $C_f = k = 200 \Rightarrow C_t = 20q + 200$

$\begin{cases} L_t = R_t - C_t \Rightarrow L_t = (-q^4 + 32q^2) - (20q + 200) \therefore L_t = -q^4 + 32q^2 - 20q - 200 \\ L_t(5) = -5^4 + 32.5^2 - 20.5 - 200 = -625 + 800 - 100 - 200 = -125 \therefore L_t(5) = -125 \end{cases}$

c) $R_t = p.q \Rightarrow Rt = q^4 + 32q^2 = p \cdot q \; \dfrac{q(-q^3 + 32q)}{q} = p \therefore p = -q^3 + 32q$

5.7 Exercícios propostos

P5.1 Resolver as seguintes equações **diferenciais**:

a) $y' = \dfrac{2x}{y^2}$
b) $y' + 4x = 0$, com $y(0) = 2$.

P5.2 Resolver as seguintes equações **diferenciais**:

a) $y' = \dfrac{x}{y}$
b) $y' - 2y = 0$, com $y(0) = 1,2$

P5.3 Resolver: $\dfrac{d^2 y}{d^2 x} = \sqrt{x}$; $y = 3$ e $y' = 2$ quando $x = 9$.
Sugestão: utilizar integração sucessiva

P5.4 Resolver: $y'' = 3(2 + 5x)^2$; $y = 2$ e $y' = -1$ quando $x = 1$.
Sugestão: utilizar integração sucessiva

P5.5 Resolver: $\dot{x} = \operatorname{sen} t \;; (\frac{\pi}{2}; 4)$

P5.6 Resolver: $\dot{x} = \sqrt[3]{t} \;; (1; 0)$

P5.7 Resolver: $y' = \dfrac{3x^2 + 4x + 2}{2(y-1)}$, onde $y(0) = -1$

P5.8 Resolver: $y' - \dfrac{y}{2} = e^{-t}$

P5.9 Resolver: $\dfrac{ds}{dt} - s = e^t$

P5.10 Resolver: $y' + x = t$

P5.11 $\ddot{x} + 4\dot{x} + 5x = 0$

P5.12 Resolver a equação $\dfrac{dy}{dx} = \dfrac{y^2 + 2xy}{x^2}$

Sugestão: utilizar $\dfrac{y^2 + 2xy}{x^2} = \left(\dfrac{y}{x}\right)^2 + 2\dfrac{y}{x}$

P5.13 Resolver $\dfrac{dy}{dx} = \dfrac{y \cos x}{1 + 2y^2}$, com $y(0) = 1$

P5.14 Resolver $y' = y^2$, com $y(0) = 1$

P5.15 Uma empresa produz e vende uma quantidade q de certa mercadoria. As funções Custo marginal e Receita marginal são dadas por $C_{mg} = 30$, e $R_{mg} = -q^3 + 120q$, respectivamente. Determinar:

a) as funções receita e custo total, sabendo-se que o custo para duas unidades é 64;

b) o lucro obtido pela produção e venda de quatro unidades dessa mercadoria;

c) a função demanda **p**, onde $R_t = pq$.

P5.16 Seja $L_{mg} = -3q^2 + 16q + 1$ a função lucro marginal para certo produto. Determinar:

a) a função lucro total, sabendo-se que o lucro pela produção e venda de três unidades desse produto é 40;

b) a função receita total, sabendo-se que a função custo total é $C_t = 10q + 8$;

c) a função demanda **p**, onde $R_t = p.q$

P5.17 Uma empresa produz e vende uma quantidade q de certa mercadoria. As funções Custo marginal e Receita marginal são dadas por $C_{mg} = 10q + 20$, $C_f = 20$, e $R_{mg} = -4q^3 + 74q$, respectivamente. Determinar:

a) as funções receita e custo total;

b) o lucro obtido pela produção e venda de três unidades dessa mercadoria;

c) a função demanda **p**, onde $R_t = pq$.

P5.18 O preço de uma mercadoria, que atualmente custa R$ 1.100,00 varia, com a inflação, a uma taxa de 4,30x reais ao mês. Determinar:

a) a função preço calculando $P(x) = \int (4,30x) dx$;

b) o preço da mercadoria após 5 meses;

c) o tempo que essa mercadoria ultrapassa o valor de R$ 1.400,00.

P5.19 Resolver as equações diferenciais:

a) $y' = \dfrac{3x^2}{2y}$;

b) $y' + x = 4$, com $y(0) = 0,8$

P5.20 Resolver as equações diferenciais:

a) $y' - 5xy = 0$

b) $C_{mg} = 3q + 2$ para $C_t(0) = 240$, onde $C'_t = C_{mg}$ (custo marginal).

c) $y'' - 14 = 0$ para $y(0) = 20$, $y'(0) = 10$

P5.21 Seja 0,3 a Propensão marginal à Importação de certo País, cuja renda nacional bruta é y milhões. Determinar:

a) a função M = f(y) fornecendo a importação em função da renda, com M = US$ 400 milhões para y = 0;

b) o valor da importação para uma renda de US$ 40.000.000,00;

c) a renda que resulta numa importação de US$ 720.000.000,00.

Sugestão: $M(y) = \int P_{mg}(y)\,dy$, onde P_{mg} é a propensão marginal.

P5.22 A solução da equação diferencial $y' - 2xy = 0$ é:

a) $y = x^2 + k$; b) $y = e^{x^2+k}$; c) $y = \ln(x^2) + k$; d) $y = 2x + k$; e) $y = \frac{1}{2}x^2 + 2x + k$

5.8 Respostas dos exercícios propostos

P5.1

a) $y^3 = 3x^2 + k \Leftrightarrow \boxed{y = \sqrt[3]{3x^2 + k}}$ b) $\boxed{y = -2x^2 + 2}$

P5.2

a) $\dfrac{x^2}{2} + k_1 = \dfrac{y^2}{2} + k_2 \Rightarrow \boxed{y = \pm\sqrt{x^2 + k}}$ b) $dy = 2y\,dx \Rightarrow \boxed{y = e^{2x+k_2-k_1}}$

P5.3

Aplicando-se integrais sucessivas $\boxed{y = \dfrac{x^{2,5}}{3,75} - 16x + 82,2}$

P5.4 Percebendo que $\boxed{y''=12+60x+75x^2}$, com $y(1) = 2$ e $y'(1) = -1$

Temos $y = \dfrac{25}{4}x^4 + 10x^3 + 6x^2 - 68x + 47{,}75$

P5.5 $\dfrac{dx}{dt} = \operatorname{sen} t \Leftrightarrow dx = \operatorname{sen} t\, dt$, sendo o ponto inicial

$\left(\dfrac{\pi}{2}; 4\right) = (t; x) \Leftrightarrow x\left(\dfrac{\pi}{2}\right) = 4$

Assim $\boxed{x = 4 - \cos t}$ é a solução

P5.6 $\dfrac{dx}{dt} = \sqrt[3]{t} \Leftrightarrow dx = t^{\frac{1}{3}}\, dt$, logo $\boxed{x = \dfrac{3\sqrt[3]{t^4}}{4} - \dfrac{3}{4}}$

P5.7 $\boxed{y = 1 - \sqrt{x^3 + 2x^2 + 2x + 4}}$

P5.8 $\boxed{y = -\dfrac{2}{3}e^{-t} + k.e^{\frac{t}{2}}}$, onde $k \in \mathrm{IR}$.

P5.9 Sendo $a = -1$ temos a solução $\boxed{s = k.e^t + e^t(t + k)}$

P5.10 Sendo $\dfrac{dy}{dx} + 1.x = t$, temos $a = 1$, com a solução

$\boxed{y = k.e^{-t} + e^{-t}.\left(e^t.t - \left(e^t + k\right)\right)}$

P5.11 A equação $\lambda^2 - 4\lambda + 5 = 0$ gera a solução

$\boxed{y = e^{(-2-i)x}\left[A.\cos\left((-2+i)x\right) + B.\operatorname{sen}\left((-2+i)x\right)\right]}$, onde $A, B \in \mathrm{IR}$

P5.12 $\boxed{y = \dfrac{kx^2}{1-kx}}$

P5.13 $\boxed{\ln|y| + y^2 = \operatorname{sen} x + 1}$

P5.14 $\boxed{y = \dfrac{1}{1-t}}$

P5.15

a) $C_t = \int 30 \ dq = 30q + k$

 como $C_t(2) = 64 \Rightarrow 64 = 30.2 + k \therefore 64 = 60 + k \Leftrightarrow k = 4$ logo $C_t = 30q + 4$

 $R_t = \int -q^3 + 120q \ dq = -\dfrac{1}{4}q^4 + 60q^2 + k$

 como $R_t(0) = 0 \Rightarrow R_t = -\dfrac{1}{4}q^4 + 60q^2$

b) $\begin{cases} L_t = R_t - C_t \Rightarrow L_t = \left(-\dfrac{1}{4}q^4 + 60q^2\right) - (30q + 4) \therefore L_t = -\dfrac{1}{4}q^4 + 60q^2 - 30q - 4 \\ L_t(4) = -\dfrac{1}{4}4^4 + 60.4^2 - 30.4 - 4 = -64 + 960 - 120 - 4 = 772 \therefore L_t(4) = 772 \end{cases}$

c) $R_t = pq \Rightarrow p.q = \left(-\dfrac{1}{4}q^4 + 60q^2\right) \therefore p = \dfrac{-\dfrac{1}{4}q^4 + 60q^2}{q}$ logo

$\boxed{p = -\dfrac{1}{4}q^3 + 60q}$

P5.16

a) $\begin{cases} L_t = \int -3q^2 + 16q + 1 \ dq = -q^3 + 8q^2 + q + k \\ L_t(3) = 40 \Rightarrow 40 = -3^3 + 8.3^2 + 3 + k \therefore 40 = -27 + 72 + 3 + k \Leftrightarrow k = -8 \\ \text{assim } L_t = -q^3 + 8q^2 + q - 8 \end{cases}$

b) $\begin{cases} L_t = R_t - C_t \Rightarrow -q^3 + 8q^2 + q - 8 = R_t - (10q + 8) \\ -q^3 + 8q^2 + q - 8 + 10q + 8 = R_t \therefore R_t = -q^3 + 8q^2 + 11q \end{cases}$

c) $R_t = pq \Rightarrow -q^3 + 8q^2 + 11q = p.q \Leftrightarrow \dfrac{-q^3 + 8q^2 + 11q}{q} = p \therefore$

$\boxed{p = -q^2 + 8q + 11}$

P5.17

a) $C_t = \int 20 + 10q \ dq = 20q + 5q^2 + k$

como $C_t(0) = 20 \Rightarrow 20 = 20.0 + 5.0^2 + k \therefore k = 20$ logo $C_t = 5q^2 + 20q + 20$

$R_t = \int -4q^3 + 74q \ dq = -q^4 + 37q^2 + k$

como $R_t(0) = 0 \Rightarrow R_t = -q^4 + 37q^2$

b) $\begin{cases} L_t = R_t - C_t \Rightarrow L_t = (-q^4 + 37q^2) - (5q^2 + 20q + 20) \therefore L_t = -q^4 + 32q^2 - 20q - 20 \\ L_t(3) = -3^4 + 32.3^2 - 20.3 - 20 = -81 + 288 - 60 - 20 = 127 \therefore L_t(3) = 127 \end{cases}$

c) $R_t = pq \Rightarrow p.q = (-q^4 + 37q^2) \therefore p = \dfrac{-q^4 + 37q^2}{q}$ logo $\boxed{p = -q^3 + 37q}$

P5.18

a) $\begin{cases} P(x) = \int 4,30x \ dx = 2,15x^2 + k \\ P(0) = 1100 \Rightarrow 2,15.(0)^2 + k = 1100 \therefore k = 1100 \end{cases}$, logo $\boxed{P(x) = 2,15x^2 + 1100}$

b) $P(x) = 2,15x^2 + 1100 \Rightarrow P(5) = 2,15.(5)^2 + 1100 \therefore \boxed{P(5) = R\$ 1.153,75}$

c) $\begin{cases} 1100 + 2,15x^2 \geq 1400 \Leftrightarrow 2,15x^2 \geq 300 \Leftrightarrow x^2 \geq 139,5348837 \\ x \cong \sqrt{139,5348837} \Leftrightarrow x \cong 11,81 \ meses \end{cases}$

P5.19

a) $y' = \dfrac{3x^2}{2y} \Leftrightarrow \dfrac{dy}{dx} = \dfrac{3x^2}{2y} \therefore 2y\,dy = 3x^2\,dx$

$\int 2y\,dy = \int 3x^2\,dx \Leftrightarrow y^2 = x^3 + k$ assim $\boxed{y = \pm\sqrt{x^3 + k}}$

b) $y' + x = 4$, com $y(0) = 0{,}8$

$y' = 4 - x \Leftrightarrow \dfrac{dy}{dx} = 4 - x \Leftrightarrow dy = (4-x)dx \Leftrightarrow \int 1\,dy = \int (4-x)\,dx \Leftrightarrow y + k_1 = 4x - \dfrac{x^2}{2} + k_2$

Como $y(0) = 0{,}8 \Rightarrow y = -\dfrac{x^2}{2} + 4x + k \therefore y(0) = -\dfrac{0^2}{2} + 4.0 + k = 0{,}8 \therefore k = 0{,}8$

Assim $\boxed{y = -\dfrac{x^2}{2} + 4x + 0{,}8}$

P5.20

a) $y' - 5xy = 0 \Leftrightarrow y' = 5xy \Leftrightarrow \dfrac{dy}{dx} = 5xy \Leftrightarrow \dfrac{1}{y}dy = 5x\,dx$

$\int \dfrac{1}{y}\,dy = \int 5x\,dx \Leftrightarrow \ln|y| + k_1 = 5\dfrac{x^2}{2} + k_2$

$\ln|y| = 5\dfrac{x^2}{2} + k \Leftrightarrow y = e^{5.\frac{x^2}{2}+k}$

b) $C'_t = 3q + 2$ para $C_t(0) = 240$

$Ct = \int 3q + 2\,dq = 3\dfrac{q^2}{2} + 2q + k$

$Ct(0) = 240 \Rightarrow 240 = 3.\dfrac{0^2}{2} + 2.0 + k \therefore k = 240$

$\therefore C_t = 3.\dfrac{q^2}{2} + 2q + 240$

196

c) $y'' - 14 = 0$ para $y(0) = 20$, $y'(0) = 10$

$y'' = 14 \Rightarrow \int y'' dy = \int 14 \, dx \therefore y' = 14x + k_1$

$y'(0) = 10 \Rightarrow 10 = 14.0 + k_1 \Leftrightarrow k_1 = 10$

$\int y' dy = \int 14x + 10 \, dx \Rightarrow y = 7x^2 + 10x + k_2$

$y(0) = 20 \Rightarrow 20 = 7.0^2 + 10.0 + k^2 \therefore k_2 = 20$

logo $y = 7x^2 + 10x + 20$

P5.21

a) $\left. \begin{array}{l} M(y) = \int 0{,}3 \, dy = 0{,}3y + k \\ y = 0 \Rightarrow 400 = 0{,}3.0 + k \therefore k = 400 \end{array} \right\} \therefore \boxed{M(y) = 0{,}3y + 400}$

b) $\left. \begin{array}{l} M(y) = 0{,}3y + 400 \\ M(40) = 0{,}3.40 + 400 \end{array} \right\} \therefore M(40) = 12 + 400 \therefore \boxed{M(40) = US\$ \, 412.000{,}00}$

c) $\left. \begin{array}{l} M(y) = 0{,}3y + 400 \\ 720 = 0{,}3.y + 400 \end{array} \right\} \therefore 0{,}30y = 320 \Leftrightarrow y = 1066{,}666... \therefore \boxed{y \cong US\$ \, 1066{,}67}$

P5.22

alternativa B

Capítulo 6

Programação linear e não linear

6.1 Noções de problemas que envolvem programação linear

Os problemas de programação são situações envolvendo otimização de uma função (achar o seu máximo ou mínimo) com certas restrições, onde *todas* essas funções são lineares (expressões algébricas com parâmetros possuindo expoente 1 e nenhum parâmetro é multiplicado por outro).

R6.1 Determinar o valor *máximo* da função **z = 5x + 2y**, sujeita à:

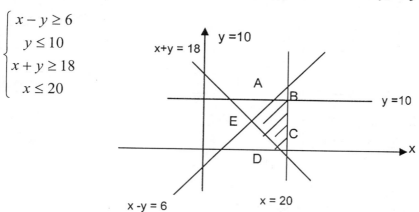

$$\begin{cases} x - y \geq 6 \\ y \leq 10 \\ x + y \geq 18 \\ x \leq 20 \end{cases}$$

199

Resolução **Obtenção das coordenadas dos vértices:**

$$A = \begin{cases} y = 10 \\ x - y = 6 \end{cases} \quad D = \begin{cases} y = 0 \\ x + y = 18 \end{cases}$$

$$B = \begin{cases} y = 10 \\ x = 20 \end{cases} \quad E = \begin{cases} x + y = 18 \\ x - y = 6 \end{cases}$$

$$C = \begin{cases} y = 0 \\ x = 20 \end{cases}$$

Testando cada vértice na função **z(x; y) = 5x + 2y**:

A(16;10) $\Rightarrow$ z(16;10) = 5*16 + 2*10 = 80 + 20 = 100
B(20;10) $\Rightarrow$ z(20;10) = 5*20 + 2*10 = 100 + 20 = **120** *"valor máximo"*
C(20;0) $\Rightarrow$ z(20;0) = 5*20 + 2*0 = 100 + 0 = 100
D(18;0) $\Rightarrow$ z(18;0) = 5*18 + 2*0 = 90 + 0 = 90
E(12;6) $\Rightarrow$ z(12;6) = 5*12 + 2*6 = 60 + 12 = **72** *"valor mínimo"*

Vamos, agora, utilizar o procedimento *solver* do Excel:

Preparando o quadro com a função a ser maximizada e as restrições do problema:

	A	B	C	D	E	F
1	variáveis		fórmulas	com as	restrições	função
2	x	y	x-y≥6			**Z=5x+2y**
3			y≤10			=5*$A$3+2$B$3
4			x+y≥18			
5			x≤20			
6						

Em D2 digitar : = $A$3 - $B$3
Em D3 digitar : = $B$3
Em D4 digitar : = $A$3 + $B$3
Em D5 digitar : = $A$3
Em F3 digitar : = **5*$A$2+2*$B$2**

Passo 1

Deve ser preparada a tela contendo: variáveis, restrições, e função a ser otimizada.

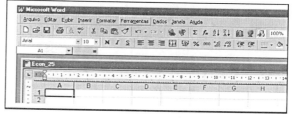

Passo 2

Com o cursor na fórmula a ser otimizada, acessar ⇒ ferramentas, e utilitários SOLVER.

Passo 3

Célula de destino deve ser a posição onde está a função a ser otimizada. Para as variáveis devemos ter os campos correspondentes na tela inicial. Adicionar cada restrição, uma a uma.

Passo 4

Definir célula de destino: $F$3.

Células variáveis: $A$3:$B$3.

A cada restrição digitar OK e, em seguida ADICIONAR uma nova restrição.

Restrições	Digitar	símbolo	Digitar
$A$3-$B$3>=6	$A$3	>=	6+$B$3
$B$3<=10	$B$3	<=	10
$A$3+$B$3>=18	$A$3	>=	18-$B$3
$A$3<=20	$A$3	<=	20

Passo 5

Terminadas as restrições, e só clicar no RESOLVER, que aparecerá a solução do problema.

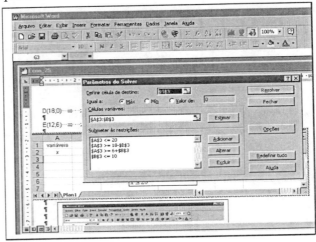

Passo 6

A tela retorna ao quadro inicial, completando as lacunas deixadas pelas variáveis e a função.

variáveis		fórmulas com as restrições	função
x	y	$x-y \geq 6 \Leftrightarrow x \geq 6+y$	z=5x+2y
20	10	$y \leq 10$	120
		$x+y \geq 18 \Leftrightarrow x \geq 18-y$	
		$x \leq 20$	

6.2 Noções de problemas que envolvem programação não linear

Para problemas de programação não linear, pelo menos uma das restrições ou a função a ser otimizada não é linear.

R6.2 Considerando a receita e o custo de uma empresa representado por
$\begin{cases} P = x^2 + y^2 \\ C = 4 + x + y \end{cases}$, **maximizar P** onde o custo C ≤ 12.

Resolução matemática.

Desenhar as curvas de nível
$P = x^2 + y^2$ é uma circunferência
com centro em (0;0)
C = 4 + x + y são retas decrescentes
O ponto de máximo ocorre para o ângulo de 45°

Por trigonometria $\cos 45° = \dfrac{x}{R}$ e $sen\, 45° = \dfrac{y}{R}$

R = raio da circunferência

Para $\begin{cases} C = 12 \\ C = 4 + x + y \end{cases}$ e utilizando a distância entre ponto e reta

$$dist. = \frac{|ax_0 + by_0 + c|}{\sqrt{a^2 + b^2}} = \frac{|1.0 + 1.0 - 8|}{\sqrt{1^2 + 1^2}}$$

Temos dist.$= \dfrac{8}{\sqrt{2}}$. Como R = dist. Então:

$\begin{cases} \cos 45° = \dfrac{x}{R} \\ \dfrac{\sqrt{2}}{2} = \dfrac{x}{\frac{8}{\sqrt{2}}} \end{cases}$ assim $2x = \sqrt{2} \cdot \dfrac{8}{\sqrt{2}} \therefore 2x = 8 \Leftrightarrow x = 4$

Analogamente $\begin{cases} \cos 45° = \dfrac{x}{R} \\ \dfrac{\sqrt{2}}{2} = \dfrac{x}{\frac{8}{\sqrt{2}}} \end{cases}$ assim $2x = \sqrt{2} \cdot \dfrac{8}{\sqrt{2}} \therefore 2x = 8 \Leftrightarrow y = 4$

Cálculo da Produção máxima: $\begin{cases} P = x^2 + y^2 \\ P_{máx.} = 4^2 + 4^2 = 16 + 16 = 32 \end{cases}$

Resolução na planilha

Preparando a tela do **Excel**

	A	B	C	D	E	F	G
1	variáveis			restrições		Função a	otimizar
2	x	y		C=4+x+y		P=x²+y²	
3							
4							
5							

Entrar em FERRAMENTAS, opção SOLVER, preencher todos os campos: célula de destino (já está digitada a fórmula em F4), variáveis (de A3 a B3 digitando $A$3:$B$3), digitando as 3 restrições (uma por vez) acrescentar $A$3 >=0 (x>=0), adicionar $B$3 >=0 (y>=0), adicionar $D$3 = 12 (C=12), e RESOLVER (aparecerá a solução encontrada).

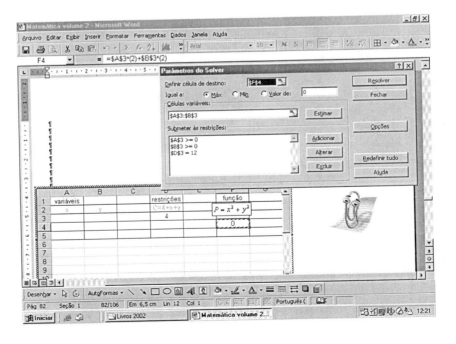

204

A tela do excel fica assim:

variáveis			restrições		função	
x	y		C=4+x+y		$P = x^2 + y^2$	
4,000001	4,000001		12			
					32,00001	

6.3 Exercícios propostos

Nos exercícios de **P6.1** a **P6.6**, determinar os *vértices* de cada polígono junto ao domínio de validade de cada função para *otimizá-la* (achando o valor máximo ou mínimo) nesses problemas de programação linear:

P6.1. Maximizar a função **P = 2x + 3y** sujeita à: $\begin{cases} x - y \leq 8 \\ x + y \leq 20 \\ 0 \leq x \leq 13 \\ 0 \leq y \leq 14 \end{cases}$

P6.2 Minimizar a função **Z = 3x + 4y** sujeita à: $\begin{cases} x + y \leq 24 \\ x - y \geq 10 \\ 0 \leq x \leq 15 \\ 0 \leq y \leq 12 \end{cases}$

P6.3 Maximizar a função **Z = 4x + 5y** sujeita à: $\begin{cases} 2x + y \leq 40 \\ x - 2y \leq 10 \\ 0 \leq x \leq 12 \\ 0 \leq y \leq 16 \end{cases}$

P6.4 Maximizar a função **Z = 6x + 7y** sujeita à: $\begin{cases} x + 2y \leq 30 \\ 2x - y \leq 10 \\ 0 \leq x \leq 8 \\ 0 \leq y \leq 13 \end{cases}$

P6.5 Minimizar a função **Z = 2x + 3y** sujeita à : $\begin{cases} x+y \geq 18 \\ y-2x \leq 0 \\ y-2x \leq 0 \\ 0 \leq y \leq 30 \\ x \geq 0 \end{cases}$

P6.6 Maximizar a função **P = 5x + 2y** sujeita à: $\begin{cases} x-y \geq 6 \\ x+y \leq 18 \\ 0 \leq x \leq 20 \\ 0 \leq y \leq 10 \end{cases}$

P6.7 Um nutricionista precisa estabelecer uma dieta contendo, pelo menos, 10 unidades de vitamina A, 30 unidades de vitamina B, e 18 unidades de vitamina C. Essas vitaminas estão contidas em quantidades variadas em cinco alimentos que vamos chamar de S_1, S_2, S_3, S_4, e S_5. O quadro seguinte fornece o n° de unidades das vitaminas A, B, e C em cada unidade desses cinco alimentos bem como o seu custo, em R$, por unidade.

	S_1	S_2	S_3	S_4	S_5
A	0	1	5	4	3
B	2	1	0	3	2
C	3	1	0	9	0
Custo	4	2	1	10	5

Calcular as quantidades dos cinco alimentos que devem ser incluídas na dieta diária, a fim de encontrarmos esses teores de vitamina com o *menor custo*.

P6.8 Um jovem está saindo com duas namoradas Marina e Cecília. Sabe, por experiência, que:
a) Marina, elegante, gosta de freqüentar lugares sofisticados, mais caros, de modo que uma saída com três horas custará R$ 210,00;

b) Cecília, mais simples, prefere um divertimento mais popular, de modo que, uma saída de três horas custará R$ 150,00;

c) seu orçamento permite dispor R$ 740,00 para diversão;

d) seus afazeres escolares lhe dão liberdade, no máximo, 16 horas e 35.000 calorias de sua energia para atividades sociais;

e) cada saída com Marina consome 4.000 calorias, mas com Cecília, mais alegre e extrovertida, gasta o dobro;

f) ele gosta das duas com a mesma intensidade.

Como deve planejar sua vida social para obter o número *máximo* de saídas?

P6.9 Um fazendeiro tem 220 unidades de área de terra, onde planeja cultivar trigo, arroz, e milho. A produção esperada é de 1.900 kg por unidade de área plantada de trigo, 2.200 kg por unidade de área plantada de arroz, e 3.000 kg por unidade de área plantada de milho. Para atender o consumo interno de sua fazenda, ele deve plantar pelo menos 12 unidades de área de trigo, 15 unidades de área de arroz, e 18 unidades de área de milho. Ele tem condições de armazenar no máximo 800.000 kg. Sabendo que o trigo dá um lucro de R$ 1,25 por kg, o arroz R$ 0,63 por kg, e o milho R$ 0,301 por kg, quantas unidades para a área de cada produto ele deve plantar para que o seu *lucro seja o maior* possível?

P6.10 Num laboratório químico, querem produzir um ácido com as seguintes características:

a) o ácido deve conter no mínimo 22% do componente B_1, no máximo 25% do componente B_2, e no mínimo 33% do componente B_3;

b) o peso específico deve ser menor ou igual a 1.

O ácido deverá ser produzido a partir de uma mistura de três matérias-primas, R_1, R_2 e R_3. A porcentagem na qual os componentes B_1, B_2 e B_3 encontram-se nas matérias-primas bem como o peso específico e preços por unidade são dados pela **tabela** apresentada a seguir:

	B_1	B_2	B_3	Peso específico	Preço por unidade
R_1	14	11	38	1,04	128
R_2	21	16	25	0,98	117
R_3	30	34	31	1,00	116

Considerando que o peso específico do ácido será dado levando-se em conta a proporção em que as matérias-primas se encontram na mistura, formular esse problema para determinar esta proporção, *minimizando o custo* da produção do ácido.

P6.11 Devido ao número inconstante de passageiros, uma companhia de ônibus necessita de um número variado de motoristas dependendo do horário considerado. A tabela a seguir especifica a quantidade de motoristas necessários:

Horário	1 às 5 horas	5 às 9 horas	9 às 13 horas	13 às 17 horas	17 às 21 horas	21 às 01 hora
Quantidade de motoristas	14	30	26	34	28	14

Considerando que cada motorista trabalha 8 horas seguidas e que o serviço pode ser iniciado às 1, 5, 9, 13, 17, ou 21 horas, elaborar um plano de trabalho para os motoristas, de modo que o *número destes seja mínimo*.

P6.12 Numa fábrica é preciso cortar uma fita de aço de 180 mm de largura em tiras de 28, 45, e 60 mm de largura, das quais necessitam-se as seguintes quantidades globais:

	Largura	Comprimento
Tira 1	28 mm	2500 mm
Tira 2	45 mm	5400 mm
Tira 3	60 mm	9200 mm

Como deve ser cortada a fita para que seja utilizada a *quantidade mínima desse material*? Para conseguir o comprimento total para cada tipo de tira, é admissível cortar diversos pedaços, de diversos comprimentos, desde que nenhum tenha pelo menos 12 metros.

P6.13 Duas ligas metálicas A e B são feitas de quatro metais distintos I, II, III, e IV de acordo com a especificação apresentada na tabela a seguir:

Ligas	Especificação
A	No máximo 72% de I
	No máximo 27% de II
	No mínimo 65% de IV
B	Entre 48% e 57% de II
	No mínimo 33% de III
	No máximo 76% de IV

Os quatro metais são extraídos de três minérios diferentes, cujas porcentagens em peso destes metais, quantidades máximas dos minérios e custos por tonelada são tabelados a seguir:

Minério	Quantidade máxima (em toneladas)	Componentes (%)					Preço por tonelada (em R$)
		I	II	III	IV	outros	
1	2200	30	11	35	34	13	39,00
2	1600	12	22	33	38	10	48,00
3	2300	6	5	75	27	3	57,00

Considerando que os preços de venda das ligas A e B sejam R$ 180,00 e R$ 250,00 por tonelada, respectivamente, formular o problema como um modelo de programação linear, além de *maximizar o lucro*.

P6.14 O Sr. Marcos produz colônias masculinas a partir dos insumos x, y, e z custando, respectivamente R$ 25,00; R$ 31,00; e R$ 36,00 o litro. Ele sabe que para atender a composição daquela colônia, necessita de 25% de x, 35% de y, e 40% de z. É preciso fabricar pelo menos 2,5 litros da mistura para se ter viabilidade econômica. Dispondo de R$ 850,00 para a compra dos insumos, obter os valores de x, y, e z que *maximiza* essa produção.

P6.15 Uma companhia produz dois tipos de sorvete: picolé e copinho. Na companhia o único ponto crítico é a mão-de-obra disponível. O copinho consome 35% a mais de mão-de-obra do que o do picolé. Sabe-se que se todo sorvete produzido fosse do tipo picolé, a companhia poderia produzir 330 toneladas por dia. O mercado limita a produção diária de copinho e picolé em 170 e 320 toneladas, respectivamente. O lucro, por tonelada, de picolés e copinhos produzidos, respectivamente, é de R$ 5.500,00 e R$ 3.600,00 por tonelada.

Formular o problema para estabelecer as quantidades de cada tipo de sorvete para *maximizar o lucro*.

P6.16 Uma firma fabrica uma máquina constituída de três peças A e quatro peças B. As duas peças A e B são fabricadas a partir de três matérias-primas das quais 120, 180, e 250 unidades estão disponíveis, respectivamente. A tabela seguinte fornece os requisitos de matéria-prima e o número de peças fabricadas por turno de produção, em cada um dos três departamentos da firma:

Departamentos	Entrada (unidades) matéria-prima			Saída (unidades) peças	
	1	2	3	A	B
1	5	8	6	5	8
2	6	12	2	4	9
3	4	9	7	13	7

Determinar o número de turnos de produção para cada departamento que *maximize* o *número* de *máquinas* fabricadas.

P6.17 Uma companhia aérea possui três tipos de aviões e é obrigada a servir quatro rotas aéreas. A tabela abaixo fornece a capacidade máxima (em número de passageiros) de cada tipo de aeronave, o número de aviões disponíveis de cada tipo, bem como o número de viagens por dia que cada tipo de avião pode fazer em uma determinada rota (por exemplo: um avião do tipo 1 pode realizar três viagens na rota 1 ou duas viagens na rota 2, etc...). Na tabela seguinte é dado também o número de passageiros que necessariamente terá que ser transportado em cada rota:

Tipo de aeronave	Capacidade (passageiros)	Nº disponível aeronaves	Número de viagens diárias em cada rota			
			1	2	3	4
1	59	12	4	3	2	4
2	112	15	3	6	3	2
3	228	18	5	4	7	6
Passageiros a serem transportados diariamente em cada rota			410	380	230	280

O custo operacional por viagem para cada avião nas diferentes rotas é dado pela tabela abaixo:

Tipo de aeronave	Custo operacional por viagem para cada rota			
	1	2	3	4
1	1210	1270	1320	1620
2	950	950	1125	1138
3	820	910	845	953

Formular um modelo de programação linear que permita alocar os aviões de diversas rotas, visando a *minimizar o custo operacional* do sistema.

P6.18 Para fazer um churrasco, José Roberto dispõe de R$ 250,00 para comprar carnes de boi e frango. Sabendo-se que as carnes bovinas (x) e de frango (y) estão cotadas à R$ 7,33 por quilo e R$ 3,90 por quilo, respectivamente. Ele sabe que o consumo de carne bovina é o dobro que o consumo de carne de frango. Obter os valores de x e y que *maximizam* essa compra.

P6.19 Uma empresa fabrica cinco produtos: P_1, P_2, P_3, P_4, e P_5. Cada um deles requer três tipos de matérias-primas: M_1, M_2, e M_3. As quantidades utilizadas para cada produto, as disponibilidades de matéria-prima, e o lucro líquido de cada produto são dados pela tabela abaixo:

	P_1	P_2	P_3	P_4	P_5	Disponibilidade de matéria-prima
M_1	4	6	3	7	1	140 kg
M_2	2	7	4	2	4	155 kg
M_3	3	3	1	4	2	110 kg
Lucro líquido unitário (R$)	230	170	87	98	150	

Supondo que o lucro é proporcional à quantidade produzida (e vendida), determinar a quantidade de cada produto (num modelo de programação linear), de modo que se tenha a *maximização* do lucro.

P6.20 Uma cadeia de lojas deseja planejar sua política de compras de um determinado material para um período de 8 meses. O consumo diário previsto para os 8 meses é apresentado no quadro a seguir:

Mês	1	2	3	4	5	6	7
Consumo diário (t)	4	3	7	5	3	2	1

Mensalmente é feito um pedido do material à fabrica que faz a entrega no início do 1º dia útil de cada mês. Este material é estocado. No início de cada dia, um caminhão passa pelo estoque, apanha a quantidade a ser consumida naquele dia e faz a distribuição pelas diversas lojas. Os custos de estocagem são de R$ 215,00 por tonelada e por dia, e são calculados levando-se em conta a quantidade estocada durante o dia.

A capacidade do estoque é de 200 toneladas. O preço do material varia de mês para mês segundo a seguinte **tabela**:

Mês	1	2	3	4	5	6	7
Custo por tonelada (R$)	72.000	65.000	74.000	82.000	94.000	89.000	83.000

Determinar a política de compras de modo a *minimizar* custos de estocagem e compra de material.

P6.21 A fabricação de três produtos envolve três tipos de operação. O tempo consumido em cada uma delas, por unidade de produto (em minutos), a quantidade total de tempo disponível na fábrica para cada operação (em minutos por dia), bem como o lucro líquido por unidade do produto (em reais) é dado pela tabela seguinte:

Operação	Tempo por unidade (em minutos)			Tempo disponível (em minutos por dia)
	produto 1	produto 2	produto 3	
1	6	1	2	390
2	4	5	7	410
3	2	3	6	430
Lucro unitário (R$)	16	14	15	

Determinar a produção diária de cada produto, com o objetivo de *maximizar* o lucro, sabendo que toda a produção será vendida.

P6.22 Uma fábrica produz três tipos de chapas metálicas A, B, e C que são primeiramente prensadas e depois esmaltadas. A prensa dispõe de 2.480 minutos livres por mês e cada chapa, A ou B, leva um minuto para ser prensada, enquanto a chapa C leva o dobro do tempo devido ao tamanho maior. Por outro lado, a aplicação nesta última leva apenas 1 minuto, enquanto as chapas A e B levam 2,4 e 3,8 minutos, respectivamente. O total de tempo disponível na seção de esmaltagem é de 8.900 minutos por mês. A demanda dos três tipos de chapas absorve facilmente toda a produção e o lucro para as chapas A, B, e C são: R$ 5,60; R$ 7,90; e R$ 8,80 por unidade, respectivamente. Determinar a *produção* das chapas.

P6.23 Cláudia deseja fazer uma festa com caviar e salmão que custam R$ 40,00 e R$ 31,00 o quilo. Cláudia sabe por experiência anterior, que não deve comprar menos de 100 kg de carne no total, e que a quantidade de caviar a ser comprada não deve ser inferior a 72 kg nem superior a 180 kg. Sabe também que a quantidade de salmão a ser comprada não deve ser inferior a 6 kg nem superior a 42 kg. Por outro lado, ela pretende que a relação entre as quantidades de caviar e salmão não seja inferior a 3.

Determinar a quantidade de carne a ser comprada, de modo que o *custo* seja o *menor* possível e que as restrições mencionadas sejam satisfeitas.

P6.24 O dono de uma loja possui um orçamento de R$ 36.000,00. Segundo fórmulas estatísticas $F = 18.g^{0,6}.a^{0,4}$ representa o n° de fregueses (**F**) atendidos por **g** gerentes e **a** atendentes desta loja. Sabendo-se que os salários dos gerentes e atendentes são R$ 1.100,00 e R$ 400,00, respectivamente, encontrar o número de gerentes e atendentes necessários para *maximizar* o número de fregueses desta loja.

Observação: esse problema é de Programação não linear, podendo ser resolvido pelo utilitário Solver do Excel.

P6.25 Um fazendeiro dispõe de 150 hectares de terra e um total de mão-de-obra anual disponível correspondente a 9.500 homens/hora. O fazendeiro tem a opção de plantar trigo, soja, e milho. O gasto anual de mão-de-obra por hectare para trigo, soja, e milho é respectivamente, $h_1 = 20$; $h_2 = 30$; $h_3 = 30$ homens /hora. O lucro por hectare para trigo, soja, e milho é respectivamente R$ 12,00, R$ 8,00, e R$ 3,00. O filho do fazendeiro, João, que estuda pesquisa operacional, montou então o seguinte modelo, visando *maximizar* o *lucro* da fazenda:

$$\begin{cases} x_1 + x_2 + x_3 \leq 150 \\ h_1 x_1 + h_2 x_2 + h_3 x_3 \leq 9.500 \\ h_1 = 20;\ h_2 = 30;\ h_3 = 30 \\ x_1, x_2, x_3 \geq 0 \\ L = 12x_1 + 8x_2 + 3x_3 \to MAX. \end{cases}$$

Onde x_1, x_2, e x_3 representam a quantidade de terra por hectare a ser plantada, respectivamente com trigo, soja, e milho. Em seguida, Pedro pediu ao pai para especificar os valores de x_1, x_2, e x_3.

Visando prevenir-se contra possíveis mudanças na fazenda, estude o seguinte caso:

Uma indústria se instala nas proximidades da fazenda e absorve toda a mão-de-obra da região. O fazendeiro fica restrito ao caseiro, que não pode dispor de mais de 1.220 horas por ano. O plano de produção seria alterado? Caracterize a *nova* solução.

P6.26 Um empresário dispõe de R$ 5.400.000,00 e pretende estabelecer uma frota de veículos médios e grandes para operar fazendo transportes de carga entre dois pontos de São Paulo. Os veículos (caminhões) médios e grandes custam R$ 120.000,00 e R$ 170.000,00 e proporcionam lucros líquidos de R$ 5.800,00 e R$ 8.200,00 mensais respectivamente. O empresário não pretende trabalhar com mais de 55 caminhões. Por outro lado, as suas instalações para manutenção são suficientes para 78 caminhões médios e ele sabe que em termos de manutenção de um caminhão grande equivale a dois caminhões médios.

Determinar quantos veículos (caminhões) de cada tipo devem ser adquiridos de modo que o *lucro* mensal seja *maximizado*.

P6.27 Uma loja deseja estocar dois produtos A e B para venda posterior. O pedido mínimo economicamente viável para estoque é 570 unidades no total e a proporção de A para B é no máximo 2. Por outro lado, o pedido mínimo para cada item é de 130 para A e 205 para B. O custo unitário nestas condições é de R$ 2,20 para A e R$ 3,40 para B.

Calcular as quantidades a serem estocadas nestas condições a fim de *minimizar* o seu custo.

P6.28 O Sr. Clóvis dispõe de 13 alqueires de terra no interior do Estado e pretende cultivá-las plantando dois tipos de vegetais, A e B. Para uma boa produção do vegetal do tipo A é necessário empregar 250 kg de fertilizante por alqueire, enquanto o tipo B requer 307 kg por alqueire. O lucro líquido por alqueire do vegetal do tipo A é de R$ 12.500,00, enquanto que o do tipo B é de R$ 15.800,00. Além disso, O Sr. Clóvis não pretende empregar mais do que 2.100 kg de fertilizante, nem plantar mais que 6 alqueires do vegetal do tipo B em virtude dos problemas de mercado, embora deseje também plantar pelo menos 5 alqueires do vegetal do tipo A. Quantos alqueires de cada tipo de vegetal deverão ser plantados, de modo que o *lucro* do Sr. Clóvis seja *maximizado*?

P6.29 Uma firma possui dois tipos de máquinas X e Y. A máquina X pode produzir diariamente 1.106 arruelas do tipo 1; 2.030 do tipo 2; e 1.680 do tipo 3. A máquina Y pode produzir diariamente 5.600 arruelas do tipo 1; 870 do tipo 2; e 1.570 do tipo 3. Como o custo operacional diário de X é de R$ 240,00 e o de Y é R$ 290,00, deseja-se saber quantos dias de cada máquina deverá ser operada de modo a produzir com o *menor custo* possível, pelo menos 42.000 arruelas do tipo 1; 23.600 arruelas do tipo 2; e 31.000 do tipo 3?

P6.30 Certo empresário fabrica dois artigos A e B, usando para isto três tipos de substâncias S_1, S_2, e S_3. Para fabricar uma unidade de A são necessárias 2, 5, e 10 unidades, respectivamente, das substâncias S_1, S_2, S_3. As quantidades disponíveis de S_1, S_2, e S_3 são, respectivamente, iguais a 104, 208, e 4.560 unidades. Sabendo que devem ser produzidas pelo menos 11 unidades de A e 22 de B, e que o lucro é de R$ 1.580,00 por unidade de A e de R$ 1.260,00 por unidade de B, o empresário deseja saber quantas unidades de A e quantas unidades de B devem ser fabricadas, de modo que o *lucro* seja *maximizado*?

P6.31 A APM de uma escola possui R$ 2.500,00 para adquirir caixas de papel sulfite e caixas de caneta. Sabe-se que o consumo de papel é 5 vezes maior que o consumo de caneta. O preço de cada caixa de caneta é R$ 5,40, e o preço de cada caixa de papel com 2.500 folhas é R$ 22,50. Determinar a quantidade de caixas de papel e caneta que devem ser compradas, para se *otimizar* o custo?

P6.32 Uma fábrica possui três tipos de máquinas: M_1; M_2; e M_3 a serem utilizadas na fabricação dos produtos P_1 e P_2. A tabela abaixo descreve a operação desta fábrica:

	P_1	P_2	Disponibilidade diária
M_1	3	4	16 horas
M_2	2	5	11 horas
M_3	3	1	13 horas

Sabendo-se que P_1 e P_2 fornecem um lucro diário de R$ 350,00 e R$ 440,00, respectivamente, formule esse problema como programação linear, a fim de *maximizar* o lucro.

P6.33 Uma empresa faz dois produtos a partir dos ingredientes x e y. Cada quilo de x contém 5 unidades do produto P_1, 6 unidades do produto P_2, 4 unidades do produto P_3, custando R$ 120,00. Cada quilo de y contém 7 unidades do produto P_1, 8 unidades do produto P_2, 6 unidades do produto P_3, custando R$ 170,00. A mistura deve conter pelo menos 23 unidades de P_1, 26 unidades de P_2, e 35 unidades de P_3. Através de um modelo de programação linear, determinar as quantidades x e y para se *minimizar* o seu custo.

P6.34 Certo depósito de 35.000 m² deve ser alocado para armazenar três tipos de produto P_1, P_2 e P_3. Sabe-se que P_2 não deve ocupar mais espaço que P_1, que o espaço ocupado por P_1 não deve ser maior que 5.500 m² a mais que as áreas somadas de P_2 e P_3. Os espaços ocupados por P_2 e P_3 devem ter pelo menos 4.600 m². Sabendo-se que os lucros de P_1, P_2, e P_3 são R$ 3.900,00, R$ 4.600,00, e R$ 5.700,00, respectivamente, formule esse problema através de programação linear, de modo a *maximizar* o seu lucro.

P6.35 Uma pessoa deseja pintar a sua casa. O trabalho deve ser feito em uma só vez (sem uma 2ª mão). Assim é necessário que a tinta possua uma viscosidade de pelo menos 210 centipoises. Outro requisito é que, ela deva incluir pelo menos 16 g do ingrediente químico y, por galão de tinta, para se alcançar o brilho desejado. Para um alto grau de durabilidade, pelo menos 60 g do ingrediente z necessitam estar presentes em cada galão de tinta. Existem dois tipos de tinta (I e II) disponíveis. O tipo I custa R$ 14,00 e o tipo II custa R$ 9,80 por galão. As suas especificações são:

	Tinta I (por galão)	Tinta II (por galão)
Viscosidade (centipoises)	350	190
y (em gramas)	50	12
z (em gramas)	38	12

Essa pessoa deve misturar as tintas I e II para satisfazer os três requisitos por custo mínimo. Quanto de I (x_1) e de II (x_2) deve ser usado em cada galão da mistura a fim de se *minimizar* esse custo, onde $x_1 + x_2 = 5$.

P6.36 Para a função **P = 2x + 3y** sujeita à:
$$\begin{cases} x + y \leq 20 \\ x - y \leq 8 \\ 0 \leq x \leq 13 \\ 0 \leq y \leq 14 \end{cases}$$

O valor que *maximiza* a produção P é:

(A) 42
(B) 47
(C) 49
(D) 54
(E) 60

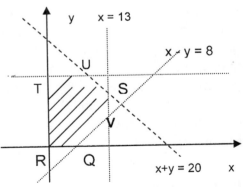

Sugestões: obtenha as coordenadas dos vértices do polígono para testá-los na função P.

P6.37 Seja **P = xy** a função Produção, onde x e y são as quantidades de insumos cujos preços são p_x = R$ 6,00 e p_y = R$ 3,00. A quantidade que deve ser adquirida desses insumos não deve ultrapassar 15 para cada um deles, e a verba disponível utilizada na compra não deve ultrapassar R$ 60,00. O problema de programação linear que MAXIMIZA a produção é dado por:

a) P = xy, onde $x + y \leq 60; x \leq 15; y \leq 15; x \geq 3; y \geq 6$;

b) maximizar P = xy, onde $6x + 3y \leq 60; x \geq 15; y \geq 15$;

c) maximizar P = xy, onde $3x + 6y \leq 60; x \leq 15; y \leq 15; x \geq 0; y \geq 0$;

d) maximizar P = xy, onde $6x + 3y \leq 120; x \leq 30; y \leq 30; x \geq 0; y \geq 0$;

e) maximizar P = xy, onde $6x + 3y \leq 60; x \leq 15; y \leq 15; x \geq 0; y \geq 0$

P6.38 Para fazer um churrasco, Celso dispõe de R$ 150,00 para comprar carnes de boi e de frango. Sabendo que a carne bovina (x) e de frango (y) estão cotadas à R$ 7,25 por quilo, e R$ 3,60 por quilo, respectivamente. O problema de **Programação Linear**, visando MAXIMIZAR a compra, é dado por:

a) maximizar **C = 3,60x + 7,25y** sujeita à: x ≥ 0; y ≥ 0; e 7,25x + 3,60y ≤ 150

b) maximizar **C = 7,25x + 3,60y** sujeita à: x ≥ 0; y ≥ 0; e 7,25x + 3,60y ≥ 150

c) maximizar **C = 7,25x + 3,60y** sujeita à: x ≥ 0; y ≥ 0; e 7,25x + 3,60y ≤ 150

d) maximizar **C = 3,60x + 7,25y** sujeita à: x ≥ 0; y ≥ 0; e 7,25x + 3,60y = 150

e) maximizar **C = 7,25x + 3,60y** sujeita à: x ≥ 0; y ≥ 0; e 3,60x + 7,25y = 150

P6.39 O Sr. Marcos produz colônias masculinas a partir dos insumos x, y, e z custando, respectivamente, R$ 24,00, R$ 30,00, e R$ 35,00 o litro. Ele sabe que para atender a composição daquela colônia, necessita de 25% de x, 35% de y, e 40% de z. É preciso fabricar pelo menos 2,5 litros da mistura para se ter viabilidade econômica. Dispondo de R$ 750,00 para a compra dos insumos, o problema de **Programação Linear** que OTIMIZA todo o contexto, é dado por:

a) Maximizar **P = 24x + 30y + 35z** sujeita à: x>0; y>0, e z>0

b) Maximizar **P = 24.25%x + 30.35%y + 35.40%z** sujeita à 25%x + 35%y + 40%z ≥ 2,5 ; x≥0; y≥0; z≥0; 24.25%x+30.35%y+35.40%z ≤ 750

c) Maximizar **P = x + y + z** sujeita à 25%x≥ 0; 35%y≥0; e 40%z≥0

d) Maximizar **P = 24x + 30y + 35z** sujeita à: 25%x≥0; 35%y≥0; 40%z≥0

e) Maximizar **P = x + y + z** sujeita a: x≥0; y≥0; z≥0

P6.40. Para uma dieta saudável, uma pessoa necessita de três nutrientes diários, fornecidos pela tabela abaixo:

	Alimento I (por quilo)	Alimento II (por quilo)	Requisito mínimo diário
Preço (em R$)	0,85	1,20	
Cálcio (em unidades)	16	5	24
Proteína (em unidades)	6	8	25
Calorias (em unidades)	3	14	18

Determinar a combinação dos dois tipos de alimentos (x_1 é a quantidade de I, e x_2 é quantidade de II) que satisfaz o requisito diário e *minimiza* o seu custo.

P6.41 Certo escritório possui R$ 4.500,00 para adquirir papel, tinta, e clipes. Sabe-se que o consumo de papel é 10 vezes maior que o consumo de tinta (para impressora), e que o consumo de tinta é cerca de 25 vezes menor que o consumo de clipes. A tabela fornece os preços de cada caixa para esses produtos, além das quantidades mínimas a serem consumidas naquele mês:

	Custo unitário (em R$)	Consumo mínimo mensal
Papel	25,50	8 caixas
Tinta	68,20	6 cartuchos
Clipes	13,40	4 caixas

Determinar essas quantidades (x_1, x_2, e x_3) de papel, tinta e clipes, respectivamente, de modo de se *minimizar* o seu custo.

P6.42 Certa empresa produz dois artigos A e B com preços unitários R$ 4,00 e R$ 6,00. Se o custo fixo é R$ 50,00, esses produtos são vendidos a R$ 7,00 e R$ 9,00, respectivamente. Considerando que a demanda do 2º artigo é o dobro do 1º, que o custo total seja até R$ 600,00, e que as quantidades produzidas são limitadas a 20 e 30 unidades cada uma, obter os valores que *maximizam* essa receita.

P6.43 A produção e o custo de uma empresa são dadas por
$\begin{cases} P = 8x^2 y \\ C = 6 + x^2 + y^2 \end{cases}$. Fixado o custo em C = 18, qual o valor da produção máxima?

P6.44 A produção e o custo de uma empresa são dadas por
$\begin{cases} P = 20\sqrt{xy} \\ C = x + y + 30 \end{cases}$. Fixado o custo em C = 42, qual o valor da produção máxima?

P6.45 A produção e o custo de uma empresa são dadas por
$\begin{cases} P = 2xy \\ C = 10 + 2x + 3y \end{cases}$. Fixado o custo em C = 80, qual o valor da produção máxima?

6.4 Respostas dos exercícios propostos

P6.1 A(0;0); B(0;14); C(6;14); D(13;7); E(13;5); F(8;0)
$P_A = 0$; $P_B = 42$; $P_C = 54$; $P_D = 47$; $P_E = 41$; $P_F = 16$; logo $P_{máx.} = 54$.

P6.2 A(0;0); B(0;12); C(12;12); D(15;9); E(15;5); F(10;0)
$Z_A = 0$; $Z_B = 48$; $Z_C = 84$; $Z_D = 81$; $Z_E = 65$; $Z_F = 30$; logo $Z_{mín.} = 0$.

P6.3 A(0;0); B(0;16); C(12;16); D(12;1); E(10;0)
$Z_A = 0$; $Z_B = 80$; $Z_C = 128$; $Z_D = 53$; $Z_E = 45$; logo $Z_{máx.} = 128$.

P6.4 A(0;0); B(0;13); C(4;13); D(8;11); E(8;6); F(5;0)
$Z_A = 0$; $Z_B = 91$; $Z_C = 115$; $Z_D = 125$; $Z_E = 90$; $Z_F = 30$; logo $P_{máx.} = 125$.

P6.5 A(15;30); B(30;30); C(18;18); D(6;12)
$Z_A = 150$; $Z_B = 120$; $Z_C = 90$; $Z_D = 48$; logo $Z_{mín.} = 48$.

P6.6 A(16;10); B(20;10); C(20;0); D(18;0); E(0;18)
$Z_A = 100$; $Z_B = 120$; $Z_C = 100$; $Z_D = 90$; $Z_E = 72$; logo $P_{máx.} = 120$.

P6.7 Resolução:

Sejam x_1, x_2, x_3, x_4, e x_5 o número de unidades dos alimentos S_1, S_2, S_3, S_4, e S_5, respectivamente na dieta diária.

O teor de, pelo menos, 10 unidades de vitamina A pode ser expresso da seguinte forma:

$x_2 + 5x_3 + 4x_4 + 3x_5 \geq 10$ (1ª linha da tabela anterior)

Analogamente, indicamos os outros teores mínimos, respectivamente da seguinte forma:

$2x_1 + x_2 + 3x_4 + 2x_5 \geq 30$
$3x_1 + x_2 + 9x_4 \geq 18$

Como não podemos consumir uma quantidade negativa de unidades dos alimentos, temos também:

$x_1 \geq 0; \; x_2 \geq 0; \; x_3 \geq 0; \; x_4 \geq 0; \; x_5 \geq 0$

O custo por dia desta dieta, em R$, será expresso por: $Q(x) = 4x_1 + 2x_2 + x_3 + 10x_4 + 5x_5$

Nosso problema é, portanto, determinar o ponto $x = (x_1, x_2, x_3, x_4, x_5)$, (ponto ÓTIMO), tal que satisfaça todas as restrições (inequações) e minimize, ao mesmo tempo, o valor da função custo (Q(x)).

Isso pode ser indicado, resumidamente, por:

$$\begin{cases} x_2 + 5x_3 + 4x_4 + 3x_5 \geq 10 \\ 2x_1 + x_2 + 3x_4 + 2x_5 \geq 30 \\ 3x_1 + x_2 + 9x_4 \geq 18 \\ x_1, \; x_2, \; x_3, \; x_4, \; x_5 \geq 0 \\ 4x_1 + 2x_2 + x_3 + 10x_4 + 5x_5 = Q(x) \to Min. \end{cases}$$

Utilizando a planilha do Excel 7.0, temos:

I) clicar a janela FERRAMENTAS;
II) clicar a opção SOLVER;
III) *Procedimento* no interior do solver:
− definir célula de destino;
− igual a (especificando se a opção é de máximo, de mínimo, ...);
− definir células variáveis;
− estimativa (células que não contenham fórmulas);
− submeter às restrições;
− resolver (indicando o processo de resolução do problema);
− fechar (fechando a caixa de diálogo em o problema esteja resolvido);

	A	B	C	D	E	F	G	H
1	x1	x2	x3	x4	x5	Fórmulas p/ Restrições	Restrições	Limite Q(x)
2								
3							10	
4							30	
5							18	
6							0	
7							0	

− inicialmente deve ser organizada uma tabela no Excel com os dados e funções a serem estudadas
− em seguida deve ser digitado:

H3 $\Rightarrow$ =4*$A$3+2*$B$3+$C$3+10*$D$3+5*$E$3 (que será o resultado do "mínimo da função **Q(x)**")

F3 $\Rightarrow$ =$B$3+5*$C$3+4*$D$3+5*$E$3

F4 $\Rightarrow$ = 2*$A$3+$B$3+3*$D$3+2*$E$3

F5 $\Rightarrow$ = 3*$A$3+$B$3+9*$D$3

A tela do Excel 7.0. ficaria assim:

	A	B	C	D	E	F	G	H
	x_1	x_2	x_3	x_4	x_5	Fórmulas p/	Restrições	Limite
1	10	10	0	0	0	Restrições		Q(x)
2							10	60
3						30		
4							18	
5							0	
6							0	
7								

A resposta do exercício é: $C_{mínimo} = 60$, para $(x_1; x_2; x_3; x_4; x_5) = (10; 10; 0; 0; 0)$.

P6.8 $(x_1; x_2) \cong (2,17; 3,17)$ logo $N(x_1:x_2) = x_1 + x_2 \cong 2,17 + 3,17 = 5,34$ saídas.

P6.9 $(x_1; x_2; x_3) = (12; 15; 18)$ logo $L_{mín} = 1,25x_1 + 0,63x_2 + 0,30x_3 = 248,6$.

P6.10 $(x_1; x_2; x_3) \cong (0,2028; 0,23446; 0,55936$ $C_{mín} \cong 118,27$.

P6.11 $(x_1; x_2; x_3; x_4; x_5; x_6) = (14; 30; 26; 34; 28; 14)$
logo $N = x_1 + x_2 + x_3 + x_4 + x_5 + x_6 = 146$

P6.12

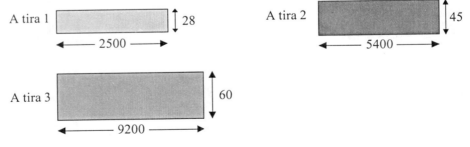

São dois tipos de cortes:

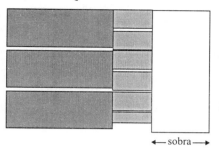

P6.13 $(x_1; x_2; x_3; x_4; x_5) = (0; 0; 38,50666...; 0; 4)$

P6.14 $(x; y; z) = (10; 0; 0)$

P6.15 $(x; y) = (90; 240)$; $L = 5500x + 3600y \Rightarrow L_{máx.} = 1.359.000$

P6.16 o n° de turnos $n = 1,61 \cdot 10^8$

P6.17 Custo = R$ 5.542.507,00

P6.18 $(x; y) \cong (16,523; 33,046)$

P6.19 $(x_1; x_2; x_3; x_4; x_5) \cong (7,86; 4; 3,85; 7,54; 20,11)$

P6.20 $(x_1; x_2; x_3; x_4; x_5; x_6; x_7) = (4; 3; 7; 5; 3; 2; 1)$

P6.21 $(x;y;z) \cong (59,23; 34,61; 0)$

P6.22 $(x; y; z) = (1245; 1245; 0)$

P6.23 $(x; y) = (75; 25)$.

P6.24 $(g; a) \cong (19,64; 36)$

P6.25 inicial $(x_1; x_2; x_3) = (150; 0; 0)$; final $(x_1; x_2; x_3) = (61; 0; 0)$

P6.26 $(x; y) \cong (11{,}74; 23{,}48)$

P6.27 $(A; B) = (365; 205)$

P6.28 $(A; B) \cong (5; 2{,}76873)$

P6.29 $(n_1; n_2; n_3) = (38; 19; 2)$

P6.30 $(A; B) = (2{,}94 \cdot 10^{10}; 2{,}64 \cdot 10^{11})$

P6.31 $(x; y) \cong (1067{,}27; 20{,}17)$

P6.32 $(x_1; x_2) \cong (4{,}153846; 0{,}538462)$, onde $L = 350x_1 + 440x_2$

P6.33 $(x; y) = (396; 558)$

P6.34 $L_{máx.} = L_t(0; 4600; 30400) = 1{,}94 \cdot 10^8 =$ R\$ 194.000.000,00

P6.35 $C(x_1; x_2) = (5; 0) = 70$

P6.36 D

P6.37 E.

P6.38 C

P6.39 B

P6.40 $(x_1; x_2) = (3{,}4333...; 0{,}55)$

P6.41 $(x_1; x_2; x_3) = (60; 6; 4)$

P6.42 $(x; y) = (20; 10)$

P6.43 $P_{máx.} = P(2\sqrt{2}; 2) = 128$

P6.44 $P_{máx.} = P(4; 8) = 320$

P6.45 $P_{máx.} = P(22{,}5; 15) = 675$

Capítulo 7

Operações com matrizes e problemas de transportes

7.1 Modelo do problema de transporte

R7.1 Uma fábrica produz um determinado produto e o distribui através de três armazéns para quatro consumidores. A disponibilidade desse produto no armazém 1 é de 30, no 2 é de 50, e no 3 é de 40 unidades. A necessidade de cada consumidor é de respectivamente, 40, 30, 20, e 30 unidades. O custo unitário para transportar este produto de um armazém é dado pela seguinte **TABELA** (numa certa unidade monetária):

		Consumidores			
		01	02	03	04
	1	10	12	05	08
armazéns	2	25	07	14	30
	3	15	20	06	40

Completando a tabela, com o restante do enunciado, temos:

	01	02	03	04	Oferta
1	10	12	5	8	30
2	25	7	14	30	50
3	15	20	6	40	40
Demanda	40	30	20	30	

Determinar a quantidade que deve ser transportada de um armazém para um consumidor de modo que o custo de transporte seja o *mínimo* possível.

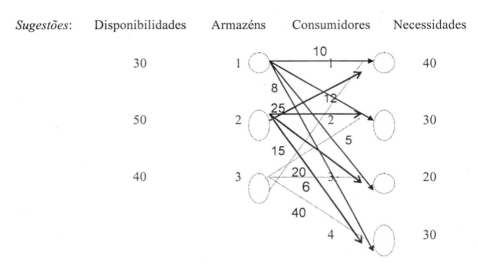

Sendo o total do produto igual ao total necessário, temos:

x_{11} a quantidade a ser transportada do armazém 1 para o consumidor 1
x_{12} a quantidade a ser transportada do armazém 1 para o consumidor 2
x_{13} a quantidade a ser transportada do armazém 1 para o consumidor 3
x_{14} a quantidade a ser transportada do armazém 1 para o consumidor 4
x_{21} a quantidade a ser transportada do armazém 2 para o consumidor 1
x_{22} a quantidade a ser transportada do armazém 2 para o consumidor 2
x_{23} a quantidade a ser transportada do armazém 2 para o consumidor 3

x_{24} a quantidade a ser transportada do armazém 2 para o consumidor 4
x_{31} a quantidade a ser transportada do armazém 3 para o consumidor 1
x_{32} a quantidade a ser transportada do armazém 3 para o consumidor 2
x_{33} a quantidade a ser transportada do armazém 3 para o consumidor 3
x_{34} a quantidade a ser transportada do armazém 3 para o consumidor 4

Como os custos dados são unitários, supondo-se que é proporcional a quantidade transportada, o custo total pode ser expresso por:

$$C_t = 10x_{11} + 12x_{12} + 5x_{13} + 8x_{14} + 25x_{21} + 7x_{22} + 14x_{23} + 30x_{24} + 15x_{31} + 20x_{32} + 6x_{33} + 40x_{34}$$
(ver os coeficientes da 1ª tabela)

As restrições devidas à disponibilidade do produto em cada armazém podem ser representadas por:

$$x_{11} + x_{12} + x_{13} = 30$$
$$x_{21} + x_{22} + x_{23} + x_{24} = 50$$
$$x_{31} + x_{32} + x_{33} + x_{34} = 40$$

"Soma dos elementos das linhas" da tabela demanda / oferta

As restrições devido à necessidade de cada consumidor podem ser representadas por:

$$x_{11} + x_{21} + x_{31} = 40$$
$$x_{12} + x_{22} + x_{32} = 30$$
$$x_{13} + x_{23} + x_{33} = 20$$
$$x_{14} + x_{24} + x_{34} = 30$$

"soma dos elementos das colunas" da tabela demanda / oferta

Além disso, $x_{ij} \geq 0$, i = 1, 2 ; e j = 1, 2, 3, 4.

Como o objetivo é minimizar o custo total de transporte, o problema fica **formulado** por:

$$C_t = 10x_{11} + 12x_{12} + 5x_{13} + 8x_{14} + 25x_{21} + 7x_{22} + 14x_{23} + 30x_{23} + 15x_{31} + 20x_{32} + 6x_{33} + 40x_{34}$$

sujeita a:

$x_{11} + x_{12} + x_{13} = 30$

$x_{21} + x_{22} + x_{23} + x_{24} = 50$

$x_{31} + x_{32} + x_{33} + x_{34} = 40$

$x_{11} + \quad + x_{21} + \quad + x_{31} = 40$

$x_{12} + \quad + x_{22} + \quad + x_{32} = 30$

$x_{13} + \quad + x_{23} + \quad + x_{33} = 20$

$x_{14} + \quad + x_{24} + \quad + x_{34} = 30$

Além disso, x i j ≥ 0, i = 1, 2 ; e j = 1, 2, 3, 4

A tela do Excel fica assim:

	A	B	C	D	E	F
1		variáveis				restrições
2	x11	x12	x13	x14		=$A$2+$B$2+$C$2+$D$2
3	x21	x22	X23	X24		=$A$3+$B$3+$C$3+$D$3
4	x31	x32	x33	x34		=$A$4+$B$4+$C$4+$D$4
5						=$A$2+$A$3+$A$4
6		custo				=$B$2+$B$3+$B$4
7		=10*$A$2+...				=$C$2+C#+$C$4
8						=$D$2+$D$3+$D$4

$x_{11}+x_{12}+x_{13}+x_{14} = 30$
$x_{21}+x_{22}+x_{23}+x_{24} = 50$
$x_{31}+x_{32}+x_{33}+x_{34} = 40$

Em B7 digitar:
=10*$A$2+12*$B$2+5*$C$2+8*$D$2+25*$A$3+7*$B$3+14*$C$3+30*$D$3+15*$A$4+20*$B$4+6*$C$4+40*$D$4

Examine os valores digitados no interior da planilha abaixo (restrições e função custo total):

	variáveis			restrições	restrições
7,5	7,5	7,5	7,5	30	30
12,5	12,5	12,5	12,5	50	50
10	10	10	10	40	40
				30	30
	custo			30	30
	2022,5			30	30

O Custo total **Mínimo** será ≅ R$ 2.022,50 Procedimento efetuado no EXCEL

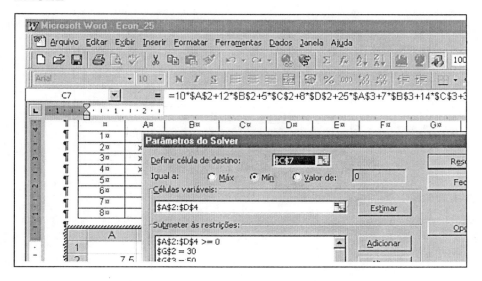

R7.2 Sejam dois fornecedores e três consumidores para um determinado produto. Os custos unitários de transporte de um fornecedor para um consumidor, a oferta de cada fornecedor, e a demanda de cada consumidor são dados pela tabela abaixo:

		Consumidores			
		1	2	3	Oferta
Fornecedores	1	3	2	4	169
	2	1	5	6	178
	Demanda	184	192	174	

Resolução

Temos uma função a ser otimizada (Custo), 2x3 = 6 variáveis, (6 + 2 + 3) = 11 restrições, sendo 6 para cada variável, 2 paras as linhas, e 3 para as colunas.

Preparando a tela do **Excel**:

	A	B	C	D	Problema de transporte		H	I

Considerando dois fornecedores e três consumidores para certo produto, temos uma tabela que apresenta os custos de transporte de um consumidor para um fornecedor. Achar as quantidades que devem ser transportadas de modo a MINIMIZAR o custo de transporte.

1
2
3
4

                          Consumidores   5

		1	2	3	Oferta	
Fornecedores	1	3	2	4	169	
	2	1	5	6	178	
	Demanda	184	192	174		

6
7
8
9
10

Variáveis   Restrições   11

x_{11} x_{12} x_{13} 1º coluna | 184 | 12
x_{21} x_{22} x_{23} 2º coluna | 192 | 13

Variáveis   3º coluna | 174 | 14

| 23,71515 | 0 | 24,46364 | 1º linha | 169 | 15
| 112,8545 | 38,4| 12,69091 | 2º linha | 178 | 16

17

Custo   18
550   19

Fórmulas a serem digitadas:

Restrições (coluna F):
Em F12 digitar: = $A$12+$A$13
em F13 digitar: =$B$12+$B$13   Para as colunas
em F14 digitar: =$C$12+$C$13
em F15 digitar: =$A$12+$B$12+$C$12   Para as linhas
em F16 digitar: =$A$13+$B$13+$C$13

Função Custo a ser minimizada:
Em B19 digitar: =3*$A$12+2*$B$12+4*$C$12+1*$A$13+5*$B%13+6*$C$13

232

Tela do Excel:

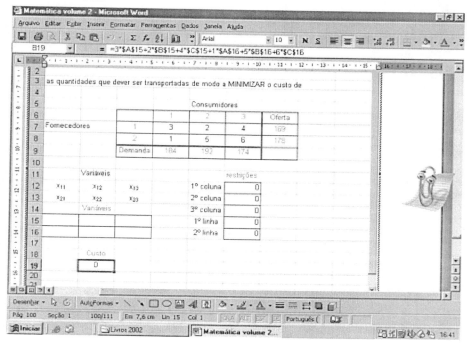

Tela inicial, após a preparação da tela.

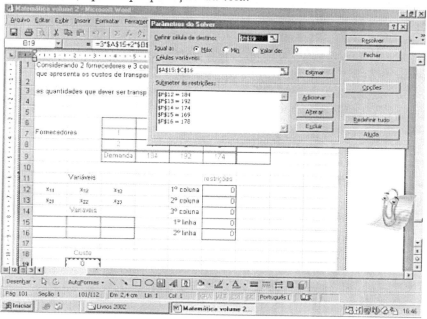

e após clicar em RESOLVER, teremos a tela:

Considerando dois fornecedores e três consumidores para certo produto, temos uma tabela que apresenta os custos de transporte de um consumidor para um fornecedor. Achar as quantidades que devem ser transportadas de modo a MINIMIZAR o custo de transporte.

		Consumidores			Oferta
		1	2	3	
Fornecedores	1	3	2	4	169
	2	1	5	6	178
	Demanda	184	192	174	

Variáveis			restrições	
x_{11}	x_{12}	x_{13}	1º coluna	115,6667
x_{21}	x_{22}	x_{23}	2º coluna	115,6667
Variáveis			3º coluna	115,6667
56,33333	56,33333	56,33333	1º linha	169
59,33333	59,33333	59,33333	2º linha	178

Custo
1219

Resposta: O *custo mínimo* será 1219.

7.2 Utilização de matrizes em problemas de otimização

Fórmulas de regressão

x	x_1	x_2	x_3	...	x_n
y	y_1	y_2	y_3	...	y_n

(1º produto);

p	p_1	p_2	p_3	...	p_n
q	q_1	q_2	q_3	...	q_n

(2º produto)

A partir dos pontos colocados junto ao plano cartesiano, procurar "ajustá-los" a uma das funções a seguir":

$$y = a_0 + a_1 x \ (\text{ linear }) \Rightarrow \begin{cases} n.a_0 + (\sum x).a_1 = \sum y \\ (\sum x).a_0 + (\sum x^2).a_1 = \sum (x.y) \end{cases} \Rightarrow$$

$AX = B \Leftrightarrow A^{-1}.A.X = A^{-1}.B \Leftrightarrow$
$\Leftrightarrow I.X = A^{-1}.B \Leftrightarrow X = A^{-1}.B$

$\begin{bmatrix} n & \sum x \\ \sum x & \sum x^2 \end{bmatrix} . \begin{bmatrix} a_0 \\ a_1 \end{bmatrix} = \begin{bmatrix} \sum y \\ \sum xy \end{bmatrix} \Leftrightarrow a_1 = \dfrac{n\sum xy - \sum x . \sum y}{n.\sum x^2 - (\sum x)^2}$,

$\quad\uparrow\qquad\quad\uparrow\qquad\quad\uparrow$
$\quad A\qquad\quad X\qquad\quad B\qquad\boxed{a_0 = \dfrac{\sum y - a_1 \sum x}{n}}$

$y = a_0 + a_1 x + a_2 x^2$ (quadrática) $\Rightarrow$

$\Rightarrow \begin{cases} n.a_0 + (\sum x).a_1 + (\sum x^2).a_2 = \sum y \\ (\sum x).a_0 + (\sum x^2).a_1 + (\sum x^3).a_2 = \sum (x.y) \\ (\sum x^2).a_0 + (\sum x^3).a_1 + (\sum x^4).a_2 = \sum (x^2.y) \end{cases}$

$\Leftrightarrow A.X = B \Leftrightarrow X = A^{-1}.B$

$\begin{bmatrix} n & \sum x & \sum x^2 \\ \sum x & \sum x^2 & \sum x^3 \\ \sum x^2 & \sum x^3 & \sum x^4 \end{bmatrix} . \begin{bmatrix} a_0 \\ a_1 \\ a_2 \end{bmatrix} = \begin{bmatrix} \sum y \\ \sum xy \\ \sum x^2.y \end{bmatrix}$

$\quad\uparrow\qquad\qquad\uparrow\qquad\uparrow$
$\quad A\qquad\qquad X\qquad B$

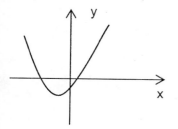
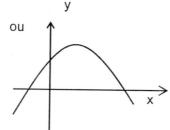

235

$y = a_0 + a_1 x + a_2 \cdot x^2 + \ldots + a_n \cdot x^n$ (polinomial) $\Rightarrow$

$$\begin{bmatrix} n & \sum x & \ldots & \sum x^n \\ \sum x & \sum x^2 & \ldots & \sum x^{n+1} \\ \vdots & \vdots & \vdots & \vdots \\ \sum x^n & \sum x^{n+1} & \ldots & \sum x^{2n} \end{bmatrix} \cdot \begin{bmatrix} a_0 \\ a_1 \\ \vdots \\ a_n \end{bmatrix} = \begin{bmatrix} \sum y \\ \sum xy \\ \vdots \\ \sum x^n \cdot y \end{bmatrix}$$

$$\uparrow \qquad\qquad\qquad \uparrow \qquad \uparrow$$
$$A \qquad\qquad\qquad X \qquad B$$

$AX = B \Leftrightarrow X = A^{-1} \cdot B$

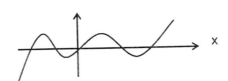

$y = a_0 + a_1 x + a_2 x^2 + a_3 x^3$ (polinomial do 3° grau) $\Rightarrow$

$$\begin{bmatrix} n & \sum x & \sum x^2 & \sum x^3 \\ \sum x & \sum x^2 & \sum x^3 & \sum x^4 \\ \sum x^2 & \sum x^3 & \sum x^4 & \sum x^5 \\ \sum x^3 & \sum x^4 & \sum x^5 & \sum x^6 \end{bmatrix} \cdot \begin{bmatrix} a_0 \\ a_1 \\ a_2 \\ a_3 \end{bmatrix} = \begin{bmatrix} \sum y \\ \sum xy \\ \sum x^2 \cdot y \\ \sum x^3 \cdot y \end{bmatrix}$$

$$\uparrow \qquad\qquad \uparrow \qquad \uparrow$$
$$A \qquad\qquad X \qquad B$$

Onde $AX = B \Leftrightarrow X = A^{-1} \cdot B$

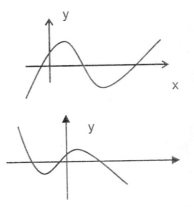

$y = a_0 + a_1x + a_2x^2 + a_3x^3 + a_4x^4$ (polinomial do 4° grau) $\Rightarrow$

$$\begin{bmatrix} n & \sum x & \sum x^2 & \sum x^3 & \sum x^4 \\ \sum x & \sum x^2 & \sum x^3 & \sum x^4 & \sum x^5 \\ \sum x^2 & \sum x^3 & \sum x^4 & \sum x^5 & \sum x^6 \\ \sum x^3 & \sum x^4 & \sum x^5 & \sum x^6 & \sum x^7 \\ \sum x^4 & \sum x^5 & \sum x^6 & \sum x^7 & \sum x^8 \end{bmatrix} \cdot \begin{bmatrix} a_0 \\ a_1 \\ a_2 \\ a_3 \\ a_4 \end{bmatrix} = \begin{bmatrix} \sum y \\ \sum x.y \\ \sum x^2.y \\ \sum x^3.y \\ \sum x^4.y \end{bmatrix}$$

$\qquad\qquad\qquad\qquad\uparrow\qquad\qquad\qquad\uparrow\qquad\uparrow$
$\qquad\qquad\qquad\qquad A \qquad\qquad\qquad\quad X \qquad B$

onde $\quad AX = B \Leftrightarrow X = A^{-1}.B$

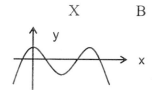

$y = a \cdot b^x \Rightarrow \log y = \log a + x.\log b$ (exponencial)
$\qquad\qquad\qquad\quad\;\uparrow\qquad\;\;\uparrow\qquad\;\;\uparrow$
$\qquad\qquad\quad\;\;\varphi\;\; = \;\;\alpha\;\; + \;\;x.\beta \;\Rightarrow$

$$\begin{bmatrix} n & \sum x \\ \sum x & \sum x^2 \end{bmatrix} \cdot \begin{bmatrix} \alpha \\ \beta \end{bmatrix} = \begin{bmatrix} \sum \varphi \\ \sum (x.\varphi) \end{bmatrix}, \text{onde} \begin{cases} \varphi = \log y \\ \alpha = \log a \\ \beta = \log b \end{cases}$$

$\;\;\uparrow\qquad\quad\;\uparrow\qquad\;\;\uparrow$
$\;\;A\qquad\quad\;\;X\qquad\;\;B \qquad \text{onde } AX = B \Leftrightarrow X = A^{-1}.B$

$y = a \cdot x^b \Rightarrow \log y = \log a + b.\log x$ (geométrica)
$\qquad\qquad\qquad\quad\;\uparrow\qquad\;\;\uparrow\qquad\;\;\uparrow$
$\qquad\qquad\quad\;\;\varphi\;\; = \;\;\alpha\;\; + \;\;b.\beta \;\Rightarrow$

$$\begin{bmatrix} n & \sum \beta \\ \sum \beta & \sum \beta^2 \end{bmatrix} \cdot \begin{bmatrix} \alpha \\ b \end{bmatrix} = \begin{bmatrix} \sum \varphi \\ \sum \beta.\varphi \end{bmatrix}, \text{onde} \begin{cases} \varphi = \log y \\ \alpha = \log a \\ \beta = \log x \end{cases}$$

$\;\;\uparrow\qquad\quad\;\uparrow\qquad\;\;\uparrow$
$\;\;A\qquad\quad\;\;X\qquad\;\;B \qquad \text{onde } AX = B \Leftrightarrow X = A^{-1}.B$

$$\frac{1}{y} = a_0 + a_1 x \Leftrightarrow y = \frac{1}{a_0 + a_1 x} \text{ (hiperbólica)} \Rightarrow$$

$$\begin{bmatrix} n & \sum x \\ \sum x & \sum x^2 \end{bmatrix} \cdot \begin{bmatrix} a_0 \\ a_1 \end{bmatrix} = \begin{bmatrix} \sum \frac{1}{y} \\ \sum \frac{x}{y} \end{bmatrix}$$

↑   ↑   ↑
A   X   B   onde $AX = B \Leftrightarrow X = A^{-1} \cdot B$

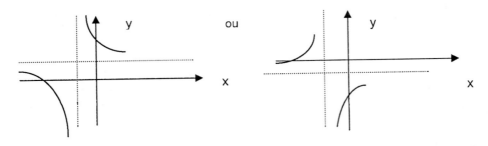

Obtenção das expressões das *regressões múltiplas* (São duas funções, também com duas variáveis cada uma)

$y = a_0 + a_1 x + a_2 p$, onde $y = f(x)$ e $q = f(p)$, e ainda $q = a_0 + a_1 p + a_2 x$

$$\begin{bmatrix} n & \sum x & \sum p \\ \sum x & \sum x^2 & \sum (x.p) \\ \sum p & \sum (x.p) & \sum p^2 \end{bmatrix} \cdot \begin{bmatrix} a_0 \\ a_1 \\ a_2 \end{bmatrix} = \begin{bmatrix} \sum y \\ \sum (x.y) \\ \sum (p.y) \end{bmatrix} ; y = a_0 + a_1 x + a_2 p$$

(múltipla)

↑   ↑   ↑
A   X   B $AX = B \Leftrightarrow X = A^{-1} \cdot B$

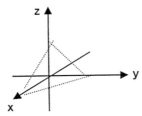

$$\begin{bmatrix} n & \sum p & \sum x \\ \sum p & \sum p^2 & \sum (p.x) \\ \sum x & \sum (p.x) & \sum x^2 \end{bmatrix} \cdot \begin{bmatrix} a_0 \\ a_1 \\ a_2 \end{bmatrix} = \begin{bmatrix} \sum q \\ \sum (p.q) \\ \sum (x.q) \end{bmatrix} ; \mathbf{q} = \mathbf{a_0} + \mathbf{a_1}\,\mathbf{p} + \mathbf{a_2}\,\mathbf{x}$$

↑ A   ↑ X   ↑ B $AX = B \Leftrightarrow X = A^{-1}.B$

R7.3 *Resolução* de um sistema linear 3 x 3 (com três equações à três incógnitas) na planilha do Excel da Microsoft

A   X   B
↓   ↓   ↓

$$\begin{cases} 4x + 5y + 3z = 23 \\ 2x - 3y + z = -1 \\ -x + 2y + 6z = 21 \end{cases} \Leftrightarrow \begin{bmatrix} 4 & 5 & 3 \\ 2 & -3 & 1 \\ -1 & 2 & 6 \end{bmatrix} \cdot \begin{bmatrix} x \\ y \\ z \end{bmatrix} = \begin{bmatrix} 23 \\ -1 \\ 21 \end{bmatrix} \Leftrightarrow \begin{bmatrix} x \\ y \\ z \end{bmatrix} =$$

$$\begin{bmatrix} x \\ y \\ z \end{bmatrix} = \begin{bmatrix} 0{,}141 & 0{,}169 & -0{,}099 \\ 0{,}092 & -0{,}190 & -0{,}014 \\ -0{,}007 & 0{,}092 & 0{,}155 \end{bmatrix} \cdot \begin{bmatrix} 23 \\ -1 \\ 21 \end{bmatrix}$$

↑ X   ↑ A^{-1} ↑ B

$$\begin{bmatrix} x \\ y \\ z \end{bmatrix} = \begin{bmatrix} 0{,}141 \cdot 23 + 0{,}169 \cdot (-1) + (-0{,}099) \cdot 21 \\ 0{,}092 \cdot 23 + (-0{,}190) \cdot (-1) + (-0{,}014) \cdot 21 \\ (-0{,}007) \cdot 23 + 0{,}092 \cdot (-1) + 0{,}155 \cdot 21 \end{bmatrix} \Leftrightarrow \begin{bmatrix} x \\ y \\ z \end{bmatrix} = \begin{bmatrix} 1 \\ 2 \\ 3 \end{bmatrix}$$

↑ X   ↑ $A^{-1} \cdot B$ ↑ X   ↑ $A^{-1} \cdot B$

$AX = B \Leftrightarrow X = A^{-1}.B \Rightarrow \begin{bmatrix} x \\ y \\ z \end{bmatrix} = \begin{bmatrix} 1 \\ 2 \\ 3 \end{bmatrix}$ que é a solução do sistema linear.

Outro modo de resolução. Funções do **Excel 7.0** utilizadas no exemplo anterior:

= ÍNDICE (MATRIZ. INVERSO ({4.5.3;2.-3.1;-1.2.6 }); 3;3) $\Rightarrow$ fornece a posição $a_{3,3}$ de A^{-1} aparecendo no visor $\boxed{0,15492958}$.

Para os outros elementos da matriz, é só trocar a "posição" do índice.

= ÍNDICE (MATRIZ. INVERSO ({4.5.3;2.-3.1;-1.2.6}); 1;1) $\Rightarrow$ fornece a posição $a_{1,1}$ de A^{-1} aparecendo no visor $\boxed{0,14084507}$.

Outro modo:

	A	B	C	D	E	F	G
1	4	5	3		0,141	0,169	-0,099
2	2	-3	1		0,092	-0,190	0,014
3	-1	2	6		-0,007	0,092	0,155
4							
5		A				A^{-1}	

Em E1, digitar: = ÍNDICE (MATRIZ.INVERSO($A$1: $C$3);1;1) $\Rightarrow$ aparecendo o valor a_{11} de A^{-1} = 0,141.

Em E2, digitar: = ÍNDICE (MATRIZ.INVERSO($A$1: $C$3);2;1) $\Rightarrow$ aparecendo o valor a_{21} de A^{-1} = 0,092

Em F1, digitar: = ÍNDICE (MATRIZ.INVERSO($A$1: $C$3);1;2) $\Rightarrow$ aparecendo o valor a_{12} de A^{-1} = 0,169

Em G3, digitar: = ÍNDICE (MATRIZ.INVERSO($A$1: $C$3);3;3) $\Rightarrow$ aparecendo o valor a_{33} de A^{-1} = 0,155

E assim por diante.

=ÍNDICE (MATRIZ.MULT({0,14084507.0,16901408.-0,09859155; 0,0915493.-0,190014085.-0,01408451;-0,0004225. 0,0915493. 0,15492958}; {23;-1;21}); 1;1) $\Rightarrow$ fornece a posição $a_{1,1}$ de $A^{-1}.B$. aparecendo no visor $\boxed{1,0000000000}$.

Para os outros elementos da matriz, é só trocar a "posição" do índice.

=ÍNDICE (MATRIZ.MULT({0,14084507.0,16901408.-0,09859155; 0,0915493.-0,190014085.-0,01408451;-0,0004225. 0,0915493. 0,15492958}; {23;-1;21}); 2;1) ⇒ fornece a posição $a_{2,1}$ de $A^{-1}.B$. aparecendo no visor 2,0000000000.

Outro modo:

	A	B	C	D	E	F	G	H	I	J	K
1	4	5	3		0,141	0,169	-0,099		23		1
2	2	-3	1		0,092	-0,190	0,014		-1		2
3	-1	2	6		-0,007	0,092	0,155		21		3
4											
5		A				A^{-1}			B		$A^{-1}.B$

Em K1, digitar: = ÍNDICE (MATRIZ.MULT($E$1: $G$3; $I$1:$I$3);1;1) ⇒ aparecendo o valor a_{11} de $A^{-1}.B$ = 1,000

Em K2, digitar: = ÍNDICE (MATRIZ.MULT($E$1: $G$3; $I$1:$I$3);2;1) ⇒ aparecendo o valor a_{21} de $A^{-1}.B$ = 2,000

Em K3, digitar: = ÍNDICE (MATRIZ.MULT($E$1: $G$3; $I$1:$I$3);3;1) ⇒ aparecendo o valor a_{31} de $A^{-1}.B$ = 3,000

R7.4 Plotar um gráfico de linhas (y = f(x)), e obter a **equação do ajuste** através da planilha eletrônica EXCEL da Microsoft.

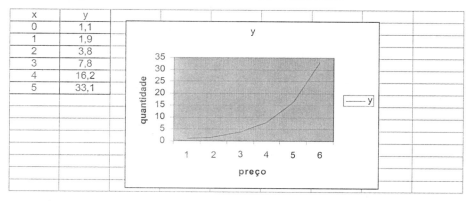

Procedimento:

1) *digitar* a tabela de pontos (x;y), onde NÃO pode haver repetição para os valores de x;

2) *selecionar* a tabela (x;y), tornando-a toda negritada, também pode ser centralizada;

3) clicar sobre o *assistente gráfico*, executando:

   a) selecionar gráfico de linhas;

   b) eliminar a seqüência x, para se Ter uma única função esboçada;

   c) denominar os eixos (x para preço, e y para quantidade);

   d) FINALIZAR, onde o ajuste da escala é automático. Nem sempre a escala adotada é igual para os dois eixos.

Como fazer o ajuste (achar algebricamente) a função pedida *através da planilha* eletrônica.

Procedimento:

1) *Copiar*, e depois *colar* o gráfico anterior;

2) com o *botão direito* do MOUSE, clicar *sobre* o gráfico plotado;

3) adicionar *linha de tendência*. As opções são: linear, logarítmica, potência, exponencial, média móvel. Observando o gráfico anterior e os modelos apresentados, se faz a escolha. No nosso exemplo, tem-se a escolha da função *exponencial*.

4) Pede-se para *exibir* a equação da função;

5) FINALIZAR, onde se tem o gráfico, a linha de ajuste em cor diferente, e a equação do ajuste.

R7.5 Uma Economia está dividida em dois setores: agricultura e manufatura. A matriz dos coeficientes técnicos é: $A = \begin{bmatrix} 0,3 & 0,6 \\ 0,1 & 0,4 \end{bmatrix}$, e a matriz de demanda final é $B = \begin{bmatrix} 150 \\ 200 \end{bmatrix}$. Determinar:

a) qual é a produção de cada setor para atender as demandas finais e intermediárias?

b) se a demanda de manufatura cair para 190, mantendo-se em 150 a da agricultura, e se para se produzir 1 unidade do produto agrícola são necessários 500 homens hora qual é o desemprego, em relação a situação na agricultura.

Sugestão: $X = A.X + B \Leftrightarrow X = (I - A)^{-1} . B$.

Resolução
1º modo: *matemático*
a) Matriz I - A

$$I - A = \begin{bmatrix} 1 & 0 \\ 0 & 1 \end{bmatrix} - \begin{bmatrix} 0,3 & -0,6 \\ 0,1 & 0,4 \end{bmatrix} \Leftrightarrow I - A = \begin{bmatrix} 0,7 & -0,6 \\ -0,1 & 0,6 \end{bmatrix}$$

Determinante det (I – A)

$$det(I - A) = \begin{vmatrix} 0,7 & -0,6 \\ 0,1 & 0,6 \end{vmatrix} = +0,7.0,6 - 0,1(-0,6) = 0,36$$

Matriz dos cofatores, onde $\boxed{C_{ij} = (-1)^{i+j}. Det}$, onde esse Det é o determinante excluindo a linha e coluna considerada

$$(I - A)' = \begin{bmatrix} +0,6 & -(-0,1) \\ -(-0,6) & +0,7 \end{bmatrix} = \begin{bmatrix} 0,6 & 0,1 \\ 0,6 & 0,7 \end{bmatrix}$$

Matriz adjunta que é a transposta da matriz dos cofatores (trocar, ordenadamente, linha por coluna)

$$\overline{A} = [(I - A)']^t = \begin{bmatrix} 0,6 & 0,6 \\ 0,1 & 0,7 \end{bmatrix} = \overline{M}$$

Cálculo da matriz inversa $M^{-1} = \dfrac{1}{\det M} . \overline{M}$

$M^{-1} = \dfrac{1}{0,36} \begin{bmatrix} 0,6 & 0,6 \\ 0,1 & 0,7 \end{bmatrix} \Leftrightarrow \begin{bmatrix} 1,666... & 1,666... \\ 0,2777... & 1,9444... \end{bmatrix}$

Cálculo da matriz X, onde $X = (I - A)^{-1} . B$

$X = \begin{bmatrix} 1,666... & 1,666... \\ 0,2777... & 1,9444... \end{bmatrix} \begin{bmatrix} 150 \\ 200 \end{bmatrix} = \begin{bmatrix} 1,666...150 + 1,666...200 \\ 0,2777...150 + 1,9444...200 \end{bmatrix} \therefore \boxed{X = \begin{bmatrix} 583,333... \\ 430,555... \end{bmatrix}}$

2º modo: Planilha do Excel

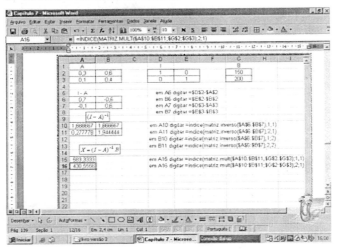

Tela do Excel

A		I		B	
0,3	0,6	1	0	150	
0,1	0,4	0	1	200	
I - A		em A6 digitar =$D$2-$A$2			
0,7	-0,6	em B6 digitar =$E$2-$B$2			
-0,1	0,6	em A7 digitar =$D$3-$A$3			
		em B7 digitar =$E$3-$B$3			
$(I-A)^{-1}$					
1,666667	1,666667	em A10 digitar =índice(matriz.inverso($A$6:$B$7);1;1)			
0,277778	1,944444	em A11 digitar =índice(matriz.inverso($A$6:$B$7);2;1)			
		em B10 digitar =índice(matriz.inverso($A$6:$B$7);1;2)			
		em B11 digitar = índice(matriz.inverso($A$6:$B$7);2;2)			
$X = (I-A)^{-1}.B$					
583,3333		em A15 digitar =índice(matriz.mult($A$10:$B$11;$G$2:$G$3);1;1)			
430,5556		em A16 digitar =índice(matriz.mult($A$10:$B$11;$G$2:$G$3);2;1)			

b) $X = (I - A)^{-1}.B = \begin{bmatrix} 1,666... & 1,666... \\ 0,2777... & 1,9444... \end{bmatrix} \begin{bmatrix} 150 \\ 190 \end{bmatrix} = \begin{bmatrix} 1,666...150 + 1,666...190 \\ 0,2777...150 + 1,9444...190 \end{bmatrix}$

assim $X = \begin{bmatrix} 566,666... \\ 411,111... \end{bmatrix}$ é a *nova* solução.

Temos que a demanda na agricultura (x_{11}) caiu de 583,333... para 566,666...; e a demanda na manufatura (x_{21}) caiu de 430,555... para 411,111...; havendo assim DESEMPREGO.

R7.6 Considerando as tabelas fornecendo preço e quantidade de dois produtos, obter as equações das regressões múltiplas, e concluir, via elasticidade, se esses produtos possuem um perfil de complementares ou substitutivos?

Resolução
Temos, abaixo, as telas do Excel, onde:
As tabelas dos produtos devem estar em ordem crescente, e sem coincidir algum ponto de abscissa.

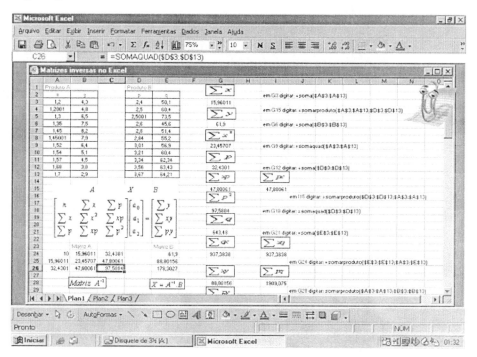

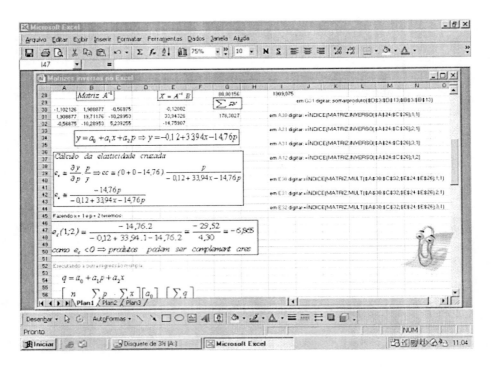

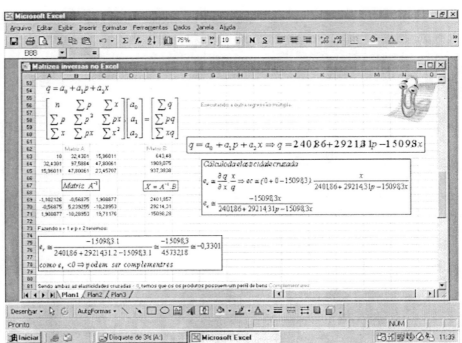

R7.7 Considerando a tabela do IBOVESPA & BM7F, obter o **gráfico de linhas e a equação de ajuste** relacionando período (meses) com o valor mínimo (Mín.) de cotação.

Vencimento	C.N	C.A	Ab.	Mín
Fev/2002	7070	0	0,00	0,00
Marc	1700	0	0,65	0,65
Abr	6800	0	1,34	1,29
Jul	1000	0	2,33	2,24
Out/2002	3400	0	3,40	3,25
Jan/2003	4000	0	4,41	4,23
Abr	650	0	5,58	5,35
Jul	400	0	6,58	6,35
Out/2003	100	0	7,25	7,25
Out/2004	200	0	8,83	8,83

A partir da **tabela 5** IBOVESPA da BM&F

1º) Entrar na planilha do Excel;
2º) Digitar a coluna **x** (vencimento com números) e selecionar a coluna **y** com as cotações mínimas;
3º) Inserir **gráfico**;
4º) opção de **linha;**
5º) em seqüência, **eliminar** a seqüência **x**;
6º) colocar os **títulos** (no gráfico e nos eixos);
7º) finalizar;
8º) repetir esse processo (criar um gráfico **idêntico** ao anterior);
9º) clicar sobre a **linha** do gráfico;
10º) adicionar **linha de tendência**, onde pelo desenho se escolhe uma das 6 opções disponíveis (aqui foi escolhida a opção do 1º grau);
11º) **mostrar a equação** da regressão efetuada pelo método dos mínimos quadrados, feito pelo EXCEL.

Na planilha do **Excel**, a tela fica assim:

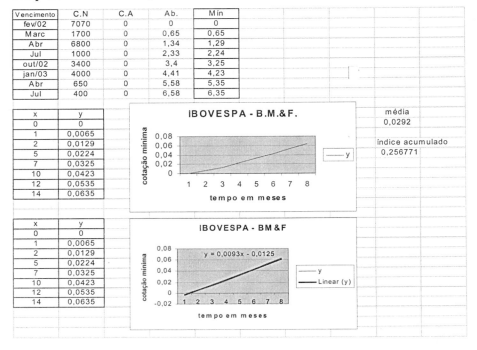

Temos a seqüência dos passos para plotar o gráfico e obter a sua equação via regressão.

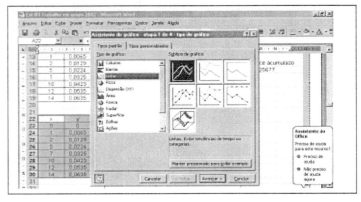

Passo 1

Digitar as colunas x e y na tela do Excel.

Inserir gráfico, ou procurar o ícone de acesso à construção de gráfico.

Opção: linhas (a 1ª das 7 opções).

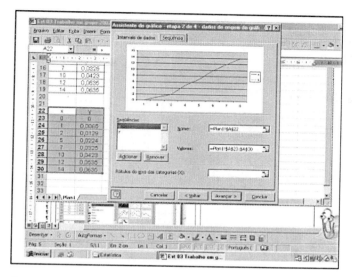

Passo 2

Aparece um gráfico plotado na cor azul.

Como a seqüência x não é desejada, devemos entrar em seqüência e remover a seqüência x.

Ficará, apenas, a seqüência y, avermelhada.

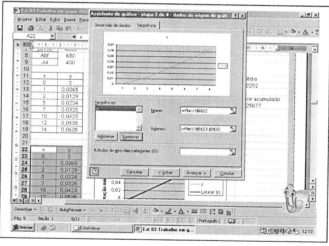

Passo 3

Tem-se a seqüência y, apenas.

É bom lembrar que desejamos encontrar uma equação y = f(x).

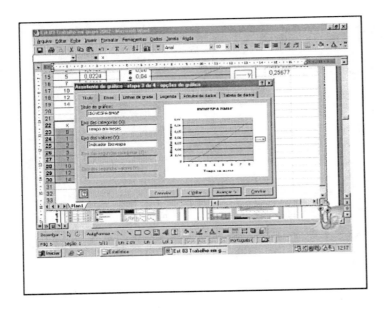

Passo 4

Após avançar, digitar os títulos nos eixos x e y.
Avançar para a próxima etapa.

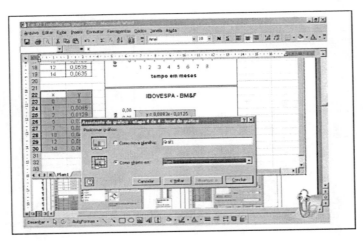

Passo 5

Finalizar, onde aparecerá o gráfico em tom de cor avermelhada.

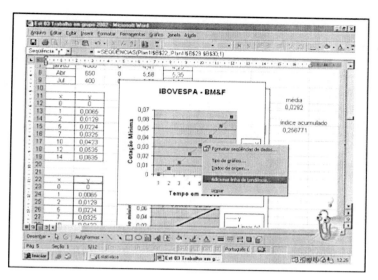

Passo 6

Com o *botão direito* do mouse, clicar sobre a curva y = f(x) para obter a linha de tendência. Será realizada a regressão.

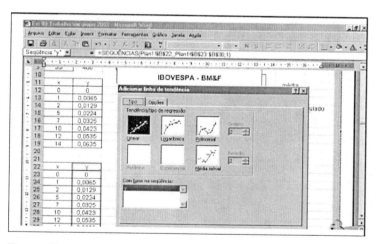

Passo 7

Escolher a opção próxima ao desejo original, que nesse exemplo será linear (reta ou fc. do 1° grau).

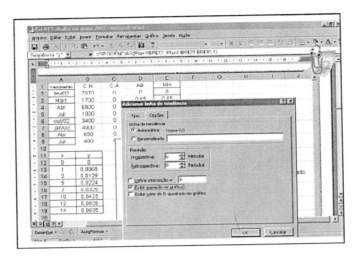

Passo 8

Antes de concluir, em opções, solicitar para EXIBIR a equação.

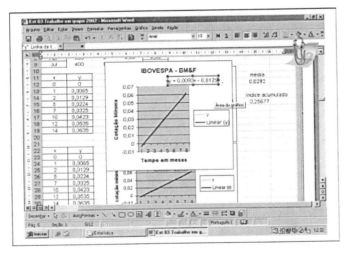

Passo 9

Ao clicar concluir, aparecerá uma curva escura se sobrepondo a curva original y = f(x), contendo a equação (ou ajuste) solicitada.

Clicar sobre o título da regressão, e arrastá-lo para cima, junto aos títulos.

A partir do ajuste ou equação obtida, é possível calcular:

a) o índice para o mês de novembro

é tomar x = 15 para a função y = 0,00926x − 0,012468 ⇔ y = 0,00926x15 − 0,012468 ⇔ y = 12,6432%

b) o valor médio das cotações naquele período

digitar **=média($B$12:$B$19)**, e irá aparecer 0,0292 = **2,92%** que é a média aritmética.

c) o índice acumulado das cotações mínimas

digitar

=(1+$B$12)*(1+$B$13)*(1+$B$14)*(1+$B$15)*(1+$B$16)*(1+$B$17)*(1+$B$18)*(1+$B$19)-1

aparecerá como resultado 25,6771%

7.3 Exercícios propostos

P7.1 Sejam dois fornecedores e três consumidores para um determinado produto. Os custos unitários de transporte de um fornecedor para um consumidor, a oferta de cada fornecedor, e a demanda de cada consumidor é dado pela tabela abaixo:

		Consumidores			
		1	2	3	Oferta
Fornecedores	1	7	9	7	40
	2	11	5	8	30
	Demanda	70	40	50	

Determinar a quantidade que deve ser transportada de um armazém para um consumidor de modo que o custo de transporte seja o *mínimo* possível.

P7.2 Sejam três fornecedores e dois consumidores para um determinado produto. Os custos unitários de transporte de um fornecedor para um consumidor, a oferta de cada fornecedor, e a demanda de cada consumidor é dado pela tabela a seguir:

Consumidores

Fornecedores		1	2	Oferta
	1	4	1	209
	2	3	5	308
	3	2	6	274
	Demanda	188	256	

Determinar a quantidade que deve ser transportada de um armazém para um consumidor de modo que o custo de transporte seja o *mínimo* possível.

P7.3 Sejam três fornecedores e quatro consumidores para um determinado produto. Os custos unitários de transporte de um fornecedor para um consumidor, a oferta de cada fornecedor, e a demanda de cada consumidor são dados pela tabela abaixo:

Consumidores

Fornecedores		1	2	3	4	Oferta
	1	2	6	1	4	72
	2	11	8	7	2	60
	3	10	4	3	9	54
	Demanda	70	60	94	83	

Determinar a quantidade que deve ser transportada de um armazém para um consumidor de modo que o custo de transporte seja o *mínimo* possível.

P7.4 Uma fábrica produz um produto em quatro filiais: A, B, C, e D; o produto destina-se a cinco centros de consumo I, II, III, IV, e V. Sabemos que:
a) as filiais dispõem, respectivamente de 50, 60, 40, e 90 unidades do produto;
b) os centros de consumo I, II, III, e IV necessitam, respectivamente de 25, 59, 83, 96, e 110 unidades do produto;
c) os custos de transporte (em R$) são:
de A para I = 2; de A para II = 8; de A para III = 10; de A para IV = 5; de A para V = 7;

de B para I = 8; de B para II = 1; de B para III = não existe estrada; de B para IV = 3; de B para V = 4;

de C para I = 5; de C para II = 5; de C para III = 6; de C para IV = 7; de C para V = 1;

de D para I = 2; de D para II = 1; de D para III = 1; de D para IV = 4; de D para V = 7;

Formular o problema como **modelo de transporte** para programação linear de modo a *minimizar o custo* dessa fábrica.

P7.5 Dada a matriz dos coeficientes técnicos para três setores

$$A = \begin{bmatrix} 0 & 0,2 & 0,2 \\ 0,5 & 0,1 & 0 \\ 0,3 & 0,9 & 0 \end{bmatrix}, \text{ e } B = \begin{bmatrix} 100 \\ 180 \\ 120 \end{bmatrix}$$ a matriz do consumo final, pede-se:

a) as quantidades a serem produzidas;

b) as novas quantidades produzidas se $B = \begin{bmatrix} 120 \\ 250 \\ 200 \end{bmatrix}$.

P7.6 Sendo a matriz dos coeficientes técnicos para dois setores

$$A = \begin{bmatrix} 0,2 & 0 \\ 0,6 & 0,3 \end{bmatrix}, \text{ e } B = \begin{bmatrix} 80 \\ 130 \end{bmatrix}$$ a matriz do consumo final, pede-se:

a) as quantidades a serem produzidas;

b) as quantidades produzidas se $B = \begin{bmatrix} 60 \\ 140 \end{bmatrix}$.

P7.7 Para a tabela do indicador financeiro dado, pede-se:
a) o seu gráfico de linhas apropriado;
b) a equação da função que melhor se ajusta aos pontos.

Meses	Indicador
março	1,23
abril	1,34
maio	1,46
junho	1,57
julho	1,48
agosto	1,33
setembro	1,21

P7.8 O Dólar comercial comercializado na Bolsa Mercantil de futuro (BM&F)
(contratos negociados e volume financeiro no período)

Meses	Cont. negoc.	V.fin
Jun/96	3.5	45
Jul	3.8	64
Ago	5.8	103
Set	2.7	60
Out	3.2	150
Nov	4.7	225
Dez	4.5	223
Jan	4.8	240
Fev	4.4	220
Mar	4.6	217
Abr	5.2	239
Mai/97	3.7	170

faça um gráfico, através da planilha do Excel da Microsoft, ilustrando a tabela ao lado;

P7.9 Na análise de performance de investimentos de Derivativos (aqueles comercializados em Bolsas de Valores), os aspectos de riscos e retornos de investimentos são dimensionados por dois princípios básicos: 1º) para um mesmo nível de risco corrido, quanto maior o nível de retorno obtido melhor. E 2º) para um mesmo nível de retorno obtido, quanto menor o nível de risco corrido, melhor.

A tabela abaixo ilustra a técnica do retorno acumulado, que é a mais utilizada no mercado brasileiro, consistindo numa projeção de valores dispostos ao longo do tempo.

a) faça o gráfico de linhas para x (Banco A) e y (Ibovespa);

b) qual deles (x ou y) possui uma performance melhor na maior parte do tempo analisado?

Data	x	y
14/07	0	-0,98
21/07	-11,3	-3,89
28/07	-8,1	-5,97
04/08	-18,3	-6,8
11/08	-10,4	-7,5
18/08	-17,1	-13,3
25/08	-19,2	-14,7
01/09	-21	-17
08/09	-25,02	-9,02
15/09	-15,03	-13,2
22/09	-11,04	-14,04
29/09	-5,09	-5,1
06/10	-4,08	-3,29

x = Banco A
y = Ibovespa

P7.10 O volume de Derivativos, em trilhões de US$, comercializados no mundo é dado pela tabela a seguir. Pede-se:

a) o gráfico de linhas

b) a sua equação que melhor se ajusta.

257

Ano	Volume (US$) trilhões
1986	1,1
1987	2,1
1988	2,8
1989	4,4
1990	5,6
1991	7,8
1991	8,6
1992	9

P7.11 Resolver o sistema $\begin{cases} 2x + y - 3z = -7 \\ x - 3y + z = -5 \\ -4x + 2y + 4z = 20 \end{cases}$ pela regra de Crammer

(utilizando a função determinante), pela planilha do Office da Microsoft.

P7.12 Dadas as tabelas x e y e p e q, pede-se:

x	y		p	q
1,10	34		2,45	57
1,20	32		2,48	45
1,20	43		2,48	48
1,30	25		2,32	59
1,15	31		2,09	45
1,43	35		2,13	62
1,09	38		2,40	34
1,20	39		2,51	39
1,28	29		2,22	49
1,30	30		2,32	43

a) o gráfico de linhas com seu ajuste (equação), para cada produto;

b) as funções regressões múltiplas, relacionando a quantidade de um produto em função de seu peço e do preço do outro produto;

c) as elasticidades cruzadas, concluindo o perfil desses produtos entre complementares ou susbtitutivos.

Observações: a 1ª tabela fornece preço e quantidade do 1° produto, e a 2ª tabela tem-se preço e quantidade do 2° produto.

P7.13 Para a tabela abaixo, pede-se:
a) plotar o gráfico de linhas
b) o ajuste polinomial adequado.

p	1	1,3	2,2	2,5	2,501	3,4	4,5	5,6	7,8	8,1	9,4	10,2
q	3,2	4,3	4,5	4,7	4,9	5,8	4,8	4,1	3,6	3,1	2,8	2,6

Observação: utilizar o eixo x $\Leftrightarrow$ eixo p

7.4 Respostas dos exercícios propostos

P7.1

$$\begin{bmatrix} x_{11} & x_{12} & x_{13} \\ x_{21} & x_{22} & x_{23} \end{bmatrix} = \begin{bmatrix} 26,82 & 0 & 13,18 \\ 0 & 30 & 0 \end{bmatrix} \text{ com custo } \boxed{C_{min}. = 430}$$

P7.2

$$\begin{bmatrix} x_{11} & x_{12} \\ x_{21} & x_{22} \\ x_{31} & x_{32} \end{bmatrix} = \begin{bmatrix} 62,666... & 85,333... \\ 62,666... & 85,333... \\ 62,666... & 85,333... \end{bmatrix} \text{ com custo } \boxed{C_{min}. = 1588}$$

P7.3

$$\begin{bmatrix} x_{11} & x_{12} & x_{13} & x_{14} \\ x_{21} & x_{22} & x_{23} & x_{24} \\ x_{31} & x_{32} & x_{33} & x_{34} \end{bmatrix} = \begin{bmatrix} 2,53 & 7,58 & 1,26 & 5,05 \\ 3,30 & 1,29 & 1,76 & 0,50 \\ 2,62 & 1,05 & 0,79 & 2,36 \end{bmatrix} \text{ com custo } \boxed{C_{min}. = 186}$$

P7.4

$$\begin{bmatrix} x_{11} & x_{12} & x_{13} & x_{14} \\ x_{21} & x_{22} & x_{23} & x_{24} \\ x_{31} & x_{32} & x_{33} & x_{34} \\ x_{41} & x_{42} & x_{43} & x_{44} \\ x_{51} & x_{52} & x_{53} & x_{54} \end{bmatrix} = \begin{bmatrix} 0 & 2,78 & 0 & 0 \\ 0,80 & 1,47 & 1,54 & 1,33 \\ 2,77 & 0 & 1,85 & 1,33 \\ 1,34 & 4,42 & 3 & 5,30 \\ 1,88 & 5,76 & 0,21 & 9,45 \end{bmatrix} \text{com custo} \boxed{C_{min.} \cong 224,09}$$

P7.5

a) $X = \begin{bmatrix} 274,3902 \\ 352,439 \\ 519,5122 \end{bmatrix}$
b) $X = \begin{bmatrix} 364,3293 \\ 480,1829 \\ 741,4634 \end{bmatrix}$

P7.6

a) $X = \begin{bmatrix} 100 \\ 271,4286 \end{bmatrix}$
b) $X = \begin{bmatrix} 75 \\ 264,2857 \end{bmatrix}$

P7.7 A equação é y = - 0,0345x² + 0,74x + 0,9686

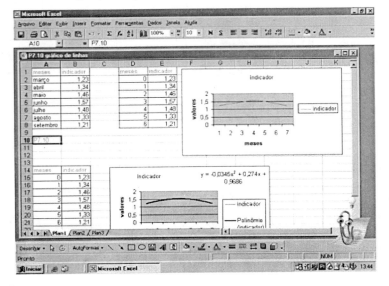

P7.8

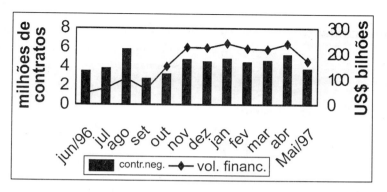

Meses	Cont. negoc.	V.fin
Jun/96	3.5	45
Jul	3.8	64
Ago	5.8	103
Set	2.7	60
Out	3.2	150
Nov	4.7	225
Dez	4.5	223
Jan	4.8	240
Fev	4.4	220
Mar	4.6	217
Abr	5.2	239
Mai/97	3.7	170

P7.9
a) Tela do Excel

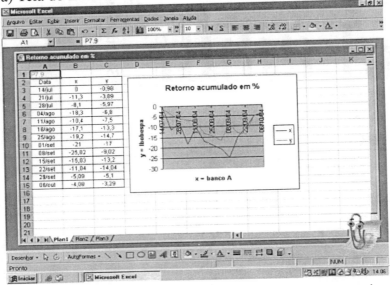

b) ao longo do tempo o índice Ibovespa apresenta um risco menor na maior parte da série temporal estudada.

P7.10 Tela do Excel

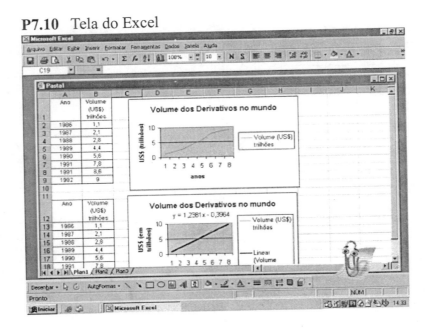

P7.11 Tela do Excel

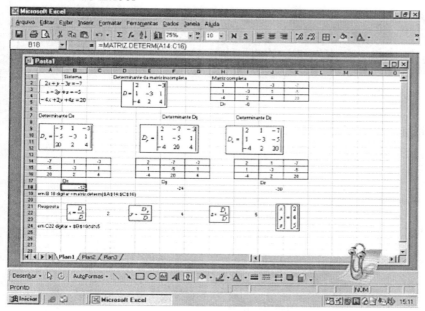

P7.12

a)

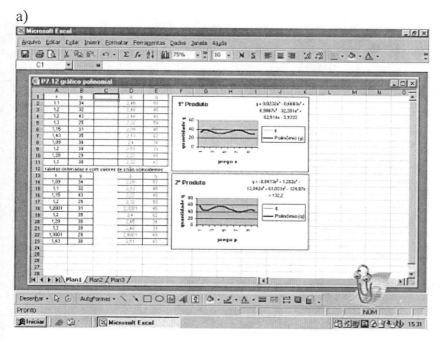

b)

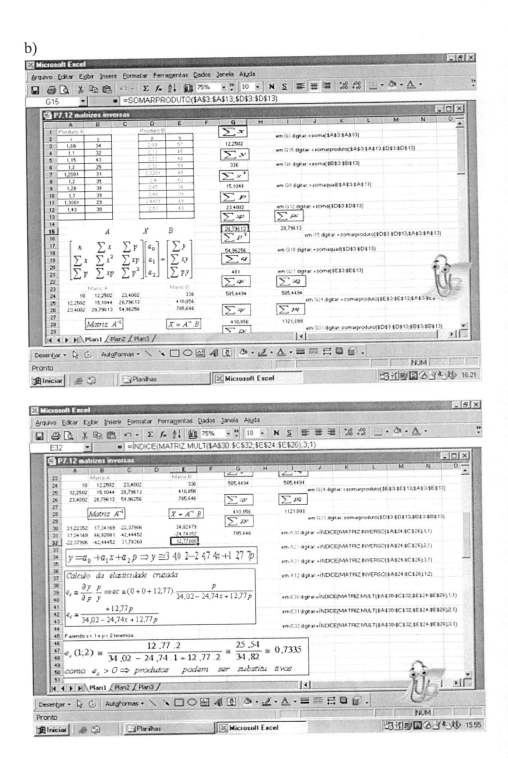

264

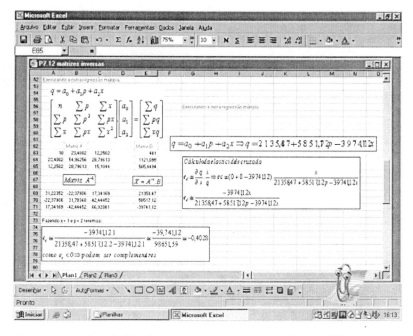

c) como as elasticidades cruzadas possuem sinais diferentes, concluímos que esses produtos **não possuem um perfil definido** entre produtos complementares ou substitutivos.

P7.13

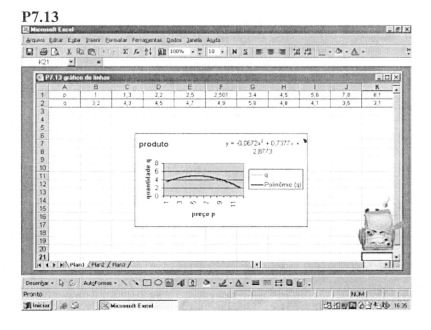

Capítulo 8

Atividades em grupo

8.1 Primeira atividade em grupo

I. Objetivos:

Esta atividade visa a integração entre as partes teórica e prática desta disciplina quanto à utilização de certos recursos de informática para a resolução e interpretação de um problema. Também permite a integração entre outras disciplinas do curso tais como: estatística aplicada e microeconômica na estruturação desse trabalho.

Nessa atividade em grupo, iremos pesquisar preço e quantidade de dois produtos em mercado (podendo ser atacado ou varejo), com dez pontos diferentes de cada artigo relativo ao tema de cada trabalho, para estabelecer quais as funções ou modelos matemáticos que se ajustam para cada artigo (ou produto pesquisado), para a seguir concluir, via elasticidade, se esses produtos são bens complementares ou substitutivos.

II. Instruções gerais:

a) a distribuição dos 10 pontos dessa atividade, obedecerá:

$$\begin{cases} \quad \text{- } \textit{metodologia científica: 2,0 pontos} \\ \quad \text{- } \textit{modelagem do problema: 3,0 pontos} \\ \text{- } \textit{utilização de uma planilha eletrônica: 3,0 pontos} \\ \text{- } \textit{resposta e interpretação do problema: 2,0 pontos} \end{cases}$$

b) dentro de metodologia científica, temos:

$$\begin{cases} \text{- } \textit{introdução (apresentando as variáveis envolvidas): 0,5 ponto} \\ \text{- } \textit{desenvolvimento e conclusão (sentido da resposta): 1,0 ponto} \\ \quad \text{- } \textit{referências bibliográficas: 0,5 ponto} \end{cases}$$

c) cada grupo de até 3 alunos deverá resolver apenas o exercício indicado em seu respectivo tema;

d) o exercício deve ser resolvido dentro de uma metodologia científica, ou seja, contendo: *introdução* (proposta do exercício), *desenvolvimento* com resolução comentada indicando as passagens efetuadas, além das abordagens junto ao aplicativo no Excel 5.0. ou Excel 7.0, *conclusão* que é a interpretação do resultado numérico do exercício, além da finalidade deste trabalho, *referências* bibliográficas, e em papel sulfite;

e) no capítulo 7 (operações com matrizes) temos como manusear o aplicativo Excel 7.0, (apresentando procedimentos específicos);

f) os esclarecimentos ou dúvidas desse trabalho devem ser encaminhados, exclusivamente, ao professor que subscreve essa atividade;

g) para cada dia de atraso em relação à entrega dessa atividade, haverá uma perda de 1 ponto.

III. Temas:

01. requeijão e margarina; 02. chá e café; 03. sucos e refrigerante; 04. azeitona e salsicha; 05. pimenta e orégano; 06. açúcar e mel; 07. arroz e feijão; 08. caneta e lapiseira; 09. cenoura e batata; 10. Jornal Estadão e Jornal Folha; 11. camisas e bermudas; 12. batata e alface; 13. caneta e clipes; 14. cenoura e batata; 15. caneta e disquete 3 ¼; 16. fósforo e isqueiro; 17. adoçante e mel; 18. leite e chá; 19. gasolina e diesel; 20. sabão em pó e desinfetante; 21. pimentão e sal; 22. alface e batata; 23.

linha e botões; 24. álcool e sabão em pó; 25. banana e mamão; 26. alho e cebola; 27. Bombril e sapólio; 28. whisky e vodca; 29. vinho e água mineral; 30. chuchu e couve; 31. milho e sal; 32. vagem e escarola

IV. Roteiro:

1. Obter **10 pontos** sobre preço e quantidade de dois produtos A e B, do tema desse trabalho.

A:

x	x_1	x_2	...	x_n
y	y_1	y_2	...	y_n

B:

p_1	p_2	...	p_n
q_1	q_2	...	q_n

Esses valores (de preço e quantidade) podem ser obtidos em locais de preços no atacado ou varejo, onde cada grupo de trabalho deverá organizar a coleta de dados num espaço de tempo o mais breve possível, para se evitar problemas de séries temporais como inflação ou deflação, por exemplo.

2. Para cada produto (A e B), colocar esses pontos obtidos num **plano cartesiano**, para a "escolha" do tipo de função a se ajustar.

Essas imagens das funções serão obtidas por uma planilha de cálculo, como o editor de gráficos da versão Excel 7.0 da Microsoft, mediante o ajuste adequado de escala de medida de cada gráfico, e daí a tomada de decisão por um *ajuste de função via regressão*.

Mais tarde nas disciplinas de Estatística do curso de Economia, teremos um instrumental matemático mais adequado e apurado para se apurar o "ajuste efetuado" foi o mais indicado para aquela bateria de pontos.

3. Com a função escolhida, procede-se a **REGRESSÃO** (ajuste matemático dos pontos tabelados), para uma das funções a seguir:

a) linear $y = a_0 + a_1 x$

b) quadrática $y = a_0 + a_1 x + a_2 x^2$

c) polinomial $y = a_0 + a_1 x + a_2 x^2 + ... + a_n x^n$.

d) Exponencial $y = ab^x$

e) geométrica $y = ax^b$

f) hiperbólica $y = \dfrac{1}{a_0 + a_1 x}$

Para cada figura de produtos (envolvendo preço e quantidade) se faz um único ajuste, ou seja, tem-se uma única função.

4. Determinar as **elasticidades simples** de cada uma das funções, onde x = 2 e p = 1.

$$\boxed{e_s \cong y' \cdot \dfrac{x}{y}} \text{ (simples) com } y = f(x); \text{ e } \boxed{e_s \cong q' \cdot \dfrac{p}{q}} \text{ (simples) com } q = f(p).$$

Esses valores escolhidos para x e p são aleatórios, e servem para mensurar essas grandezas em termos de números, visando uma primeira interpretação desses resultados.

5. É possível *"estudar" o sinal de cada elasticidade* para valores genéricos de x e p?

A partir das funções elasticidades para cada produto, estabelece-se um perfil matemático (por exemplo um quadro de sinais) para um estudo genérico de cada função elasticidade.

6. Proceder a **regressão múltipla** obtendo-se as funções y = f (x,p) e q = f (x,p), ou seja;

$y = a_0 + a_1 x + a_2 p$ e $q = a_0 + a_1 p + a_2 x$

Serão estabelecidas "duas novas" funções do tipo: quantidade de um produto em função de seu preço e do preço do outro bem pesquisado. Mais adiante, a partir dessas funções, poderemos estabelecer se esses bens possuem um perfil **complementar** ou **substitutivo** junto ao mercado pesquisado.

7. Determinar as **elasticidades cruzadas**, para x = 1 e p = 2, concluindo se os produtos tabelados são complementares ($e_c < 0$) ou substitutivos ($e_c > 0$).

$$\boxed{e_s \cong \frac{\partial y}{\partial p} \cdot \frac{p}{y}} \text{ (cruzada) com } y = f(x;p); \text{ e } \boxed{e_s \cong \frac{\partial q}{\partial x} \cdot \frac{x}{q}} \text{ (cruzada) com}$$

q = f(p;x).

Os valores atribuídos para x e p são números inteiros, para se garantir uma rápida interpretação dos resultados alcançados quanto ao perfil desse mercado estudado.

Exemplos: sendo **q = 12 − 2x + 3p** então $e_c \cong \frac{\partial q}{\partial x} \cdot \frac{x}{q} \cong (0 - 2 + 0) \cdot \frac{x}{12 - 2x + 3p}$

"1ª elasticidade cruzada"

sendo **y = 16 − 5x + 4p** então $e_c \cong \frac{\partial y}{\partial p} \cdot \frac{p}{y} \cong (0 - 0 + 4) \cdot \frac{p}{16 - 5x + 4p}$

"2ª elasticidade cruzada"

8. É possível *"estudar" os sinais das elasticidades cruzadas* para valores genéricos?

Aqui se faz uma análise mais apurada das elasticidades cruzadas encontradas, possibilitando a **conclusão do perfil desse mercado** quanto aos bens tabelados (se os produtos são complementares ou substitutivos).

V. Metodologia matemática:

As fórmulas de regressão para o ajuste dessas funções podem ser efetuadas na resolução do sistema linear por qualquer procedimento (adição, substituição, comparação, regra de Crammer, Gauss, ou produto matricial).

Se o grupo de trabalho optar pelo uso de microcomputadores para a resolução dos sistemas lineares através de produto matricial, os possíveis caminhos são: a utilização de um software "DERIVE", a utilização uma planilha de cálculo do tipo EXCEL versão 5.0. ou versão 7.0, ou outras planilhas.

Algumas funções do Excel utilizadas:

= MATRIZ.INVERSO (matriz) ⇒ retornando o inverso da matriz fornecida na entrada.

= MATRIZ.MULT (array 1, array 2) ⇒ retornando o produto de 2 matrizes fornecidas.

= SOMA (n° 1, n° 2, n° 3, ...) ⇒ retornando a soma dos números de uma lista.

= SOMAQUAD (n° 1, n° 2, n° 3, ...) ⇒ retornando a soma dos quadrados dos números.

= SOMARPRODUTO (array 1, array 2) ⇒ executa a multiplicação dos elementos correspondentes das matrizes, retornando a soma desses produtos.

= ÍNDICE (array 1; posição) ⇒ retornando o cálculo na "posição" desejada para cada elemento da matriz fornecida.

8.2 Outras atividades

Para um outro período de avaliação, pode ser utilizado o problema de otimização (achando máximos ou mínimos) de funções tratado no capítulo 6. Quando estudamos programação linear e não linear, temos problemas onde cada grupo de alunos deve extrair do enunciado a função objeto e as restrições.